Mit der U-Bahn in die Römerzeit

Carl Dietmar / Marcus Trier

Mit der U-Bahn in die Römerzeit

Ein Handbuch zu den archäologischen Ausgrabungsstätten rund um den Bau der Nord-Süd Stadtbahn

Dr. Carl Dietmar, Journalist und Historiker, zahlreiche Veröffentlichungen zur Kölner Stadtgeschichte, darunter „Chronik Köln", „Das mittelalterliche Köln", „Kölner Mythen" (in 2. Auflage bei KiWi Köln)

Dr. Marcus Trier, Archäologe und wissenschaftlicher Referent im Römisch-Germanischen Museum/Archäologische Bodendenkmalpflege, zahlreiche Veröffentlichungen zur archäologischen Bodendenkmalpflege, archäologisches Projektmanagement beim Bau der Kölner Nord-Süd Stadtbahn

2. Auflage 2006

Verlag Kiepenheuer & Witsch, Köln
Lizenzgeber: Labonté Köhler Osnowski Verlagsgesellschaft mbH, Köln

Alle Rechte vorbehalten.
Kein Teil des Werkes darf in irgendeiner Form
(durch Fotografie, Mikrofilm oder ein anderes
Verfahren) ohne schriftliche Genehmigung des
Verlages reproduziert oder unter Verwendung
elektronischer Systeme verarbeitet,
vervielfältigt oder verbreitet werden.

Lektorat: Astrid Roth, Köln
Bildredaktion: Christiane Wirtz, Bonn
Layout + Satz: neue maas 11, Köln
Umschlaggestaltung: Barbara Thoben, Köln
Titel: Fotos RBA, Karte Amt für Brücken- und Stadtbahnbau
Fotos der Kapitelanfänge: Eusebius Wirdeier, Köln

ISBN 3-462-03575-4

Inhalt

Bauen in historischem Grund	7
Die Entwicklung der Stadt Köln: Ein-Schnitt in die Kölner Geschichte	13
Die Baugrube auf dem Kurt-Hackenberg-Platz	24
Die Haltestelle „Rathaus" auf dem Alter Markt	64
Die Haltestelle „Heumarkt" – die eigentlich „Kapitol" heißen müsste	92
Der Mehrzweckschacht auf dem Waidmarkt	132
Die Haltestelle „Severinstraße" im Schatten des schiefen Turms von Köln	160
Die Haltestelle „Kartäuserhof"	186
Die Haltestellen „Chlodwigplatz" und „Bonner Straße"	210
Glossar	239
Literaturverzeichnis	242
Bildnachweis	245
Technische Daten zum Bau der Nord-Süd Stadtbahn	247

Bauen in historischem Grund

Die archäologischen Ausgrabungen, die zwischen 2004 und 2009 im Rahmen des Baus der Nord-Süd Stadtbahn in Köln durchgeführt werden, sind – zumindest zeitweilig – das größte archäologische Projekt in einer europäischen Metropole, vergleichbar nur mit der U-Bahn-Archäologie in Athen, London und Neapel oder den archäologischen Forschungen in Paris anlässlich der Arbeiten für den Grand Louvre.

Wie ein roter Faden zieht sich die 4,3 Kilometer lange Trasse durch die Kölner Innenstadt und unterquert deren historische Stadtentwicklungsphasen. Der erste Bauabschnitt erstreckt sich vom Breslauer Platz am Hauptbahnhof im Norden bis zur Marktstraße (in der Nähe des Großmarkts) im Süden. In einem zweiten Bauabschnitt soll der Anschluss an die Rheinuferstrecke hergestellt werden, zu einem späteren Zeitpunkt ist die Verlängerung der Trasse in die südlichen Kölner Vororte geplant.

Dank der überwiegend unterirdischen Bauweise im so genannten Tunnelvortrieb werden die archäologischen Schichten, die im Laufe der über 2000-jährigen Geschichte der Stadt gewachsen sind, hauptsächlich im Bereich der künftigen Haltestellen, der Versorgungs- und Anfahrschächte von den Erdarbeiten betroffen sein. Zwischen den Haltestellen wird das Erdreich weit unterhalb der archäologischen Schichtpakete im unterirdischen Tunnelvortrieb mit großen Fräsmaschinen von mehr als 7 Metern Durchmesser abgetragen. Verluste an der historischen Substanz müssen aufgrund von Baugrundsicherungen vor allem im Bereich der ehemaligen römischen Hafenrinne in Kauf genommen werden, da der instabile Baugrund sonst zu schweren und nicht kalkulierbaren Setzungsschäden an dort errichteten Gebäuden führt.

Insgesamt gibt es sieben große archäologische Untersuchungsflächen (von Nord nach Süd): Kurt-Hackenberg-Platz, Alter Markt, Heumarkt (Pipinstraße), Waidmarkt, Severinstraße, Kartäuserhof und Chlodwigplatz/Bonner Straße. Im Bereich der nördlichen „Starthaltestelle" am Breslauer Platz wird der bestehende unterirdische Bahnhof erweitert. Zwischen großflächigen „Störungen" des späten 19. und des 20. Jahrhunderts - als es dort infolge von Baumaßnahmen zu Eingriffen in die historische Substanz kam - haben sich dort kleinere Befundinseln mit römischen und mittelalterlichen Relikten erhalten. Neben den Arbeiten im Bereich der großen Untersuchungsflächen werden umfangreiche Um- und Neuverlegungen von Schmutz- und Trinkwasserleitungen im gesamten Trassenabschnitt vorgenommen. Rechnet man diese linearen Erschließungsmaßnahmen hinzu, ergibt sich eine Gesamtfläche von rund 30 000 Quadratmeter. Auf einem Areal, das der Größe von drei Fußballfeldern entspricht, werden die historisch gewachsenen materiellen Bodenurkunden unwiederbringlich durch die Bauarbeiten für die Nord-Süd Stadtbahn zerstört. Auf dem Kurt-Hackenberg-Platz und auf dem Alter Markt erreichen die archäologischen Schichten stellenweise eine Mächtigkeit von mehr als 13 Meter, dies führt zu einem archäologischen Gesamtvolumen von über 100 000 Kubikmeter. Es ist der bislang umfangreichste Eingriff in die unterirdische Geschichte Kölns. Trotzdem kann und will sich die archäologische Bodendenkmalpflege nicht der modernen Entwicklung der Stadt entgegenstellen: Die Mitarbeiter des Römisch-Germanischen Museums stehen dem Bauvorhaben daher mit einem lachenden und einem weinenden Auge gegenüber. Auf der einen Seite steht ein großer Verlust archäologischer Bodenurkunden, auf der anderen Seite erwarten die Wissenschaftler einen gewaltigen Wissenszuwachs zu vielen Abschnitten der Kölner Stadtgeschichte.

Wie bereitet man ein solches Jahrhundertprojekt vor?

Die Bedeutung und der Umfang der archäologischen Maßnahmen im Rahmen des Baus der Nord-Süd Stadtbahn wurden vom Römisch-Germanischen Museum/Archäologische Bodendenkmalpflege der Stadt Köln frühzeitig erkannt. Bereits in den 1990er Jahren wurden archäologische und historische Bestandserhebungen zum überplanten Trassenbereich unternommen und der gesamte betroffene unterirdische Raum gemäß dem Denkmalschutzgesetz des Landes Nordrhein-Westfalen in die Liste der Bodendenkmäler der Stadt Köln eingetragen.

Auf dieser Basis begann man im Jahr 2000 damit, umfangreiche Pflichtenbücher (Gutachten) zu erarbeiten, in denen das gesamte bisherige archäologische, historische und topographische Wissen zu jeder einzelnen Untersuchungsfläche zusammenfasst und in wesentlichen Teilen mögliche Ergebnisse der Ausgrabungen prognostiziert wurden. Unerschöpfliche Informationen zu den archäologischen Denkmälern des Stadtgebiets bietet das Ortsarchiv im Römisch-Germanischen Museum, das, allein für das innere Stadtgebiet, fast 3000 Fundmeldungen archiviert. Diese können wenige Seiten oder ganze Kisten füllen. Die ältesten dort aufbewahrten Fundnachrichten führen zurück bis in das 17. Jahrhundert.

Die Grundlagen einer modernen „Rettungsarchäologie" wurden gegen Ende des 19. Jahrhunderts geschaffen, als der damalige Kölner Stadtbaumeister Carl Steuernagel (1848–1919) und sein Mitarbeiter Rudolf Schultze (1854–1939) anlässlich des Baus des ersten modernen Kanalnetzes in Köln auf ungezählte archäologische Funde und Befunde stießen. Die beiden humanistisch gebildeten preußischen Ingenieure dokumentierten die freigelegten Relikte des römischen Köln akribisch und legten 1895 die Ergebnisse in ihrem Buch „Colonia Agrippinensis. Ein Beitrag zur Ortskunde der Stadt Köln zur Römerzeit" vor. Seit den 1920er Jahren wurde die kommunale Bodendenkmalpflege unter Fritz Fremersdorf, dem späteren Direktor der Römisch-Fränkischen Abteilung des Wallraf-Richartz-Museums – heute Römisch-Germanisches Museum –, ausgebaut. Im März 1980 wurde das bis dahin geltende „Preußische Ausgrabungsgesetz" vom Denkmalschutzgesetz des Landes Nordrhein-Westfalen abgelöst und so die Grundlagen für eine moderne Bodendenkmalpflege gelegt, deren Pfeiler sich bis heute vielfach bewährt haben. Das Römisch-Germanische Museum unter Leitung seines Direktors Prof. Hansgerd Hellenkemper vertritt als archäologisches Fachamt die Belange der Bodendenkmalpflege im Stadtgebiet Köln. Die Kölner Bodendenkmalpflege hat innerhalb Deutschlands eine Sonderstellung inne, die der historischen Bedeutung und mehr als 2000-jährigen Geschichte der Stadt Rechnung trägt: Es ist die einzige kommunale Bodendenkmalpflege, die als selbstständiges Fachamt mit gleichberechtigter Stimme im Verband der Landesarchäologen Deutschlands vertreten ist.

Neben den archäologischen „Altfundmeldungen" sind es alte Stadtansichten, denen vielfältige Informationen zu entnehmen sind. Die bildlichen Quellen reichen zurück bis in die zweite Hälfte des 16. Jahrhunderts. Vor allem die 1570/71 entstandene „Ansicht der Stadt Köln aus der Vogelschau" von Arnold Mercator liefert viele Hinweise zu den topographischen Verhältnissen der spätmittelalterlichen Stadt. Unter den historischen Stadtplänen ist auch das preußische Urkataster aus den Jahren 1836/37 hervorzuheben. Es ist das erste genaue Katasteraufmaß der historischen Stadt innerhalb der Befestigung von 1180. Der große Wert des preußischen Urkatasters liegt darin, dass die baulichen Ursprünge der dort ausgewiesenen Grundstücke überwiegend bis in das späte Mittelalter oder die frühe Neuzeit zurückgehen, also etwa in die Zeit, in der Mercator seine „Vogelschau" geschaffen hat. Das Urkataster vermittelt einen recht genauen Eindruck von der Parzellierung der historischen Innenstadt. Die dort ausgewiesenen Grundstücke sind mit den mittelalterlichen Besitz- und Liegenschaftsverzeichnissen zu verbinden, den Schreinskarten und -büchern, die in Köln bis in das 12. Jahrhundert zurückreichen. Diese Schreinsurkunden stellen ein einzigartiges mittelalterliches Quellenarchiv dar, das von vielen anderen Städten kopiert wurde.

Die Ausgrabungen

Auf der Grundlage der archäologischen Pflichtenbücher wurden vom Römisch-Germanischen Museum Zeitfenster zwischen vier und 18 Monaten für die archäologischen Untersuchungen festgelegt und die Personalstärke der archäologischen Mannschaften auf den einzelnen Untersuchungsflächen bestimmt. Insgesamt werden bis zu 100 Archäologen, Bauhistoriker, Ausgrabungstechniker, Zeichner, Grabungshelfer und Naturwissenschaftler im Einsatz sein. Mit den Geländearbeiten werden die anfallenden Funde aus den Ausgrabungen von einem parallel arbeitenden Innendienst gereinigt, beschriftet und bestimmt, um die Funde – erwartet wird eine siebenstellige Gesamtzahl an Funden – mit den Ergebnissen der Ausgrabungen verzahnen zu können.

Die Ausgrabungen erfolgen in den festgelegten Untersuchungsflächen grundsätzlich vor Beginn der eigentlichen Bauarbeiten. Nur im Bereich der Leitungsumlegungen und -erneuerungen werden die archäologischen Dokumentationsarbeiten baubegleitend unternommen. Überschneidungen mit dem Baubetrieb ergeben sich trotzdem in vielerlei Hinsicht, etwa durch die beim Baugrubenaushub erfolgenden Sicherungsarbeiten an den Baugrubenwänden. Die unterirdischen Bauwerke sind mit bis zu 40 Meter tiefen Betonschlitzwänden gesichert, die bis in die grundwasserundurchlässigen tertiären Sande reichen. In regelmäßigen Abständen müssen die Betonwände rückverankert werden und somit bauseits befahrbare Zwischenflächen geschaffen werden. Außerdem müssen, da sämtliche Untersuchungsflächen im Straßenland der Innenstadt liegen, umfangreiche Verkehrsumlegungen eingerichtet werden, einerseits um den Verkehrsfluss aufrechtzuerhalten, andererseits um die Bauflächen freizustellen und die Ausgrabungen sowie den Baubetrieb zu ermöglichen. Dafür werden, nachdem die Ausgrabungen eine Tiefe von mindestens 3 Meter erreicht haben, Pfeiler- und Stahlkonstruktionen mit Betonplatten abgedeckt, um den Verkehr über Behelfsbrücken umleiten zu können. Die Ausgrabungen erfolgen danach unterirdisch „unter Deckel", wie man sagt, und mit künstlicher Beleuchtung durch so genannte Jupiterlampen.

Die Ausgrabungsarbeiten anlässlich des Baus der Nord-Süd Stadtbahn werden von archäologischen Fachfirmen im Rahmen einer „Kontraktarchäologie" ausgeführt. Den in den beiden Baulosen Nord und Süd beauftragten Firmen stehen jeweils international renommierte wissenschaftliche Fachberater zur Seite.

Finanziert werden die archäologischen Arbeiten von der Bauherrin, den Kölner Verkehrsbetrieben AG, auf der Grundlage des „Verursacherprinzips". Dieses sieht vor, dass Bauherren im Rahmen des Zumutbaren für die Kosten der archäologischen Rettungsgrabungen aufzukommen haben. Das Verursacherprinzip funktioniert ähnlich wie die Ausgleichmaßnahmen im Bereich Landschaftspflege und Naturschutz. Möchte man für ein Neubauvorhaben Bäume fällen lassen, so gilt es, den landschaftlichen Verlust an anderer Stelle durch Neupflanzungen auszugleichen – in der Bodendenkmalpflege ist dies so nicht möglich. Ausgraben bedeutet in der Regel „zerstören", allerdings wird die archäologische Hinterlassenschaft so detailliert gezeichnet, fotografiert und beschrieben, dass man den Befund abbauen und an anderer Stelle wieder errichten könnte. In der Praxis geschieht dies allerdings recht selten. Überspitzt formuliert ist die Ausgrabung eine durch denkmalrechtliche Genehmigungsverfahren legitimierte, lizensierte und dokumentierte Zerstörung.

Das Römisch-Germanische Museum als Fachaufsicht

Vor Beginn der Ausgrabungen erarbeiten die archäologischen Fachfirmen in Zusammenarbeit mit ihren wissenschaftlichen Fachberatern, den Hauptunternehmern und der Bauherrin, den Kölner Verkehrsbetrieben AG, qualifizierte wissenschaftliche und technische Konzepte, in denen der Bauablauf, die archäologische Vorgehensweise und der Umfang naturwissenschaftlicher Begleituntersuchungen vorgelegt sowie die leitenden Archäologen und weiteren am Projekt beteiligten Mitarbeiter benannt werden müssen. Dieses Konzept ist Teil der denkmalrechtlichen Anträge nach Paragraph 9 und 13 des Denkmalschutzgesetzes des Landes Nordrhein-Westfalen. Die denkmalrechtlichen Genehmigungen werden von der Bauherrin bei der Unteren Denkmalbehörde im Römisch-Germanischen Museum und der Oberen Denkmalbehörde beim Regierungspräsidenten beantragt. Bevor die schriftlichen Genehmigungen vorliegen, dürfen die Fachfirmen nicht im Gelände tätig werden.

Die fachliche Aufsicht über die laufenden archäologischen Ausgrabungen und die archäologische Projektsteuerung obliegen dem Römisch-Germanischen Museum. In wöchentlichen Baubesprechungen, an denen Vertreter aller am Projekt beteiligten Parteien teilnehmen, werden die Ergebnisse der vorangegangenen Woche, aktuelle Fragen der Ausgrabungen erörtert und ein Ausblick auf den Verlauf der Aktivitäten für die Folgewoche gegeben. Jeweils zu Beginn eines Folgemonats müssen die archäologischen Fachfirmen schriftliche Berichte vorlegen, in denen die archäologischen Ergebnisse des Vormonats dargestellt und durch Pläne, Fotografien oder Zeichnungen erläutert werden. Auch ein unabhängiger wissenschaftlicher Beirat besucht die Ausgrabungen in unregelmäßigen Abständen. Ihm gehören international und national renommierte Archäologen, Vor- und Frühgeschichtler, Historiker und Denkmalpfleger an.

Nach Abschluss der archäologischen Gelände- und Innendienstarbeiten – bei mehr als einjährigen Untersuchungen auch nach Ablauf dieser Frist – müssen die archäologischen Fachfirmen Jahresberichte anfertigen, an denen eigens beauftragte Fachredakteure mitwirken. Ziel ist es, die Ergebnisse der Untersuchungen möglichst zeitnah in einem ausführlichen Bericht in den „Kölner Jahrbüchern" zu veröffentlichen und so die Ergebnisse der Ausgrabungen der Öffentlichkeit und der Fachwelt bekannt zu machen.

Eine moderne Umweltarchäologie

Die archäologischen Untersuchungen werden in enger Kooperation mit naturwissenschaftlichen Nachbarwissenschaften durchgeführt – die gemeinsame Arbeit soll auf diese Weise zu einer „Umweltarchäologie" verschmelzen. Die Ausgrabungen erfolgen zudem in Zusammenarbeit mit national und international renommierten Instituten, allen voran den naturwissenschaftlichen Einrichtungen des Instituts für Ur- und Frühgeschichte der Universität Köln.

Eine Schlüsselstellung kommt den Ausgrabungen auf dem Kurt-Hackenberg-Platz und auf dem Alter Markt zu. Angesichts der dort erhaltenen meterdicken Feuchtböden der römischen Hafenrinne spielen die Archäobotanik und die Dendrochronologie eine herausragende Rolle. Pollenanalysen werden es etwa ermöglichen, die ufernahe Vegetation vergangener Epochen zu rekonstruieren. Getreidereste oder Obstkerne geben Auskunft über Ernährung der Menschen, verhandelte Waren und vieles andere mehr. Untersuchungen an Tierknochen bereichern unser Wissen um die Ernährung in römischer Zeit und im Mittelalter, sie behandeln aber auch Fragen zur Verwertung von Tierknochen in historischen Werkstätten, etwa römischen Leimsiedereien oder mittelalterlichen Würfel- oder Paternosterherstellern. Die Dendrochronologie gilt heute nicht nur als verlässlichste Methode zur Datierung archäologischer Befunde, sondern bietet zugleich wesentliche Informationen etwa über klimatische Bedingungen bestimmter Zeiträume. Spuren von Schnecken und anderen Mollusken liefern Informationen über die Fließgeschwindigkeit des Rheins in der Antike.

Der „Römer-Tünnes"

Die Ausgrabungen in Köln unterliegen einem ungeheuren Interesse der Medien und der Öffentlichkeit. Selbst das Hänneschen-Theater, die bekannten Kölner Puppenspiele am Eisenmarkt, hat die Inszenierung „Der Römer-Tünnes" dem archäologischen Jahrhundertereignis auf Kölner Boden gewidmet.

Erste Ergebnisse der im Februar 2004 anlässlich von Leitungsverlegungen angelaufenen Ausgrabungen sind bereits in die archäologische Landesausstellung „Von Anfang an – Archäologie in Nordrhein-Westfalen" eingeflossen (März bis Ende August 2005 im Römisch-Germanischen Museum Köln). Um Passanten und Besucher über den Fortgang der Ausgrabungen zu unterrichten, sind an den einzelnen Ausgrabungsflächen Aussichtsplattformen mit Infotafeln geplant, die über aktuelle Ergebnisse berichten. Außerdem wird im Weichbild der Nord-Süd Stadtbahn ein „Minimuseum" eingerichtet, in dem ausgewählte Funde der Ausgrabungen präsentiert werden können.

Die Entwicklung der Stadt Köln: Ein-Schnitt in die Kölner Geschichte

Römische Stadt 1. bis 3. Jahrhundert

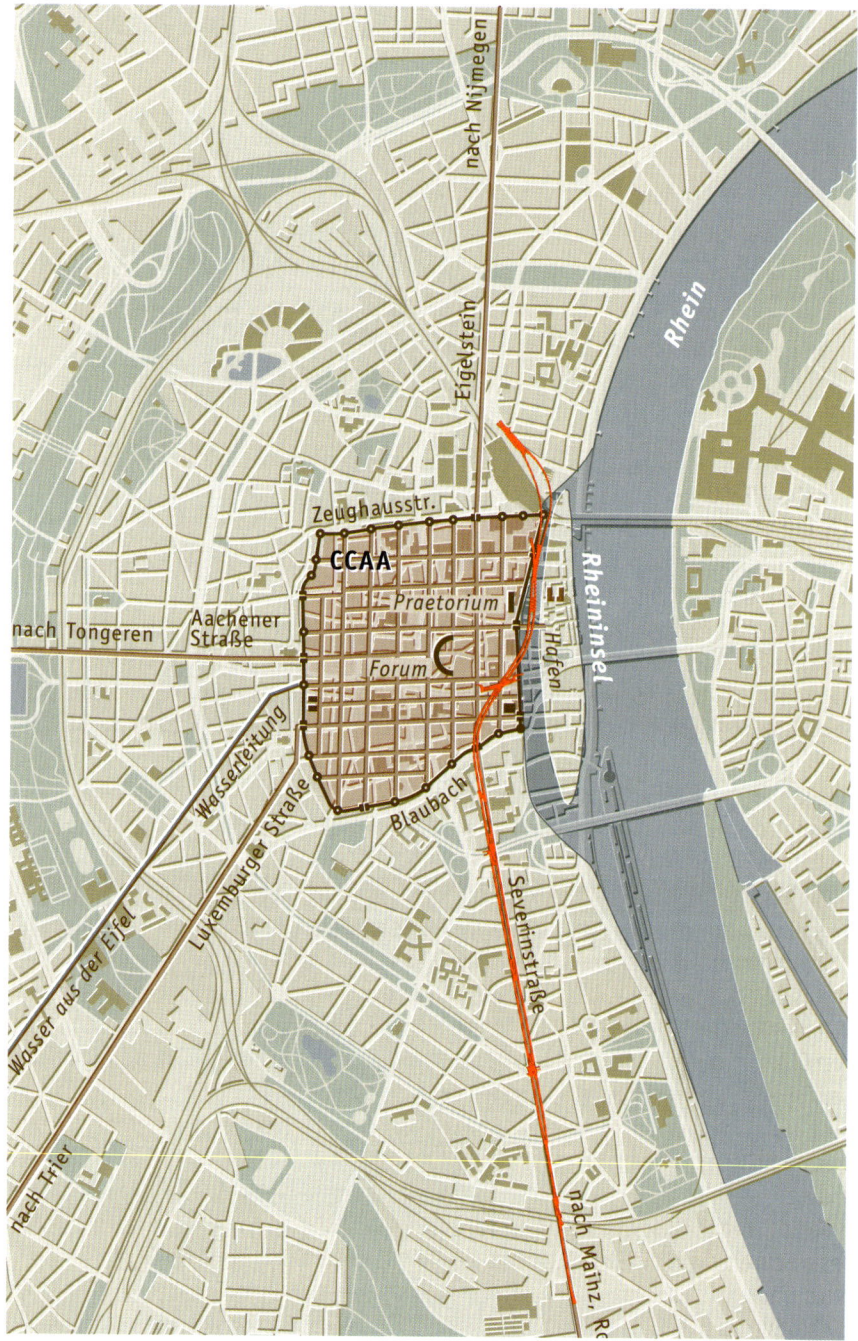

Das römische Köln vom 1. bis zum 3. Jahrhundert

Wahrscheinlich in den Jahren 19/18 v. Chr. gründete der römische Feldherr Agrippa, Mitregent und Schwiegersohn des Kaisers Augustus (27 v. Chr. - 14 n. Chr.), auf dem hochwasserfreien Geländeschild der heutigen Kölner Altstadt eine Siedlung für den aus dem Rechtsrheinischen umgesiedelten germanischen Stamm der Ubier. Aus der Siedlung entwickelte sich in den beiden letzten Jahrzehnten vor Christi Geburt der ubische Zentralort, das oppidum Ubiorum. Nach dem Untergang der römischen Legionen in der Schlacht vom Teutoburger Wald blieb das oppidum Grenzstadt, Sitz des Heeresoberkommandos und zeitweilig Garnisonsstandort der 1. und 20. Legion.

Auf Wunsch der Kaiserin Agrippina (15/16 - 59 n. Chr.) wurde das oppidum im Jahre 50 n. Chr. in den Status einer colonia italischen Rechts erhoben und trug seitdem den Namen **Colonia Claudia Ara Agrippinensium** oder kurz CCAA. Unter dem römischen Kaiser Domitian (81 - 96 n. Chr.) wurde die CCAA schließlich zur Hauptstadt der neu gegründeten Provinz Niedergermanien (Germania inferior) bestimmt.

Seit der zweiten Hälfte des 1. Jahrhunderts besaß Köln ein rund 97 Hektar großes ummauertes Stadtareal, das durch ein hoch entwickeltes System von Trinkwasserleitungen und Abwassersammlern erschlossen war. Entlang der Rheinfront standen monumentale öffentliche Gebäude, darunter das praetorium - Sitz des Oberbefehlshabers der römischen Militärverwaltung und des späteren römischen Statthalters - sowie mehrere große Tempelanlagen. Westlich davon lagen im Zentrum der römischen Stadt der Forumsbezirk und die großen öffentlichen Thermenanlagen. Zwischen der östlichen rheinseitigen Stadtmauer und einer vorgelagerten Rheininsel, die vor allem logistischen Zwecken diente (Lagerhallen und Stapelplätze), lag der Hafen der römischen Stadt in einer Nebenrinne des Stroms. Mitte des 2. Jahrhunderts verlandete der Hafen und wurde aufgegeben.

Extra muros, das heißt vor den Toren der römischen Stadt, entwickelten sich nach Norden, Westen und Süden seit dem 1. Jahrhundert Vorstädte mit Wohn- und Gewerbebebauung. Die Friedhöfe der römischen Stadt erstreckten sich nach römischer Sitte außerhalb der römischen Mauern entlang der Fernstraßen nach Norden, Westen und Süden.

Spätrömisch-frühmittelalterliche Stadt

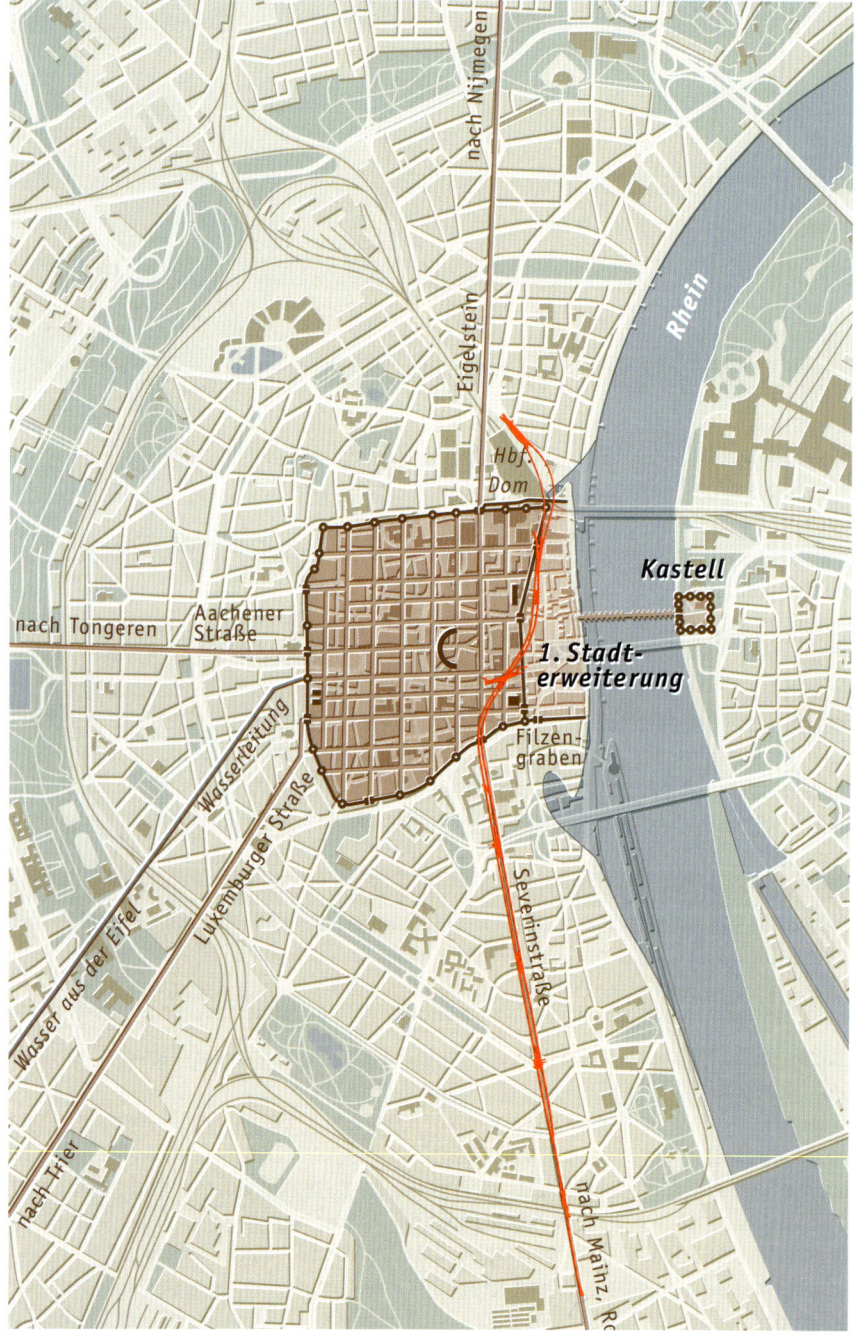

Köln in spätrömischer und frühmittelalterlicher Zeit

In der zweiten Hälfte des 3. Jahrhunderts geriet die CCAA in eine tiefe politische und wirtschaftliche Krise, ausgelöst durch Beutezüge germanischer Verbände aus dem Rechtsrheinischen, aber auch durch innere Unruhen im Reich. Die außerhalb der Mauern gelegenen Vorstädte wurden weitgehend aufgegeben. In dieser Krisensituation wurde Köln zeitweiliger Hauptsitz des gallischen „Sonderreichs" unter dem Usurpator Postumus und seinen Nachfolgern, das erst von Kaiser Aurelian (270–275 n. Chr.) beseitigt wurde.

Die Reform des römischen Kaisers Diokletian (285–305 n. Chr.) machte Köln zur Hauptstadt der neu eingerichteten Provinz **Germania secunda**. Unter Kaiser Konstantin d. Gr. (306–337 n. Chr.) wurde nach dem Jahr 310 das Kastell Divitia auf dem rechten Rheinufer gegenüber der römischen Stadt als militärischer Brückenkopf angelegt. Das Kastell war durch eine feste Rheinbrücke mit der CCAA verbunden.

Die frühere Insel im Bereich der heutigen Altstadt wurde, nachdem man die alte verlandete Rheinrinne seit dem 2. Jahrhundert durch systematische Anschüttungen von Erde, Bauschutt und Zivilisationsabfällen aufgeschüttet hatte, landfest. Schenkelmauern zwischen der römischen Stadtmauer und dem Rheinufer sicherten das Areal im Norden auf Höhe des Domes und im Süden auf Höhe des Filzengraben. Die lange, erst dem 10. Jahrhundert zugeschriebene erste Stadterweiterung war somit das Ergebnis spätrömischer Stadtentwicklung. Das Stadtgebiet wurde so auf rund 120 Hektar vergrößert.

Um die Mitte des 5. Jahrhunderts ging die Stadt in den Besitz rheinfränkischer Kleinkönige über. Neben den Franken blieben viele Romanen – die Nachkommen der provinzialrömischen Bevölkerung – in der Colonia und im Schutz der antiken Mauern entwickelte sich ohne erkennbare Unterbrechung in der Besiedlung die frühmittelalterliche Handels- und Handwerkersiedlung zwischen Hohe Straße und Rheinufer.

Die Stadterweiterung von 1106

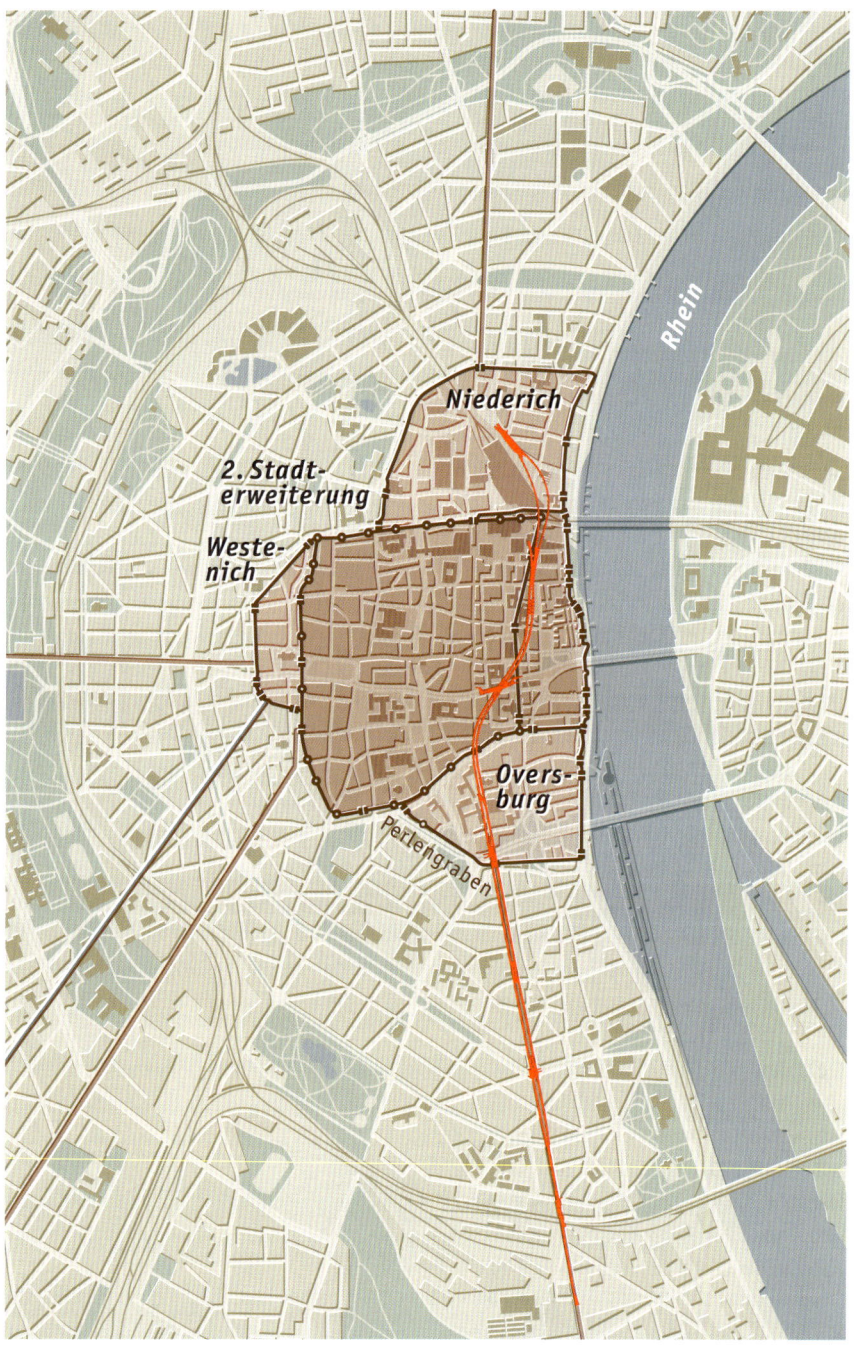

Köln wächst: Die Stadterweiterung des Jahres 1106

Köln erlebte seit der ottonischen Zeit einen ungeheuren wirtschaftlichen Aufschwung, der mit einem rasanten Bevölkerungswachstum verbunden war: Bereits um das Jahr 1000 geht man von einer Einwohnerzahl von etwa 10 000 Menschen aus, die vor allem im Osten der Stadt lebten. Köln entwickelte sich, getragen von seiner verkehrsgünstigen Lage am Rhein als großer europäischer Wasserstraße, zu einer der bedeutendsten Handelsmetropolen nördlich der Alpen.

Um 1027 verlieh Kaiser Konrad II. (1024-1039) dem kölner Erzbischof Pilgrim (1021-1036) das Münzrecht. Der wichtigste Handelspartner der in der Kölner Gilde organisierten Kaufleute war England. Seit Anfang des 12. Jahrhunderts hatte Köln zudem mit zahlreichen anderen Städten wie Lüttich, Huy, Siegburg, Dinant, Trier und Verdun Verträge geschlossen, in denen Zölle, Warenumschlag und dergleichen mehr geregelt wurden.

Die von den Bürgern in Stand gehaltenen römischen Stadtmauern dienten Köln bis ins hohe Mittelalter als wirksamer Schutz. 1106 wurden auf Bestreben der Kölner Bürgerschaft und Geheiß Kaiser Heinrich IV. (1050-1106), aber gegen den Willen des erzbischöflichen Stadtherrn, die Vorstädte Niederich (im Norden), Westerich (im Westen) und Oversburg (im Süden) mit Wall, Graben und zwölf oder 13 steinernen Torburgen gesichert. Durch die neuen Befestigungsanlagen wurde das Stadtgebiet auf nun 200 Hektar erweitert. Große Teile der westlichen Stadt blieben indessen noch längere Zeit weitgehend ungenutzt.

Die Stadterweiterung von 1180

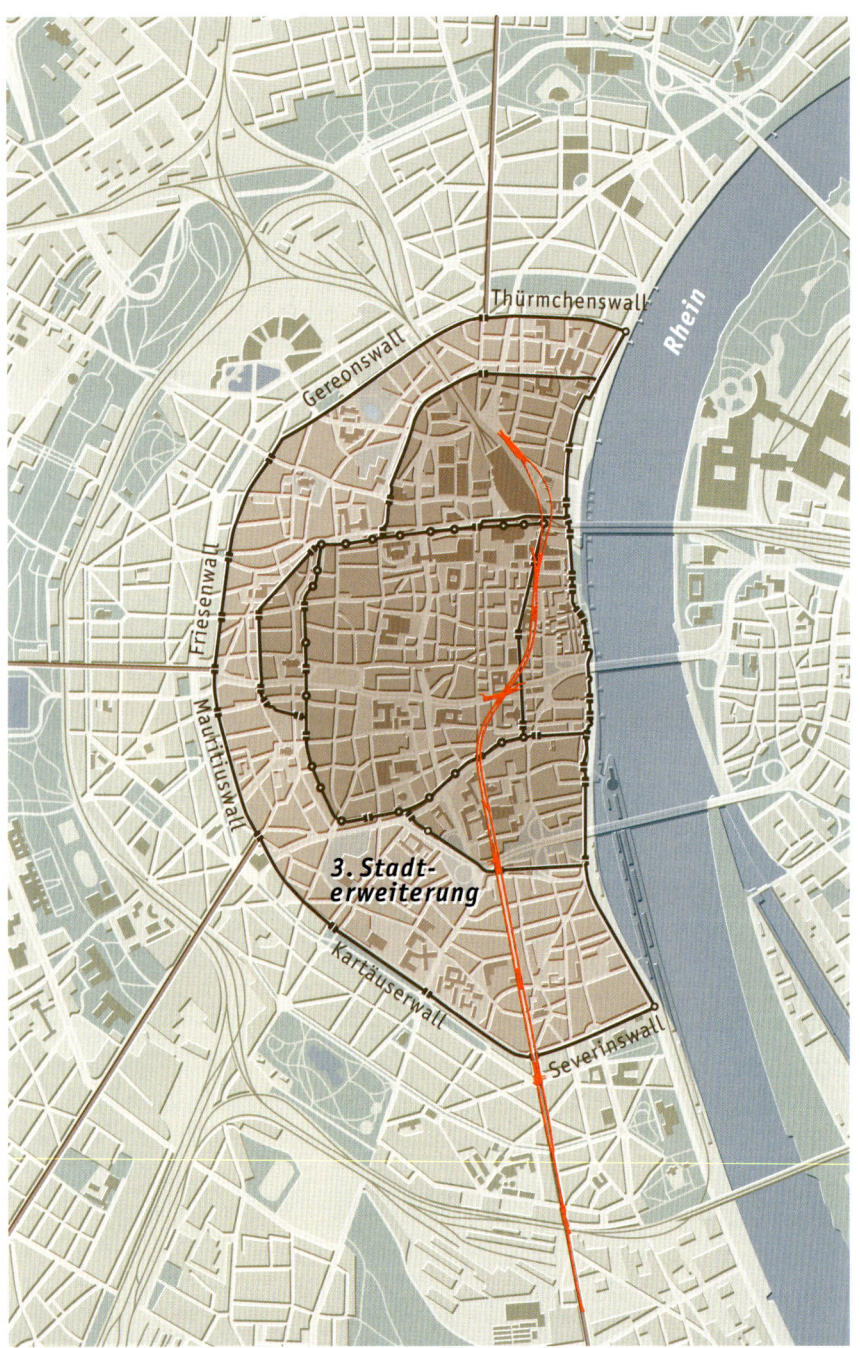

Die Stadterweiterung von 1180 – Ausdruck bürgerlicher Macht

Die Stadterweiterung von 1106 erwies sich bald als zu klein bemessen. 1179 begannen die Kölner Bürger gegen den Willen des damaligen Stadtherrn, des Erzbischofs Philipp von Heinsberg (1167–1191), mit dem Bau einer neuen Umwallung. Durch die neue Stadtbefestigung, die auch die Stifte St. Gereon und St. Severin sowie das Kloster St. Pantaleon einbezog, wurde das Stadtareal mehr als verdoppelt.

Erst nach der Schlichtung des Streits zwischen Bürgerschaft und Erzbischof durch Kaiser Friedrich I. Barbarossa (1152–1190) wurde der Bürgerschaft offiziell erlaubt, die Arbeiten „zum Schmuck und zum Schutz der Stadt", wie es hieß, fortzuführen. Die staufische Stadtmauer ist mit seinem 7 Kilometer langen Mauerring das größte mittelalterliche Festungsbauwerk nördlich der Alpen. Die Stadtmauer gilt, gemeinsam mit den romanischen und gotischen Kirchen, als Spiegelbild der enormen wirtschaftlichen und politischen Machtstellung, die Köln im Hoch- und Spätmittelalter innehatte. Köln war damals eine der bedeutendsten Städte nördlich der Alpen und Drehscheibe des europäischen Fernhandels. Einen Höhepunkt seiner wirtschaftlichen Entwicklung markiert die Verleihung des Stapelrechts, das Erzbischof Konrad von Hochstaden (1238–1261) der Kölner Bürgerschaft im Jahre 1259 erteilte.

Bis in das frühe 18. Jahrhundert waren große Teile des auf etwa 405 Hektar erweiterten Stadtareals unbesiedelt und wurden landwirtschaftlich genutzt. Die kirchlichen Grundherren bauten dort vor allem Wein an.

Die einzigartigen mittelalterlichen Festungsanlagen wurden bis zu ihrer Niederlegung seit 1881 stetig ausgebaut, um den Schutz der Stadt angesichts waffentechnischer Neuerungen zu gewährleisten. Offenbar mit Erfolg, denn die Kölner Stadtbefestigung wurde mit militärischen Mitteln nie erobert.

Preußische Festungsstadt

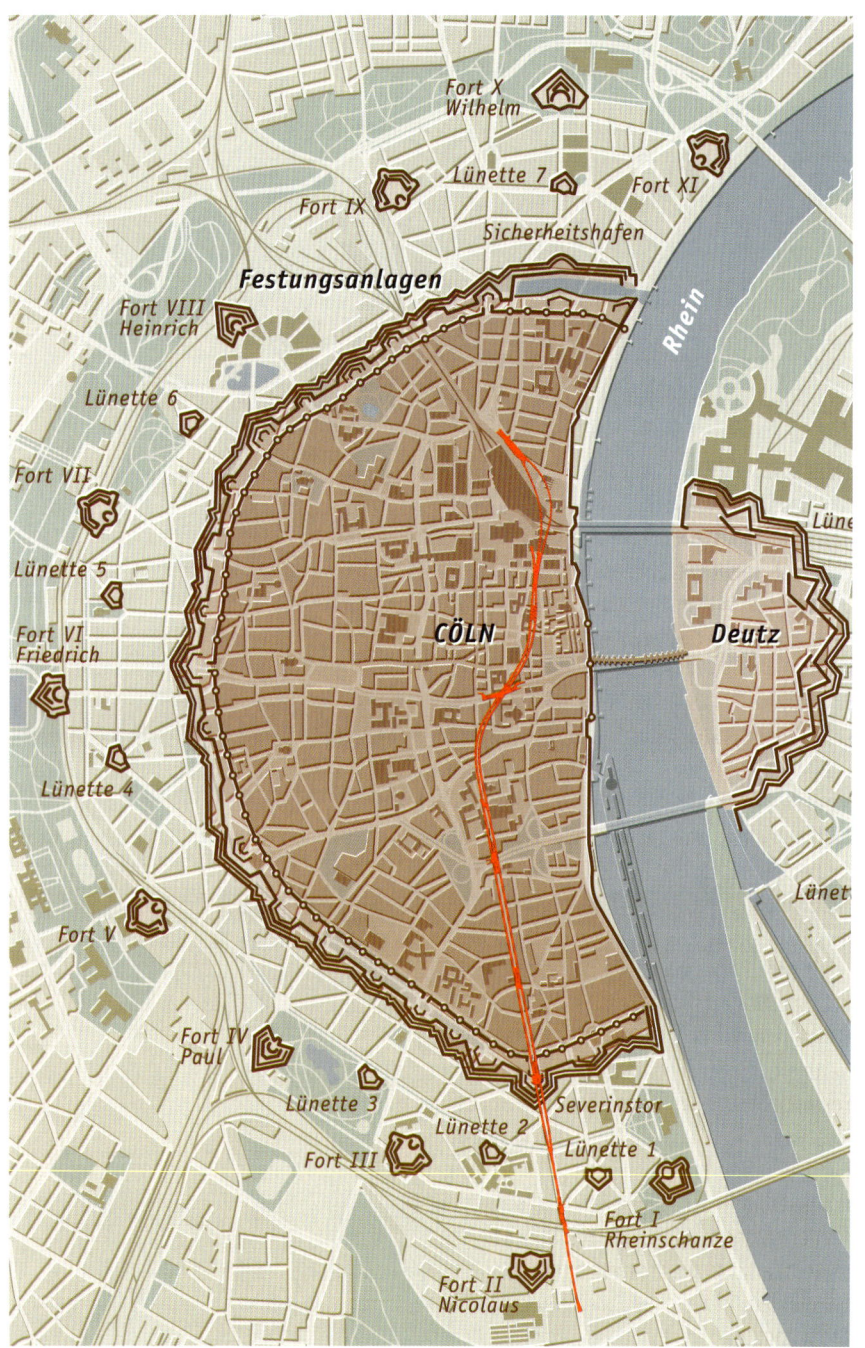

Köln als stärkste preußische Festungsstadt

Bis zum Ende der freien Reichsstadt im Jahre 1794 diente die mittelalterliche Stadtbefestigung mit ihren frühneuzeitlichen Ausbauten (Bastionen) als wirkungsvolle Schutzwehr der Stadt. Nachdem Köln 1815 auf dem Wiener Kongress dem Königreich Preußen zugeschlagen worden war, betrieben die Preußen die Modernisierung der veralteten Wehranlagen. Köln wurde im 19. Jahrhundert zur stärksten Festungsstadt Preußens und später des Deutschen Reiches ausgebaut.

Rund 600 Meter vor der mittelalterlichen Stadtmauer wurden bis 1825 zunächst sechs Forts errichtet. Weitere fünf Festungswerke folgten zwischen 1840 und 1843. Das enorme Bevölkerungswachstum und die Entwicklung in der Geschütztechnik führten dazu, dass nach dem Ende des Deutsch-Französischen Krieges 1873 auf Höhe des Militärrings rund 8 Kilometer vor dem Stadtzentrum eine neue Verteidigungslinie aus Forts und kleineren Festungsbauwerken aufgebaut wurde. Die älteren Forts wurden zwischen 1882 und 1890 durch eine Wall- und Grabenanlage verbunden, die allerdings schon wenige Jahre später wieder eingeebnet wurde. Ab 1881 wurde die mittelalterliche Stadtbefestigung mit Ausnahme kleiner Teilstücke abgerissen, Wall- und Grabenanlagen wurden dann ebenfalls dem Erdboden gleichgemacht. Im ehemaligen Vorfeld der alten Befestigungsanlagen, dem Glacis, wurde seit der Jahrhundertwende die Kölner Neustadt errichtet. Da sämtliche militärischen Bauwerke bis zu ihrem Abriss der Geheimhaltung unterlagen, sind von der Kölner Stadtfestung nur wenige bildliche Darstellungen überliefert.

Köln am Ende des 12. Jahrhunderts: Der prächtige, zweigeschossige Palast, den der Kölner Erzbischof Rainald von Dassel um 1160 im Nordosten der Altstadt errichten ließ und den sein Nachfolger Philipp von Heinsberg ausgebaut hat, erhob sich imposant über einfache Stein- und Fachwerkhäuser in seiner näheren Umgebung. Die Anlage, die zu den beeindruckendsten Profanbauten ihrer Zeit gerechnet wird, war in ihren Ausmaßen nur mit dem auf der Nordseite des Domhofs gelegenen romanischen Dom zu vergleichen. Besucher und Passanten, die vom Rheinufer in Richtung Innenstadt liefen, mussten von der monumentalen Wirkung des erzbischöflichen Palastes überwältigt gewesen sein, erhob sich dessen Giebel doch um mehr als 20 Meter über die Häuser der Rheinvorstadt.

Von diesem Palast der Kölner Erzbischöfe ist nichts mehr zu sehen, und auch der Kurt-Hackenberg-Platz hat den Charme des damaligen Stadtviertels nicht bewahrt. Der Platz entstand in seiner heutigen Form als offene Freifläche im Zuge des Wiederaufbaus nach dem Zweiten Weltkrieg. Heute gleicht er einer Durchgangsstraße, die im Norden von der Unterführung des Museum Ludwig, im Westen von der Domplatte mit dem Römisch-Germanischen Museum und im Osten von einem Hotelgebäude eingerahmt wird. Nach Süden öffnet sich der Kurt-Hackenberg-Platz zur Bechergasse und zum Alter Markt.

Die Baugrube auf dem Kurt-Hackenberg-Platz

Auf dem Platz wird eine fast 3000 Quadratmeter große und fast 30 Meter tiefe Baugrube entstehen, nicht für den Bau einer Haltestelle, sondern um die großen Fräsmaschinen einzustellen, die den unterirdischen Tunnelvortrieb für den Bau der Nord-Süd Stadtbahn betreiben werden. Außerdem soll dort der Anschluss an das „Baulos 14" hergestellt werden, ein alter U-Bahn-Tunnel aus den 1960er Jahren, der zur Haltestelle „Dom/Hauptbahnhof" führt. Der bestehende Tunnelast wurde angeblich bislang zur Champignonzucht genutzt!

Der Kurt-Hackenberg-Platz liegt über einer durchschnittlich 60 Meter breiten Nebenrinne des Rheins, die etwa 200 Meter weiter nördlich den Hauptstrom erreichte. Vom offenen Strom war der Nebenarm durch eine mehr als 1 Kilometer lange Insel getrennt, die von St. Maria Lyskirchen bis zur Trankgasse reichte. Die bis zu 180 Meter breite Insel ragte bei normalem Wasserstand nur wenige Meter aus dem Strom und war regelmäßigem Hochwasser ausgesetzt. Nur nach Westen stieg das Gelände aus der Flussaue um fast 8 Meter zum hochwassersicheren Geländeschild der Kölner Altstadt an.

Plan der Baugrube auf dem Kurt-Hackenberg-Platz

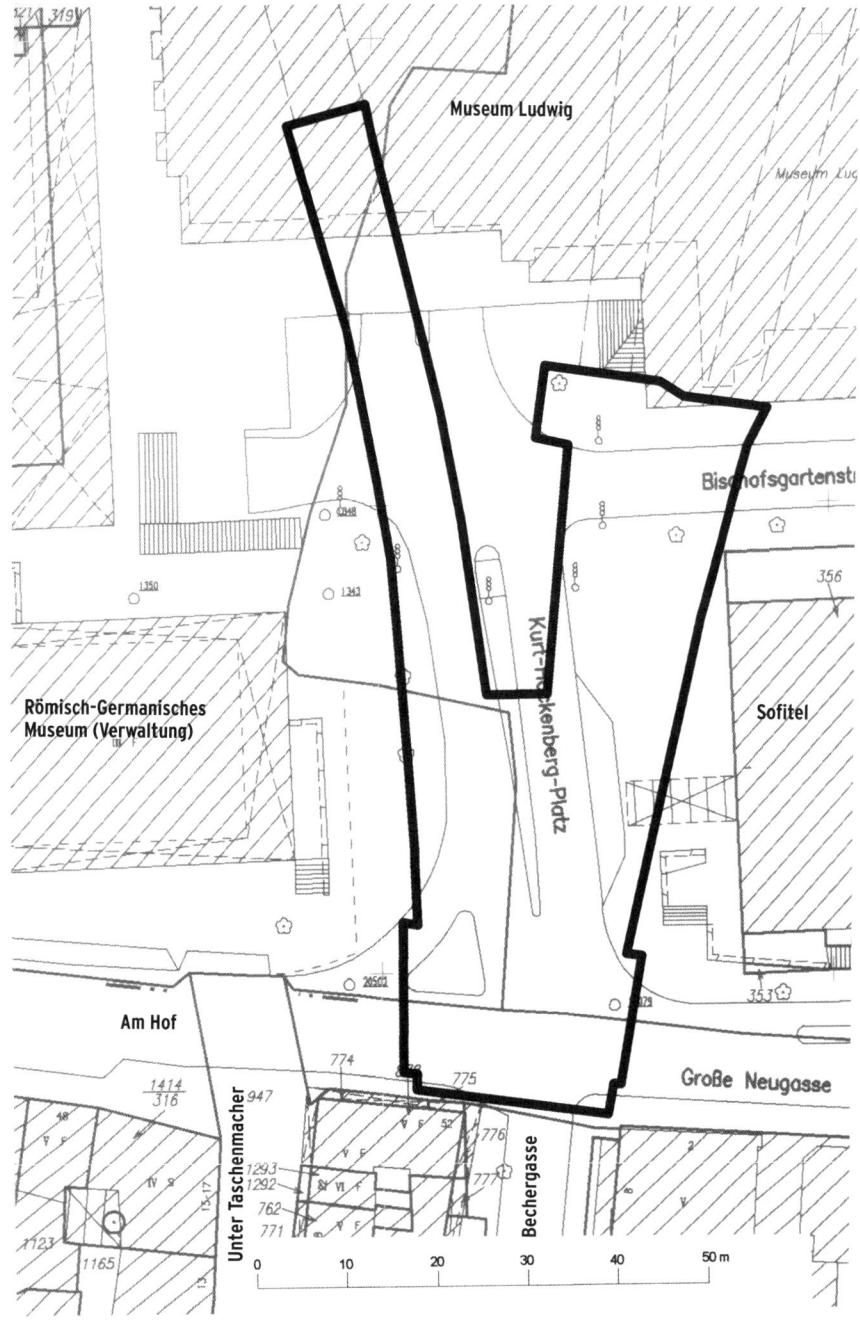

Bauern der Jungsteinzeit zu Füßen des Domes

Die günstige naturräumliche Geländesituation auf dem hochwasserfreien Plateau nahe dem Rhein hat Menschen früh gereizt, sich dort anzusiedeln. Die älteste Besiedlung im Bereich der Domplatte datiert in die Michelsberger Kultur, die dem Jungneolithikum (spätes 5./frühes 4. Jahrtausend v. Chr.) zugerechnet wird. Erhalten sind von den frühen Ackerbauern und Viehzüchtern nur einige Vorratsgruben, in denen die Menschen in zweiter Verwendung ihre Abfälle entsorgten. In den Gruben wurden Reste handgemachter Tongefäße und Feuersteingeräte gefunden. Zerscherbte Gefäßkeramik der ausgehenden Jungsteinzeit (etwa 3. Jahrtausend v. Chr.) und der älteren vorrömischen Metallzeiten (5./4. Jahrhundert v. Chr.) zeigen, dass der siedlungsgünstige Platz immer wieder von Menschen aufgesucht wurde. Allein die intensive Überbauung, die der Platz seit römischer Zeit erfahren hat, verhindert, dass die Spuren früher Sesshaftigkeit vor Ort deutlicher zutage treten.

In der Baugrube auf dem Kurt-Hackenberg-Platz sind allenfalls verlagerte vorgeschichtliche Siedlungsreste zu erwarten, da die frühen Siedler ihre Hofstellen nicht in der Rheinaue anlegten. Vorgeschichtliche Funde, die bei Ausgrabungen in der Baugrube des Museum Ludwig gefunden wurden, sind an Ort und Stelle bei der Verfüllung der Rheinrinne verkippt worden.

Der Hafen des römischen Köln im 1. und 2. Jahrhundert

Schon vor der Gründung der römischen Kolonie, der **Colonia Claudia Ara Agrippinensium (CCAA)**, im Jahre 50 n. Chr. war die Nebenrinne des Rheins auf der Höhe der heutigen Altstadt der städtische Hafen. Seine frühe Nutzung spiegelt sich in zahlreichen Kleinfunden der ersten Hälfte des 1. Jahrhunderts wider. Über eine mögliche Infrastruktur des frührömischen Hafens wie Kaianlagen oder Uferbauten lassen sich bislang keine Aussagen machen.

Der Rhein war bis zur Erfindung der Eisenbahn die wichtigste Verkehrsader für die Bewohner der Stadt und des Umlandes. Auf dem Schiffsweg wurden die römischen Stützpunkte logistisch versorgt und Truppen transportiert. Baustoffe wurden mit Lastschiffen nach Köln gebracht. Auch die Lebensmittel- und Holzversorgung dürfte überwiegend über die Rheinschiene aufrechterhalten worden sein. Schiffe waren das schnellste, sicherste, leistungsfähigste und preiswerteste Verkehrsmittel. Die Kosten entsprachen einem

Vorgeschichtliche Keramik aus dem Umfeld des Domes

Sechstel der beim Landtransport anfallenden Aufwendungen.

Der durchschnittliche Wasserstand des Rheins lag in römischer Zeit etwas höher als heute. Andernfalls wäre das Hafenbecken schon zum Zeitpunkt des Baus der rheinseitigen Stadtmauer und der hölzernen Kaianlage gegen Ende des 1. Jahrhunderts nicht ganzjährig nutzbar gewesen. Geht man von einem rund 1 Meter höheren durchschnittlichen Rheinpegel aus, ergäbe sich für die Fahrrinne des römischen Hafens in Höhe des Kurt-Hackenberg-Platzes bei normalem Wasserstand eine Tiefe von 1,5 Meter in Ufernähe und 3 Meter in der Rinne. Für die meisten anderen Abschnitte des Hafens ergäben sich ähnliche Wassertiefen. Nur im Norden des Alter Markt war die alte Rheinrinne fast 2 Meter tiefer. Zum Vergleich: Für den römischen Hafen der Colonia Ulpia Traiana (CUT), Xanten - mit einer Größe

Das römische Flottenkastell Köln-Alteburg

Rund 3,5 Kilometer südlich der römischen Stadt lag das 16 n. Chr. gegründete Flottenkastell Köln-Alteburg. Der dort stationierten Kriegsflotte, der so genannten Germanischen Flotte (classis Germanica), oblag die Sicherung der Rheingrenze und seiner schiffbaren Nebenflüsse bis zum Rhein-Maas-Schelde-Delta. Das Lager im heutigen Kölner Stadtteil Marienburg war der zentrale Standort der Römischen Rheinflotte. Zu den Aufgaben der classis Germanica gehörte, den Rhein als Schifffahrtsweg zu sichern, die militärischen Stützpunkte logistisch zu versorgen und Truppen zu verschiffen. In Friedenszeiten wurden die Schiffe auch für zivile Unternehmungen eingesetzt, etwa für den Transport von Baumaterialien aus den rheinaufwärts gelegenen Steinbrüchen.

Ausgrabungen im römischen Flottenkastell Köln-Alteburg (1927)

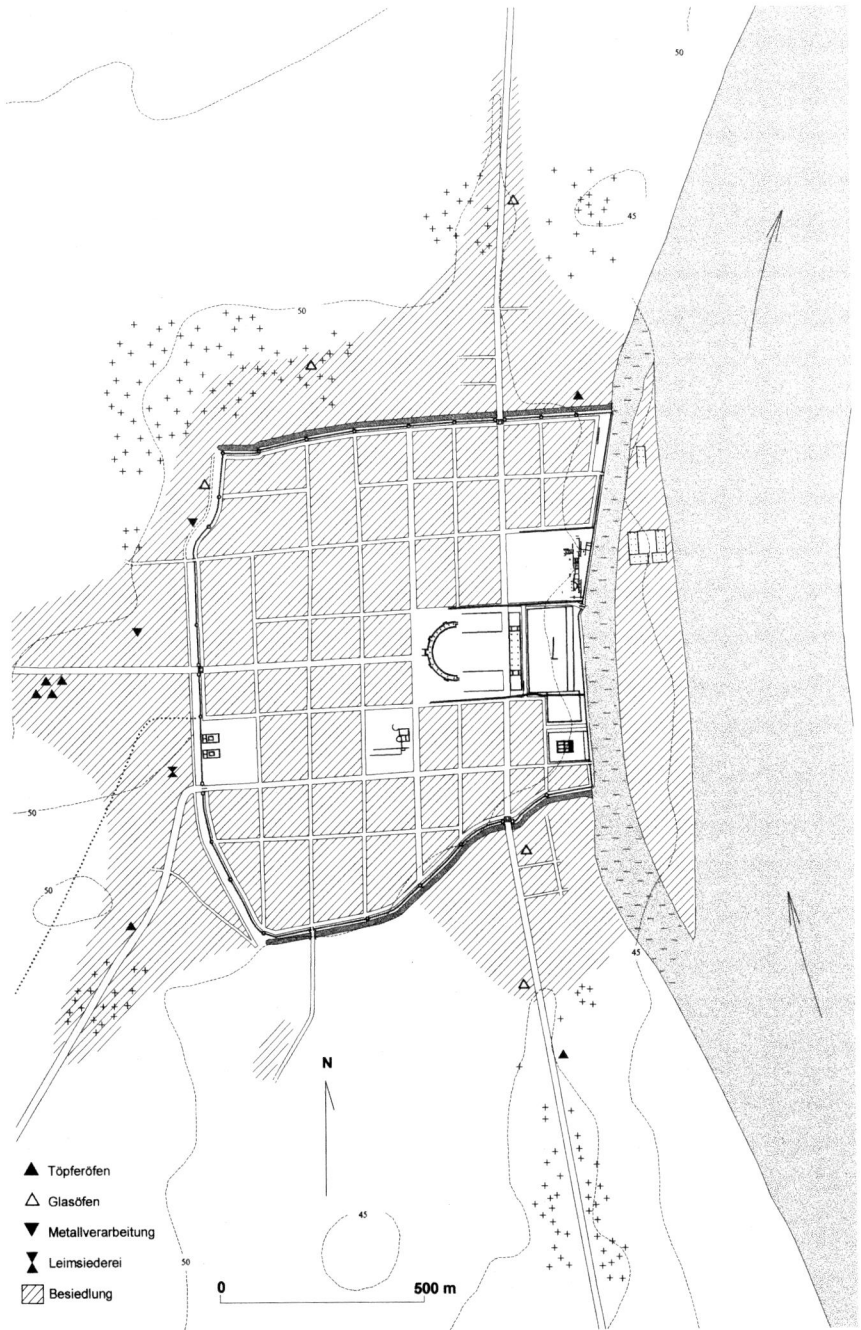

Topographie des römischen Köln - Colonia Claudia Ara Agrippinensium im 2. Jahrhundert

von rund 73 Hektar nach Köln die zweitgrößte Stadt der Provinz Niedergermanien – hat man eine mittlere Wassertiefe in der Fahrrinne von 2 Meter errechnet.

Untergegangene Schiffe – Zeugnisse römischer Hafennutzung

Bei archäologischen Ausgrabungen in der alten Rheinrinne wurden verschiedenste Relikte der antiken Hafennutzung zutage gefördert. Dank der mächtigen archäologischen Schichten – am Alter Markt erreichen sie über 13 Meter – und der vom Rhein- und Grundwasser beeinflussten Feuchtböden haben sich im ehemaligen Hafenbecken organische Materialien weitaus besser erhalten, als dies sonst der Fall ist: Die schlickigen Böden beherbergen eine Fülle von Althölzern, Lederfunden, Knochen- und Nahrungsmittelresten.

In die Hafensedimente sind auch Reste untergegangener Rheinschiffe eingebettet. In der Baugrube des Museum Ludwig wurden Teile von mindestens zwei Flachbodenschiffen, so genannte Prähme, freigelegt. Flachbodenschiffe sind von zahlreichen Fundplätzen im Rheingebiet bekannt. Bei den Prähmen, aus denen sich mittelalterliche Schiffstypen wie die „Oberländer" entwickelten, handelt es sich um kastenförmige Schiffe mit flachem Boden und rampenförmigen Enden sowie einem Segel- und Treidelmast. Die Frachtschiffe konnten Lasten von 30 Tonnen aufnehmen und erzielten so das Vielfache einer von Pferden gezogenen Wagenladung. Nicht genau festzustellen ist, ob die gefundenen Schiffwracks im Hafen nicht gezielt versenkt worden sind. Nahe dem westlichen Inselufer lagen Planken eines mindestens 18 Meter langen, in Schwemmsandschichten gebetteten Prahms. Wrackteil-

Reste eines römischen Flachbodenschiffs in der Baugrube des Museum Ludwig

Kalksteinrelief mit Schiffsdarstellung aus Köln, zweite Hälfte 1. Jahrhundert

Römische Transportamphoren im Römisch-Germanischen Museum Köln

le eines zweiten Flachbodenschiffs wurden östlich der römischen Kaianlage entdeckt. Durch eine fast 16 Meter lange Schiffsplanke war einer der Holzpfähle der Kaianlage getrieben worden. Das Wrack war also schon gesunken, als man die Kaianlage gegen Ende des 1. Jahrhunderts errichtete.

Trotz hoher Tragkraft hatten Prähme einen geringen Tiefgang und waren für einen Transport auf dem mit Untiefen und Sandbänken durchsetzten Rhein und den schiffbaren Nebenflüssen besonders geeignet. Im Gegensatz zu den auf Kiel gebauten Schiffen benötigten Prähme weder Kaianlagen noch andere Uferbauten. Den Flachbodenschiffen genügte zum Be- und Entladen eine einfache Lände. Mit Prähmen wurden sämtliche Baustoffe aus den rheinaufwärts gelegenen Steinbrüchen am Drachenfels (Trachyt) oder im Brohltal (Tuffstein) nach Köln transportiert. Bei niedrigem Wasserstand wurden die Schiffe gestakt. Fluss- abwärts ließ man sie unter Zuhilfenahme des Ruders treiben, teilweise mit Unterstützung von Segeln. Flussaufwärts wurden die Boote getreidelt. Häufig wechselnde Wasserstände, Untiefen, Hindernisse im Strom und Veränderungen am Flusslauf erforderten von den Schiffern große Aufmerksamkeit.

Die Flößerei spielte beim Transport von Bau- und Brennholz eine große Rolle. Die öffentlichen und privaten Thermen, Fußbodenheizungen und die handwerklichen Betriebe - allen voran Töpfereien und Glas verarbeitende Betriebe - verschlangen ungeheure Mengen an Brennholz, die im Laufe der Zeit teils von weit her rheinaufwärts herbeigeschafft werden mussten.

Die Probleme, die mit einer Rheinreise auf dem Schiff verbunden waren, werden in einigen Quellen des 18./19. Jahrhunderts bildhaft beschrieben. Joseph Gregor Lang (1755-1834), ein Lehrer aus Koblenz, berichtete über seine Rheinfahrt, die ihn von Andernach nach Düsseldorf führte:

„Die Fahrt der Thalschiffe ist ebenso geschwind, als die Fahrt der Bergschiffe langsam ist. Ein belastetes Schiff hat zu einer Fahrt von Köln bis Mainz, nach Beschaffenheit der Witterung und der Höhe des Wassers, 9 bis 15, auch wohl 18 Tage nöthig, und allzu wildes Wasser, oder Stürme, zwingen es auch wohl zuweilen, 12 bis 14 Tage Halt zu machen: dahingegen ein zu Thal gehendes Schiff von 36 Stunden, im Sommer ohngeachtet, die Reise in dreien Tagen abmach kann."

Amphoren aus dem Kölner Rheinhafen

Der Transportverkehr und Warenumschlag in römischer Zeit spiegelt sich ebenfalls in den Funden aus dem ehemaligen römischen Hafenbecken wider. Wichtigstes Zeugnis sind zahlreiche, teils vollständig erhaltene Amphoren des 1. und 2. Jahrhunderts. Sie dienten vor allem als Transportbehälter für Nahrungsmittel, die hauptsächlich aus Italien und Spanien importiert wurden. Anhand von Namensstempeln, die vor dem Brand in den Henkel gepresst wurden, lassen sich die Transportwege der Amphoren und ihres Inhalts teilweise nachzeichnen.

Nachdem die Amphoren ihre Funktion erfüllt hatten, wurden sie nicht ein zweites Mal in gleicher Weise eingesetzt. Die nach der Entleerung häufig übel riechenden Behälter wurden oft direkt im Hafen zerschlagen und so an Ort und Stelle entsorgt. Manchmal wurden gebrauchte Amphoren auch als Sarg, Baumaterial oder Urinal in zweiter Verwendung genutzt. Die Schuttkegel konnten gewaltige Ausmaße erreichen. Berühmtestes Beispiel für ein solches Deponiegelände ist der Monte Testaccio in Rom. Dort häufen sich zerschlagene Amphoren, die zum Schutz vor Insektenplagen und Geruchsbelästigung mit Kalk abgelöscht wurden, auf einer Fläche von

Hölzerne Kaianlage des 1. Jahrhunderts, Baugrube Museum Ludwig

Römische Stadtmauer und Kaianlage, Baugrube Museum Ludwig

22 000 Quadratmeter und bis zu einer Höhe von fast 50 Meter.

Die Amphoren machten es möglich, dass die aus dem Mittelmeerraum stammenden römischen Soldaten ihre Essgewohnheiten in den nordalpinen Stationierungsgebieten beibehalten konnten. So gelangten Olivenöl, eingelegte Oliven und Früchte, Wein und die Würze aus vergorener Fischsauce an den Rhein. In dem nur wenige Jahre bewohnten (15/12-10/9 v. Chr.) Legionslager von Dangstetten am Oberrhein wurden Scherben von rund 1500 Amphoren gefunden. Das Fundaufkommen von Dangstetten vermittelt eine Vorstellung, welche Amphorenmengen in länger besiedelten Orten angefallen sind. Auch in der CCAA herrschte große Nachfrage nach mediterranen Lebensmitteln: Die gewaltige Zahl zerscherbter oder wieder verwendeter Amphoren aus mehr als vier Jahrhunderten römischer Stadtgeschichte lässt sich nur erahnen.

Bei einem großen Abwurfhaufen römischer Transportamphoren an der Ecke Mühlengasse/Alter Markt wurden im 19. Jahrhundert zwei Großgewichte aus Basalt gefunden – weitere Zeugnisse vom Handel in römischer Zeit und der wirtschaftlichen Nutzung des alten Hafens. Die steinernen Gewichtskugeln, die auch von anderen antiken Häfen bekannt sind, waren durch ihr geeichtes Gewicht zum Wiegen der Schiffsladungen bestimmt. Das größere der beiden Gewichte war 40,93 Kilogramm schwer. Dem entsprechen 125 römische Pfund oder auch anderthalb attische Talente. Die griechische Gewichtseinheit des Talents war im Mittelmeerhandel neben dem römischen Pfund gleichberechtigt, im östlichen Mittelmeer sogar vorherrschend.

Eine hölzerne Kaianlage

Gegen Ende des 1. Jahrhunderts wurde hafenseitig vor die zur selben Zeit errichtete römische Stadtmauer eine hölzerne Kaianlage gebaut. Der 3,5 Meter breite, auf Pfosten gründende „Laufsteg" war in der Baugrube des Museum Ludwig auf einer Länge von über 55 Meter erhalten. Dendrochronologische Untersuchungen der Universität Köln ergaben, dass die beim Bau der Kaianlage verwendeten

Hölzer um das Jahr 94 n. Chr. (+/- 5 Jahre) geschlagen und verbaut wurden. Die unten angespitzten, rechteckig zugebeilten Pfosten (Durchmesser rund 25 Zentimeter) waren unmittelbar nebeneinander in den von Schlickschichten überlagerten kiesigen Flussgrund gerammt worden. Parallel zu der äußeren Pfostenreihe verliefen zur Stadtmauer hin zwei weitere Pfahlreihen, deren Hölzer jeweils rund 2,5 Meter voneinander entfernt gesetzt worden waren. Auf den Stützpfosten lagen vermutlich rechtwinklig zur Stadtmauer Tragbalken, auf denen die Balken der eigentlichen Lauffläche parallel zur Stadtmauer ruhten. Die nicht erhaltene Lauffläche des Kais dürfte gut 1 Meter über dem durchschnittlichen Rheinpegel gelegen haben. Ähnlich konstruiert ist die besser erhaltene hölzerne Kaianlage im römischen Hafen von Xanten.

Die rheinseitige römische Stadtmauer

Die römische Stadtmauer quert den westlichen Tunnelfinger der Baugrube auf dem Kurt-Hackenberg-Platz auf einer Länge von 25 Meter. Bei archäologischen Ausgrabungen in

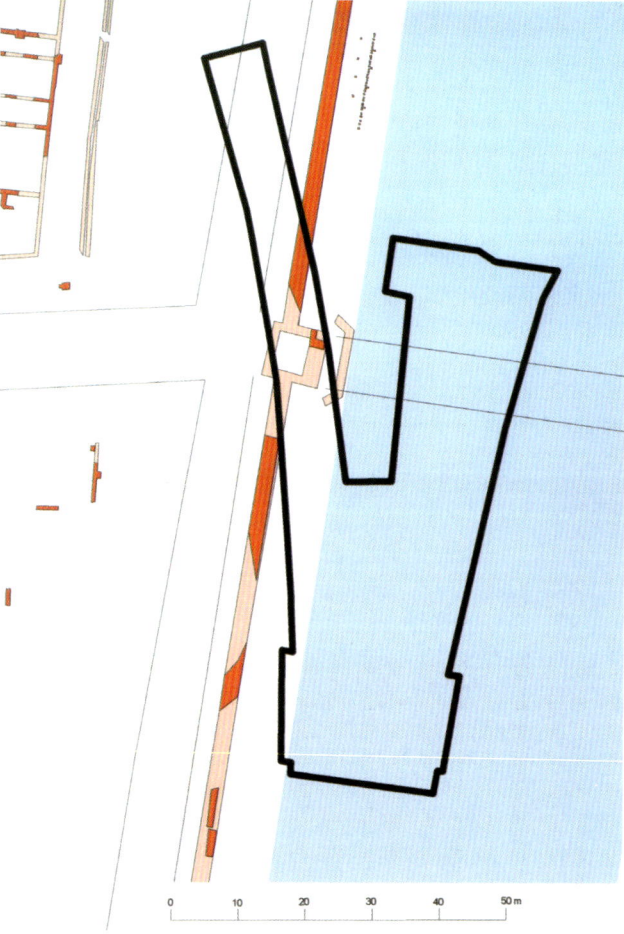

Baugrube Kurt-Hackenberg-Platz – die römische Stadtmauer (rot) zieht sich durch den westlichen Tunnelfinger, rechts davon der römische Hafen (blau)

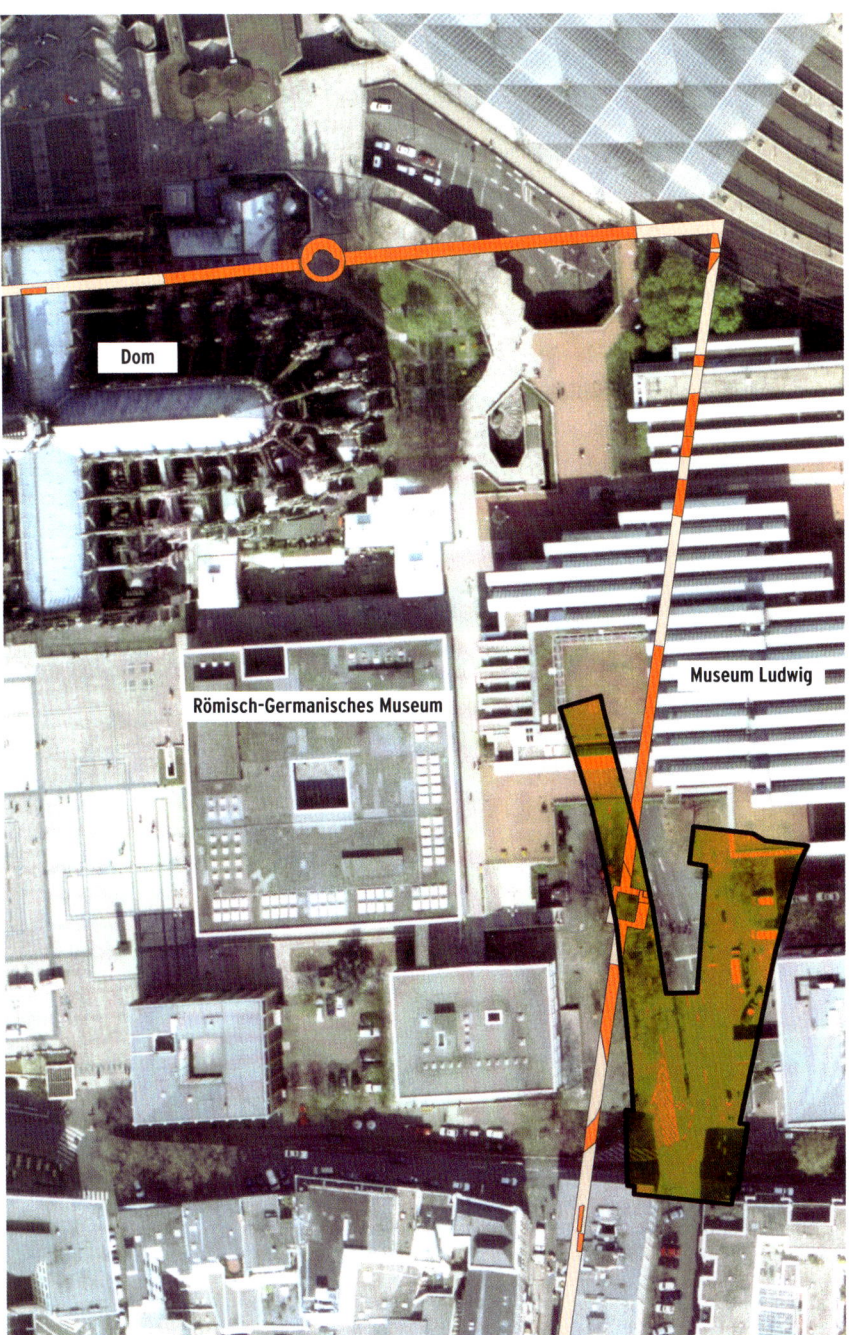

Baugrube Kurt-Hackenberg-Platz und Domumgebung im Luftbild – die rote Linie markiert den Verlauf der römischen Stadtmauer

der benachbarten Baugrube des Museum Ludwig wurde die römische Stadtmauer auf 85 Meter Länge freigelegt. Sie war dort 5,5 Meter hoch erhalten. Die im Vergleich zu anderen Abschnitten der rheinseitigen römischen Stadtmauer mäßige Erhaltung ist auf tiefe Keller des 19. Jahrhunderts zurückzuführen, bei deren Bau man die römische Stadtmauer abgeschrotet hat. Die alte Stadtbefestigung ist sonst auf der zum Strom gerichteten Stadtseite außerordentlich gut erhalten; stellenweise reicht sie bis 1 Meter unter die moderne Platzversiegelung.

Die römische Stadtmauer erstreckt sich über eine Länge von 3911,8 Meter und umschließt das antike Stadtzentrum Kölns mit einer Fläche von 96,8 Hektar nach allen vier Seiten. Einzelne Mauerabschnitte sind noch heute im Stadtbild erhalten. Die Stadtmauer verläuft parallel zu den Abbruchkanten des Geländeschilds der Kölner Altstadt. Auf der

Die römische Stadtmauer

Die Stadtmauer der CCAA wurde in der zweiten Hälfte des 1. Jahrhunderts errichtet. Planung und Bauausführung, die vermutlich bald nach der Erhebung zur Kolonie römischen Rechts begannen, folgten Vorbildern oberitalienischer Städte. Untersuchungen an den Nadelhölzern aus der Baugrube des Museum Ludwig datieren den Stadtmauerbau entlang dem Rhein in das letzte Jahrzehnt des 1. Jahrhunderts. Die Befestigung entstand etwa gleichzeitig mit der ihr vorgelagerten hölzernen Kaianlage. Allem Anschein nach wurde die Ostfront der Stadt zuletzt „gesichert". Die römische Stadtbefestigung behielt ihre Funktion bis zum 12. Jahrhundert. Anders als die meisten römischen Großbauten der CCAA fiel sie daher nicht dem Steinraub zum Opfer. Erst nachdem man die Stadterweiterung 1106 mit Wall und Graben gesichert hatte, verlor sie ihre Bedeutung.

Schalmauerwerk der römischen Stadtmauer in einem Kanalgraben auf dem Kurt-Hackenberg-Platz (1978)

zum Rhein gerichteten Ostseite gründet sie am Hangfuß in der alten Rheinaue. Die Stadtmauer war mit 19 Türmen und neun Toranlagen ausgestattet. Gräben als Annäherungshindernisse sind an den drei Feldseiten nachgewiesen.

Für den Bau der rheinseitigen römischen Stadtmauer hatte man in den in der Rheinaue abgelagerten Schlick bei Niedrigwasser eine mehr als 2 Meter tiefe und 3,5 Meter breite Baugrube bis zum anstehenden Terrassenkies ausgehoben. Nach Aussage der Klimaforschung herrschte gegen Ende des 1. Jahrhunderts eine besonders trockene Witterung, die den Bau in der Rheinaue begünstigt hat. Die Baugrubenwände wurden mit einem Nadelholzverbau gesichert. Die hierfür verwendeten Bäume hatte man wie für die Kaianlage im letzten Jahrzehnt des 1. Jahrhunderts gefällt.

Auf den tragfähigen Terrassenkies in der Baugrube legte man zunächst zwei insgesamt

Die römische Hafenstraße während der Ausgrabung   Wieder errichtetes Teilstück der römischen Hafenstraße

1,3 Meter mächtige Lagen unvermörtelter Steinblöcke (Grauwacken). Diese wurden nach oben mit einer kalkigen Ausgleichsschicht verkleidet und darüber ein 2,9 Meter breiter und 3,2 Meter hoher Fundamentsockel aus Gussmauerwerk errichtet. Über einem gestuften Sockelabsatz war die Stadtmauer noch 2,4 Meter breit und bis zu 8 Meter hoch. Für den Fundamentsockel und das Aufgehende wurden gegen die Holzverschalung der Baugrube Grauwackehandquader in einem hellgrauen, fast weißen Kalkmörtel gemauert, zwischen den Mauerschalen der Gusskern aus hartem Kalkmörtel (opus caementitium) lagenweise eingefüllt und festgestampft. Der eingefüllte Kalkmörtel, dessen Stabilität heutige DIN-Normen im Betonbau erfüllt, war mit Natursteinen durchsetzt, überwiegend Grauwacken, wenig Basalt und Trachyt.

Der westliche Tunnelfinger der Baugrube auf dem Kurt-Hackenberg-Platz, der die Neubaustrecke mit der U-Bahn-Trasse der 1960er Jahre verknüpfen wird, greift auf den zum Kölner Stadtplateau ansteigenden Hang über. Die Rinne zwischen Terrassenhang und römischer Befestigung wurde nach Abschluss der Arbeiten an der Stadtmauer mit Hafenschlamm und Kulturschutt aufgefüllt, vermutlich, um dort eine parallel zur Stadtmauer verlaufende Wallstraße (via sagularis) zu trassieren.

Die Tore der römischen Stadtmauer am Rhein

Die römische Stadtmauer besaß auf der Ostseite drei zur Rheinfront gerichtete Torbauten. Das wichtigste und größte rheinseitige Tor, die porta martis, lag auf Höhe des Marsplatzes. Die römische Toranlage wurde erst im 16. Jahrhundert niedergelegt. Im 19. Jahrhundert wurden bei Erdarbeiten mächtige römische Gussmauern angeschnitten. Der Torbau ragte nach Osten um etwa 6 Meter aus der Mauerflucht vor. Eine kiesgeschotterte Straße führte durch die Tordurchfahrt in Richtung Rhein.

Die südliche Toranlage in der Königstraße auf Höhe von St. Maria im Kapitol hatte eine Bautiefe von 3,6 Meter. Zwischen den Flanken der 5,5 Meter breiten Toröffnung führte eine mit quer zur Fahrtrichtung verlegten Basalten gepflasterte Straße, in die sich die Karrenspuren eingeschnitten hatten. Das Basaltpflaster wurde später mit einer 20 Zentimeter starken Kiesbetonlage überdeckt. Die Oberkante der Basalte soll 3 Meter über dem Sockelabsatz der römischen Stadtmauer gelegen haben. Die Befundhöhe deutet an, dass der Straßenbelag nachrömisch – oder hochmittelalterlich – datiert. Auch östlich außerhalb des Tores wurden Spuren einer basaltgepflasterten Straße an der Ecke (ehemalige) Strassburgergasse/Rheingasse aufgedeckt.

In der Baugrube auf dem Kurt-Hackenberg-Platz wird das dritte rheinseitige Tor vermutet. Spuren eines torartigen Ausbaus wurden Ende des 19. Jahrhunderts bei Kanalbauarbeiten nahe der Ecke zur Bischofsgartenstraße angeschnitten. Das römische Mauerwerk ragte etwa 4 Meter aus der Flucht der Stadtmauer nach Osten in das alte Hafenbecken vor. Vier Lagen unvermörtelter großer Kalksteinblöcke – im Aufgehenden 2 Meter hoch erhalten – ruhten auf einem Gussbetonfundament. Zu der Toranlage führte eine Westost verlaufende Straße, die Ende der 1970er Jahre vom Römisch-Germanischen Museum der Stadt Köln freigelegt wurde. Die etwa 5,5 Meter breite Fahrbahn hatte man im 2. oder 3. Jahrhundert mit Säulenbasalten gepflastert. Um einige Meter nach Süden versetzt ist die auf circa 30 Meter Länge rekonstruierte Straße neben dem Römisch-Germanischen Museum zu besichtigen. Gegen Ende des 19. Jahrhunderts hatte man bei Erdarbeiten vor dem alten Domhotel bereits die westliche Fortsetzung der Straße angeschnitten.

Der römische Hauptsammler unter der Budengasse

Unter der Budengasse verläuft einer von fünf großen Abwassersammlern, die in den Rhein entwässerten. Der Kanal wurde 1830 vom damaligen Stadtbaumeister Weyer entdeckt und anschließend von einer örtlichen Gastwirtschaft als Bierkeller genutzt. Der vorzüglich erhaltene Hauptsammler beeindruckt durch seine lichte Weite von 1,2 Meter und eine Höhe von bis zu 2,5 Meter. Der am Ende des 1. Jahrhunderts gebaute Kanal führt mit einem durchschnittlichen Gefälle von einem Prozent vorbei an der Nordseite des römischen Praetoriums zum römischen Rheinhafen. Vom Praetorium aus kann ein rund 110 Meter langes Teilstück des Sammlers besichtigt und begangen werden. Die bis zu 1 Meter mächtigen Kanalwände und die Tonnendecke sind an der Innenseite aus teils mörtellos gefugten Tuffblöcken – manche davon in zweiter Verwendung – errichtet. Nur die letzten Meter vor Erreichen der Stadtmauer und der Durchlass durch die Stadtmauer sind im Gussmauerwerk eingewölbt, das über einem Leergerüst errichtet wurde, von dem sich Abdrücke der Holzbretter abzeichnen.

Bei Ausgrabungen für Kanalumlegungen in der Bechergasse/Budengasse/Unter Taschenmacher wurde im Sommer 2004 der Auslass dieses Kanals aus der römischen Stadtmauer freigelegt. Der Kanalaustritt war mit lothringischen Kalksteinen repräsentativ gestaltet. Nach dem Auslass aus der Stadtmauer wurde

Das römische Nordtor – im Mittelalter die „Pfaffenpforte"

Der römische Hauptsammler unter der Kleinen Budengasse

das Abwasser über einer muldenförmig ausgearbeiteten Rinne und einen überkragenden Ausguss in den rund 1 Meter tiefer liegenden Flusshafen geleitet. Die Brauchwässer der CCAA ergossen sich ohne Klärvorrichtung in das Hafenbecken. Der sorglose Umgang mit den Flüssen führte dazu, dass viele Gewässer in römischer Zeit stark belastet waren – manche Flussabschnitte glichen einer Kloake. Bei Hochwasser konnte man die Kanalöffnung verschließen, um zurückdrängendes Wasser aufzuhalten. Außerdem muss die Kanalöffnung durch schwere Eisengitter gesichert gewesen sein, um zu verhindern, dass im Verteidigungsfall Angreifer über die Kanäle in die Stadt eindringen konnten.

Eine fotografische Erkundung des stadteinwärts anschließenden Kanalteilstückes ergab, dass das Bauwerk westlich der Stadtmauer auf einer Länge von mindestens 20 Meter vorzüglich erhalten ist. Es lassen sich mindestens vier seitlich schräg einfallende Kanalzuleitungen nachweisen. Rund 10 Meter westlich der Stadtmauer ist im Tonnengewölbe des Kanals eine runde Öffnung zu sehen. Über den Wartungsschacht, der fast 6 Meter unter dem römischen Laufniveau lag, konnte man in den Kanal einsteigen, um Reinigungs- und Reparaturarbeiten vorzunehmen.

Der römische Kanal unter der Hafenstraße

Unter dem Basaltpflaster der Hafenstraße verlief ein römischer Abwasserkanal, der 1978 bei den archäologischen Untersuchungen in der Baugrube des linksrheinischen Hochsammlers auf 16 Meter Länge dokumentiert wurde. Teile des Kanals wurden bei den Ausgrabungen im Boden belassen; ein weiteres Teilstück hat man südlich des Römisch-Germanischen Museums aus Originalsteinen wieder aufgebaut.

Aus Kalksteinblöcken errichteter Kanalauslass des römischen Hauptsammlers in der Budengasse (2004)

Der Kanalauslass aus der römischen Stadtmauer war dort nicht erhalten, da der Befund an dieser Stelle durch einen neuzeitlichen Keller zerstört war. Daher lässt sich nicht sagen, ob der Kanal gleichzeitig mit der Stadtmauer gebaut worden war oder erst später ein Auslass in die Befestigung gebrochen wurde. Für den Bau des Kanals verwendete man alle verfügbaren Steine: Werksteine in zweiter Verwendung und frisch gebrochene Tuffblöcke aus dem Brohltal. Unter den Spolien findet sich eine gerahmte Kalksteinplatte mit Resten roter Bemalung und einer Inschrift, die den Imp(erator) Nero Caesar Augustus nennt. Die Steinplatte datiert 67 n. Chr., der Kanal entstand entsprechend später, gegen Ende des 1. oder Anfang des 2. Jahrhunderts.

Der Abwassersammler ist gut 2 Meter hoch. Im Lichten maß der Kanal 1,2 Meter in der Höhe und 80 Zentimeter in der Breite. Ein Fundament aus Grauwackequadern mit Gussmauerkern war ohne erkennbare Baugrube in den Uferschlick eingetieft. Bis zu 40 Zentimeter starke Bodenplatten aus Kalkstein waren in das Fundament gebettet. Die Kanalwangen bestanden aus nahezu 2 Meter langen Tuffblöcken. Abgedeckt war der Sammler mit quer liegenden 2,5 Meter langen, 60 Zentimeter starken und bis zu 80 Zentimeter breiten Tuffsteinriegeln.

Im 3. oder 4. Jahrhundert wurde der Kanal saniert. Dabei wurde die nördliche Kanalwange mit wieder verwendeten Werksteinen, darunter Säulentrommeln, Basaltsäulen und Tuffbrocken, ausgebessert. Ein Reparatur- und Wartungsschacht war mit einer rund 1 mal 1,2 Meter großen, rechteckigen Trachytplatte abgedeckt. Vier ähnliche Trachytplatten deckten in regelmäßigen Abständen in die Kanaldecke (Tuffriegel) geschlagene Kontrollöffnungen ab.

Das alte Hafenbecken verlandet

50 bis 60 Jahre nach dem Bau der hölzernen Kaianlage und der rheinseitigen Stadtmauer gab man um die Mitte des 2. Jahrhunderts das alte Hafenbecken auf. Der Grund dafür waren mehrere außergewöhnlich niederschlagsarme Jahre, die damals das Klima in Nordwesteuropa prägten. In London und Xanten wurden etwa zeitgleich die römischen Häfen aufgelassen. In Köln ließ sich eine regelhafte Nutzung des alten Hafenbeckens offenbar nicht mehr aufrechterhalten, obwohl die Römer in der Lage waren, Häfen durch Ausbaggern schiffbar zu halten, und sich solche Arbeiten auch im archäologischen Befund der Baugrube unter dem Museum Ludwig belegen lassen. Vielleicht sah man seitens der Stadtverwaltung der CCAA auch die Möglichkeit, die um die Mitte des 2. Jahrhunderts „boomende" Kolonie durch eine landfeste Anbindung der alten Rheininsel um 25 Hektar vergrößern zu können.

Kalksteinplatte mit Bauinschrift aus der Zeit des Kaisers Nero

Die Verlandung des alten Hafenbeckens lässt sich auf mehrere Gründe zurückführen: Neben den Jahren großer Trockenheit führte die flächendeckende landwirtschaftliche Nutzung des städtischen Umlands bis hin zu den Randlagen der Eifel zu verstärkter Bodenerosion. Die verlagerten Sedimente wurden in Flüsse und Bäche gespült, die daher immer stärker verlandeten. Schwebstoffe der städtischen Brauchwässer, verkippte Hafenabfälle, Haus- und Gewerbeabfälle vermengten sich mit Tonen, Sanden, Schluffen und Kiesen zu einem zähen mit ungezählten Funden durchsetzten Hafenschlick.

In der Baugrube des Museum Ludwig zeigte sich, dass die östlichen Außenposten des Kais beim Bau der Anlage gegen Ende des 1. Jahrhunderts rund 1,2 Meter tief in Schlickablagerungen gerammt waren. Es hatten sich also bereits mächtige Ablagerungen gebildet. Die Gründung und der innere Ausbau der CCAA dürften diesen Prozess beschleunigt haben.

Der römische Hafen wird verlegt

Nach der Aufgabe des römischen Hafens erfolgte eine systematische Erhöhung und Nivellierung des Geländes durch Verkippen von Bauschutt und Erde. Den Hafen der römischen Kolonie verlegte man auf die Ostseite der Rheininsel. Die östliche Uferbefestigung der römischen Insel wurde in der Baugrube des Museum Ludwig ausgegraben; sie verlief rund 50 Meter westlich der heutigen Uferlinie. Das östliche Inselufer fiel steil zum offenen Strom ab. Mit schweren Eichenpfählen sicherte man das Ufer gegen Unterspülung. Die angespitzten Hölzer waren in den Flussgrund gerammt worden und ursprünglich durch horizontal liegende Eichenbohlen miteinander verbunden, wie seitliche Nute zeigen. Dendrochronologische Untersuchungen datieren die Uferbefestigung zwischen 160 und 180 n. Chr. Das östliche Inselufer wurde also bald nach der Verlegung des Hafens an den offenen Fluss befestigt.

Westliche Uferbefestigung der römischen Rheininsel im 1./2. Jahrhundert

Die Rheininsel in römischer Zeit

Archäologische Ausgrabungen im Martinsviertel und auf dem Heumarkt zeigen, dass die Rheininsel, bald nachdem Köln 50 n. Chr. zur Kolonie erhoben worden war, systematisch ausgebaut wurde. Das Gelände wurde aufgemessen, Erhebungen abgetragen, Geländesenken mit Sand aufgefüllt, planiert und die Fläche mit Kies befestigt. Der Inselrücken lag rund 3 Meter über dem Mittelwasserstand des Rheins. Die zum westlichen Ufer abfallende Geländekante wurde durch eine rund 50 Zentimeter starke Hangstützmauer, die etwa 40 Meter östlich des Inselufers parallel zum Ufer verlief, befestigt. Die eigentliche Uferkante war zum Schutz vor Unterspülung mit dicken Eichenplanken gesichert, die an schräg in den Boden gerammte, rechteckig zugerichtete Pfähle gelegt und mit Tuffbrocken beschwert waren. Reste dieser vermutlich im frühen 2. Jahrhundert errichteten Uferschutzanlagen wurden bei den Ausgrabungen in der Baugrube des Museum Ludwig freigelegt.

Das auf Höhe des Heumarkts unbebaute Gelände wurde als Stapelplatz für die auf Schiffen angelieferten Waren und Baustoffe genutzt. Im Umfeld der Kirche Groß St. Martin war ein mehr als 5000 Quadratmeter großer Platz durch hohe Mauern abgesperrt. Im Osten dieser Umfriedung lag ein 34 mal 17 Meter großes und 1,7 Meter tiefes rechteckiges Becken, in das eine mehrstufige Treppe an der nördlichen Schmalseite führte. Es handelte sich offensichtlich um eine Sportanlage (**palaestra**) mit Badebecken (**natatio**) nach italienischem Vorbild. Die Anlage hatte nur kurze Zeit Bestand. Bereits am Ende des 1. Jahrhunderts wurde sie aus unbekannten Gründen aufgegeben. Vielleicht wurde sie durch ein Hochwasser zerstört, vielleicht benötigte man den Platz für andere Zwecke? Um die Mitte des 2. Jahrhunderts, etwa zeitgleich mit Aufgabe der alten Hafenrinne, wurden auf dem Platz der Sportanlage und im Norden der Insel große Speicherbauten (**horrea**) errichtet. Die Stadt wurde mit einem Versorgungs- und Logistikzentrum ausgestattet, das für einen reibungslosen Güterumschlag auf dem Rhein als wichtigster Verkehrsader der Provinz Voraussetzung war. Im Umfeld der Kirche Groß St. Martin wurden vier Speicherbauten von bis zu 52 Meter Länge und über 22 Meter Breite um einen etwa 2400 Quadratmeter großen Innenhof postiert. Die Lagerhäuser mit kräftigen Grauwackemauern waren im Grundriss dreischiffig gegliedert und hatten eine Gesamtfläche von über 3500 Quadratmetern. Der Boden war mit einem festen Kalkmörtel ausgelegt. Die Dachkonstruktion ruhte auf Pfeilern aus Sandsteinblöcken. Teile der **horrea** sind in den ottonischen Urbau des Benediktinerklosters Groß St. Martin integriert und heute noch zu besichtigen.

Zu Beginn des 4. Jahrhunderts errichtete man im Bereich des Heumarkts ein mehr als 120 Meter langes und nur 5 Meter breites, Nordsüd ausgerichtetes Gebäude nahe dem westlichen Inselufer. Das mit einem Pultdach abgedeckte Gebäude besaß Gussmauern mit Tuffsteinschalen. Im Gebäudeinneren verliefen in Abständen von wenigen Metern westöstliche Spannfundamente, die auf eine Unterteilung in kleine Raumeinheiten hinweisen. Die Funktion des Gebäudes lässt sich nicht eindeutig klären, vermutlich handelte es sich um Magazinräume oder Ladenlokale.

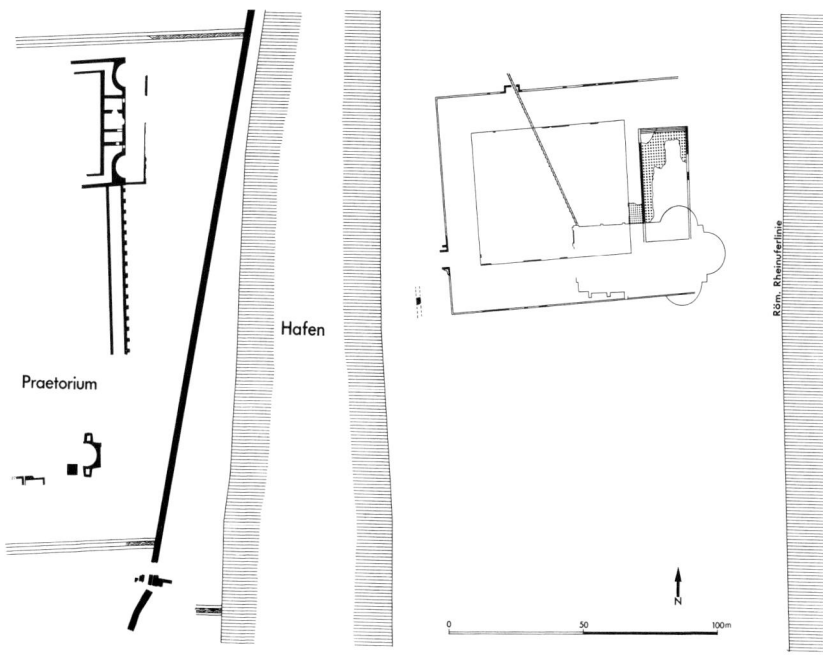

Bebauung der römischen Rheininsel gegenüber dem Praetorium, 1. Jahrhundert

Die Nutzung des alten Hafengeländes

Ausgrabungen am Filzengraben anlässlich des Neubaus der Hochschule für Medien im Jahr 2003 ergaben, dass dort wenige Jahre nach Aufgabe des Hafenbeckens durch Aufschüttungen ein festes Laufniveau 6 bis 7 Meter über der alten Hafensohle geschaffen wurde. Auf Höhe des Filzengraben wurde das Gelände planiert und ummittelbar anschließend ein Kalkbrennofen gebaut, der mitsamt der zugehörigen Arbeitsgrube in die Aufschüttungen eingegraben war. Mit dem dort produzierten Kalk hat man eine zum Rheinufer führende Straße befestigt, die zusätzlich mit einem 50 Zentimeter starken Kiesbelag geschottert wurde. Die Straße wurde durch schwere Regenfälle oder ein Hochwasser zerstört. In den Jahren um 200 n. Chr. wurde das Gelände durch Anschüttungen weiter erhöht und zu Beginn des 3. Jahrhunderts überbaut. Seit den Jahren um 300 wurde das „Ruinenfeld" des inzwischen aufgegebenen Hauses als Friedhof genutzt.

Geländeabsenkungen und das Bemühen, die alte Nebenrinne angesichts regelmäßiger Hochwässer schrittweise weiter aufzuhöhen, erforderten zusätzliche Anschüttungen. Der Bedarf an Erd- und Füllmaterial war gewaltig. Insgesamt wurden rund 500 000 Kubikmeter Erde in der alten Hafenrinne verkippt. Angeschüttet wurde der Aushub aus Baugruben, Abbruchmaterial abgerissener Häuser, gewerblicher Abfall und vieles andere mehr. Vielleicht hat man auch nicht mehr verwendete Transportamphoren in der Rinne abgeladen. Am „Dimesser Ort" in Mainz deponierte man mehr als 200 Amphoren in unmittelbarer Nähe des Rheinufers, um eine Geländesenke zu nivellieren. Vergleichbares kennt man auch aus dem römischen Lyon. Hochwässer, Ablagerungen nach starken Niederschlägen und die Entsorgung von Brauch- oder Oberflächenwasser führten dazu, dass sich über den abgekippten Schuttlagen immer wieder schlammige Schlickschichten bildeten, auf denen sich in überschwemmungsfreien Perioden sumpfiges Grünland entwickelte.

Die Rheinstadt wird befestigt

Die Rheininsel und das alte Hafengelände wurden in spätrömischer Zeit in die umwehrte Stadt einbezogen. Im rechten Winkel zur rheinseitigen Stadtmauer der römischen Kolonie verlief auf Höhe des Domchors eine Reihe mächtiger Eichenpfosten quer durch die verfüllte Hafenrinne. Die Hölzer, die Reste einer Palisade oder eines Pfahlrosts für eine Schenkelmauer sind, wurden auf einer Strecke von rund 40 Meter verfolgt. 15 Meter östlich der Stadtmauer lag ein annähernd quadratischer Pfahlrost von 3 mal 2,5 Meter Grundfläche, auf dem ursprünglich ein Turm stand. Obwohl rund 30 Eichenhölzer geborgen und dendrochronologisch untersucht wurden, hat keines ein Dendrodatum geliefert. 27 Meter weiter östlich wurde auf der ehemaligen Rheininsel ein 9,3 mal 7,5 Meter großes Turmfundament freigelegt. Über zwei Lagen bis zu 1,8 Meter langer und 90 Zentimeter tiefer Kalksteinblöcke, die ursprünglich von großen Grabdenkmälern des 1. Jahrhunderts stammten, stand ehemals ein Holzkonstrukt mit Fachwerkwänden. Die großen Steinblöcke hatte man im 4. Jahrhundert von den römischen Friedhöfen außerhalb der Stadt verschleppt, um sie dort im Festungsbau wieder zu verwenden. Vom Turm aus ist die Schenkelmauer weiter bis zum römischen Rheinufer zu verlängern. Die Befestigung auf Höhe des Domes setzt ein entsprechendes Pendant im Süden der Rheinstadt voraus. Die südliche Schenkelmauer dürfte auf Höhe des 948 erwähnten Filzengraben (fossa civitatis) zu suchen sein. Bei archäologischen Ausgrabungen am Filzengraben wurde eine Kiesstraße des 2. Jahrhunderts nachgewiesen, die genau zum historisch verbürgten Standort des südlichen Tores, die porta frumenti, führte. Die Befestigung der Rheinvorstadt datiert also nicht, wie lange vermutet, in das 10. Jahrhundert, sondern in spätrömische Zeit.

Fränkische Zerstörungen im Winter 355/56 n. Chr.

Im Laufe des 4. Jahrhunderts geriet das römische Niedergermanien immer stärker unter den Druck germanischer Übergriffe. Besonders schwer trafen die CCAA die Ereignisse der Jahre 355/56 n. Chr. Ausgelöst wurden die Zerstörungen durch den Tod des römischen Heer-

Fundament der spätrömischen Rheinstadtbefestigung

Topographie des römischen Köln im 4. Jahrhundert

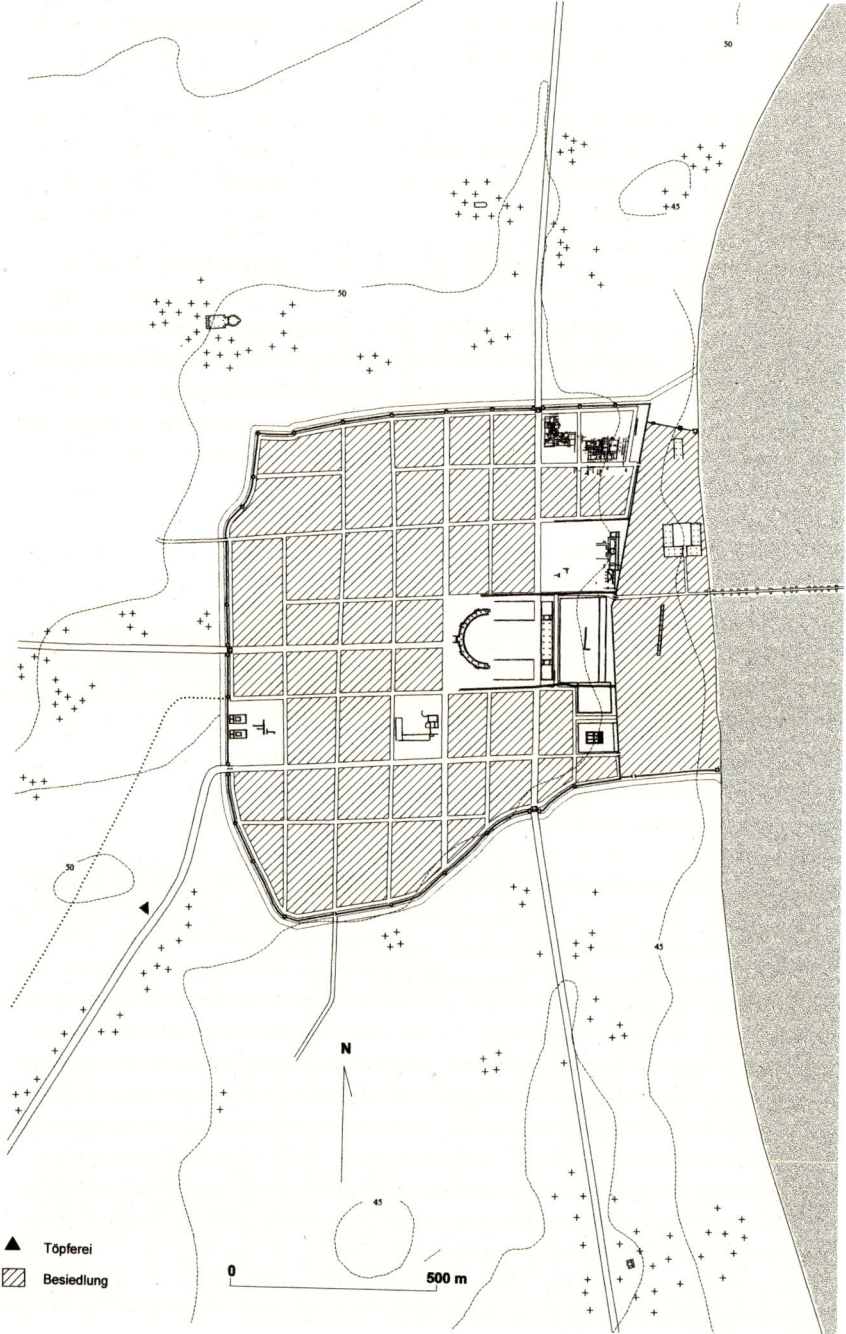

▲ Töpferei
▨ Besiedlung

0　　　500 m

meisters Silvanus, eines gebürtigen Germanen, der zuvor die Rheingrenze erfolgreich verteidigt hatte. Silvanus sagte sich vom Römischen Reich los, wurde aber bald darauf von römischen Legionären erschlagen. Die Franken überschritten daraufhin im Winter 355 den Rhein, plünderten und zerstörten dabei auch Teile der CCAA. Erst nach zehn Monaten konnten die Eindringlinge durch den römischen Cäsaren und späteren Kaiser Julian (356–359) vertrieben werden. Obwohl der Wiederaufbau mit großem Einsatz betrieben wurde, hat sich die Stadt von den Übergriffen nicht mehr vollständig erholt.

Die Rheinstadt in Spätantike und Frühmittelalter

Köln hat den Übergang von der Antike zum Mittelalter im 5. Jahrhundert ohne erkennbaren Bruch erlebt. Die Stadt behielt ihre zentrale Lage, begünstigt von der Bindung an den Rhein als wichtigster Verkehrsader seit der Antike und der Bündelung der in Funktion gebliebenen Fernstraßen. Vor allem der Geländeabschnitt zwischen dem Rheinufer und dem cardo maximus (Hohe Straße) wurde nach dem Abzug der römischen Militär- und Zivilverwaltung genutzt. Auch in anderen Städten entlang der Rheinschiene, etwa Andernach und Mainz, konzentrierte sich die frühmittelalterliche Besiedlung auf den Uferstreifen.

Die historische Überlieferung beleuchtet ebenfalls, dass die frühmittelalterliche Stadt ihre politische, wirtschaftliche und soziale Vorrangstellung nach dem Untergang des Römischen Reiches beibehalten hat. In der Merowingerzeit sind für Köln mehrere Königsaufenthalte in den schriftlichen Quellen nachgewiesen: Chlodwig soll 507/08 die Stadt besucht haben. Theudebert I. (533–548), einer seiner Enkel, ließ in Köln Goldmünzen prägen.

Der Solidus mit dem Prägekürzel COL für Colonia zeigt den merowingischen Herrscher im Brustbild in Frontalansicht mit Helm, Panzer, Speer und Schild. Auf der Rückseite ist eine männliche Gestalt wiedergegeben, die in Siegerpose einen am Boden liegenden Gegner niederdrückt. Die Szene symbolisiert die aufsteigende Macht des Frankenreichs zu Beginn des 6. Jahrhunderts und war zugleich eine Provokation des byzantinischen Herrschers, dessen hoheitlichen Rechte durch die Prägung

In Köln geprägter Solidus des Frankenkönigs Theudebert I. (533–548)

War die ehemalige Rheinrinne schon im frühen Mittelalter überbaut?

Zu welchem Zeitpunkt man das verfüllte Hafenbecken erstmals dauerhaft und großflächig überbaut hat, ist offen. Merowingerzeitliche und karolingische Häuser sind aus dem Bereich der alten Rheinrinne bislang nicht bekannt. In der Baugrube des Museum Ludwig sind in der aufgefüllten römischen Hafenrinne Abfallgruben und Latrinen entdeckt worden. Üblicherweise liegen die Abfallgruben in unmittelbarer Nachbarschaft der umfriedeten Hofgrundstücke. Vielleicht wurden bei den schwierigen Ausgrabungsumständen die Überreste der fragilen karolingischen Häuser nicht erkannt.

massiv verletzt wurden. Childebert II. (575–596) hielt in Köln mindestens zwei Reichsversammlungen ab, Theudebert II. (595–612) besuchte Köln mehrfach, und Dagobert III. (711–715), einer der letzten Merowingerkönige, zählte die Colonia zu seinen bevorzugten Residenzen.

Der Übergang von der römischen zur fränkischen Herrschaft im Stadtgebiet verlief weitgehend friedlich, so der römische Kleriker Salvian von Marseille. Salvian – geboren kurz vor 400 im Köln-Trierer Raum – war Sohn einer wohlhabenden romanischen Familie. Anfang der 420er Jahre konvertierte Salvian zum Christentum. Unter dem Druck der immer häufigeren germanischen Übergriffe auf römischen Boden zog er sich nach Südgallien (Südfrankreich) zurück, wo er in ein Kloster eintrat und zum Priester geweiht wurde. In einer um 440 entstandenen Schrift erwähnt Salvian (gestorben nach 480) auch Köln, das „voller Feinde sei". Trier und Mainz waren laut Salvian zerstört. In Köln lassen sich auch archäologisch keine Brand- oder Zerstörungshorizonte des 5. Jahrhunderts nachweisen. Salvian erwähnt tragische Einzelschicksale: Ein ihm verwandter junger Mann soll von den Franken versklavt worden sein, die Mutter verlor ihren gesamten Besitz und musste als Magd den neuen Stadtherren dienen.

Viele der in Köln ansässigen Romanen – insbesondere die wenig vermögenden Bevölkerungsschichten – blieben in der Stadt, in der ein Gemisch aus Germanen (Franken), Romanen, Galloromanen sowie Kaufleuten aus dem Mittelmeerraum und dem Nahen Osten lebte. Infolge der weitgehend beigabenlosen Bestattungssitten der im 5. Jahrhundert vollständig christianisierten Romanitas lassen sie sich archäologisch jedoch schwer nachweisen. Zeugnisse sind etwa Grabsteine mit frühchristlichen Inschriften. Obwohl im Verhältnis zu Mainz und Trier wenige Grabsteine überliefert sind – die Masse wurde im steinarmen Köln in sekundärer Funktion wieder verwendet –, zeigen die Inschriften, dass Latein im merowingerzeitlichen Köln eine lebendige Sprache war.

Die erzbischöfliche Domimmunität im Mittelalter

Die Baugrube auf dem Kurt-Hackenberg-Platz liegt im Südosten der erzbischöflichen Domimmunität. Bis zur zweiten Hälfte des 19. Jahrhunderts war das Viertel ein von der weltlichen Stadt abgeriegelter Bezirk mit verwinkelten Gassen und wenigen Zugängen. Die 400 mal 200 Meter große Immunität wurde von den Straßen Auf dem Brand im Osten, Große Neugasse und Am Hof im Süden, Unter Fettenhennen im Westen und der Trankgasse im Norden begrenzt. Im Mittelalter war das fast 8 Hektar große Geviert bis auf das Domkloster im Nordwesten, den Domhof im Südosten, den erzbischöflichen Garten („Paradies") im Osten und den Frankenplatz zu Füßen von St. Maria ad Gradus dicht bebaut. Die Vogelschau von Arnold Mercator von 1571 vermittelt ein städtebauliches Bild von der erzbischöflichen Immunität am Übergang vom Mittelalter zur Neuzeit. Die großartige Darstellung zeigt den unvollendeten Dom inmitten dicht bebauter Straßenfluchten sowie Domkloster, Domhof und Frankenplatz. Südlich des Domhofs ist der Palast Rainald von Dassels zu sehen, den auf der Nord-, der West- und Ostseite kleine Häuser und Gademe – das waren einstöckige, nicht unterkellerte Häuschen – einrahmen. Im Nordosten grenzte die Drachenpforte an den erzbischöflichen Palast, an die sich nach Norden das erzbischöfliche Wohnhaus und Häuser erzbischöflicher Ministerialen anschlossen. Zu Füßen des erzbischöflichen Palais verlief die

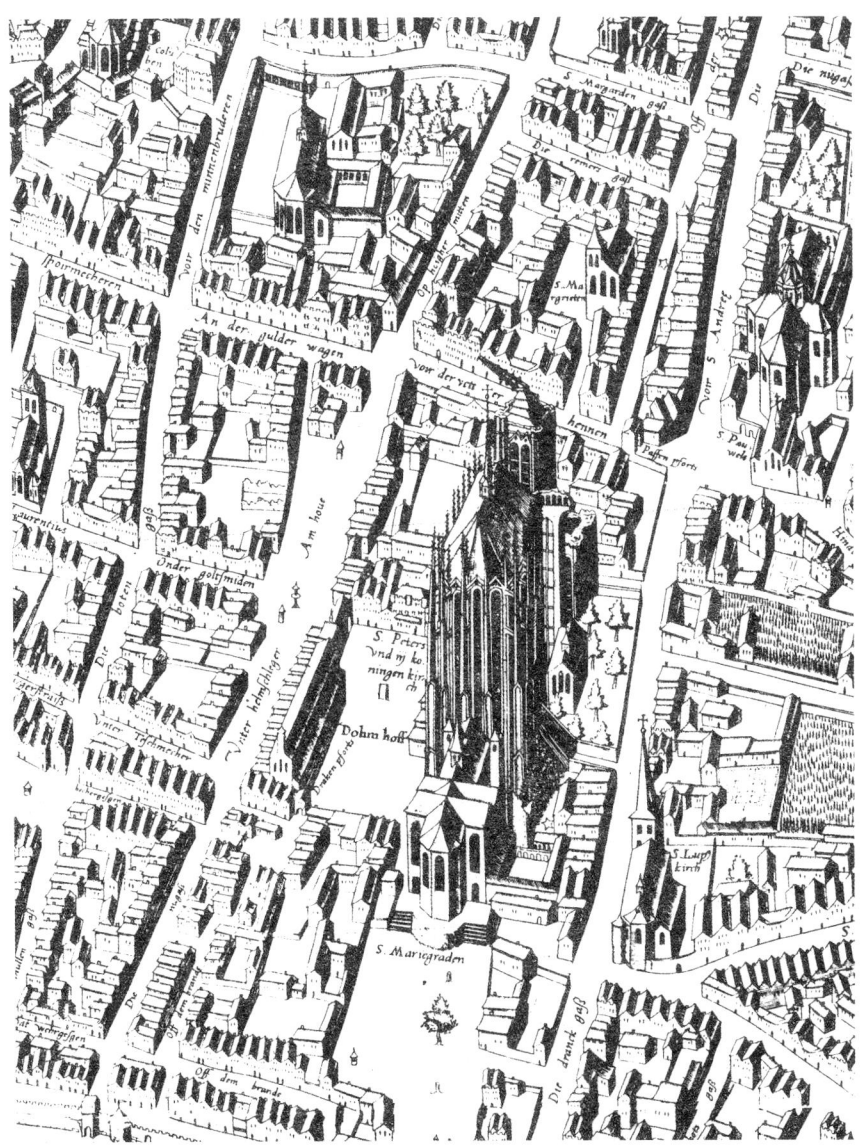

Die Umgebung des Domes im 16. Jahrhundert (Mercatorplan 1570/71)

alte Gasse Unter Gottesgnaden, an die mehrere in einer Bauinsel zusammenstehende Häuschen grenzten. Dort waren unter anderem die Kornkammer und das Backhaus des Erzbischofs untergebracht. Eine Brücke führte über die kleine platzartige Erweiterung – in den Schriftquellen Im Thal genannt – zur erzbischöflichen Küche. Unmittelbar östlich stand die erzbischöfliche Wiegestelle, genannt „Fettwaage". Nördlich der Küche öffnete sich das zum Fleisch- und Plückhof führende Botengässchen.

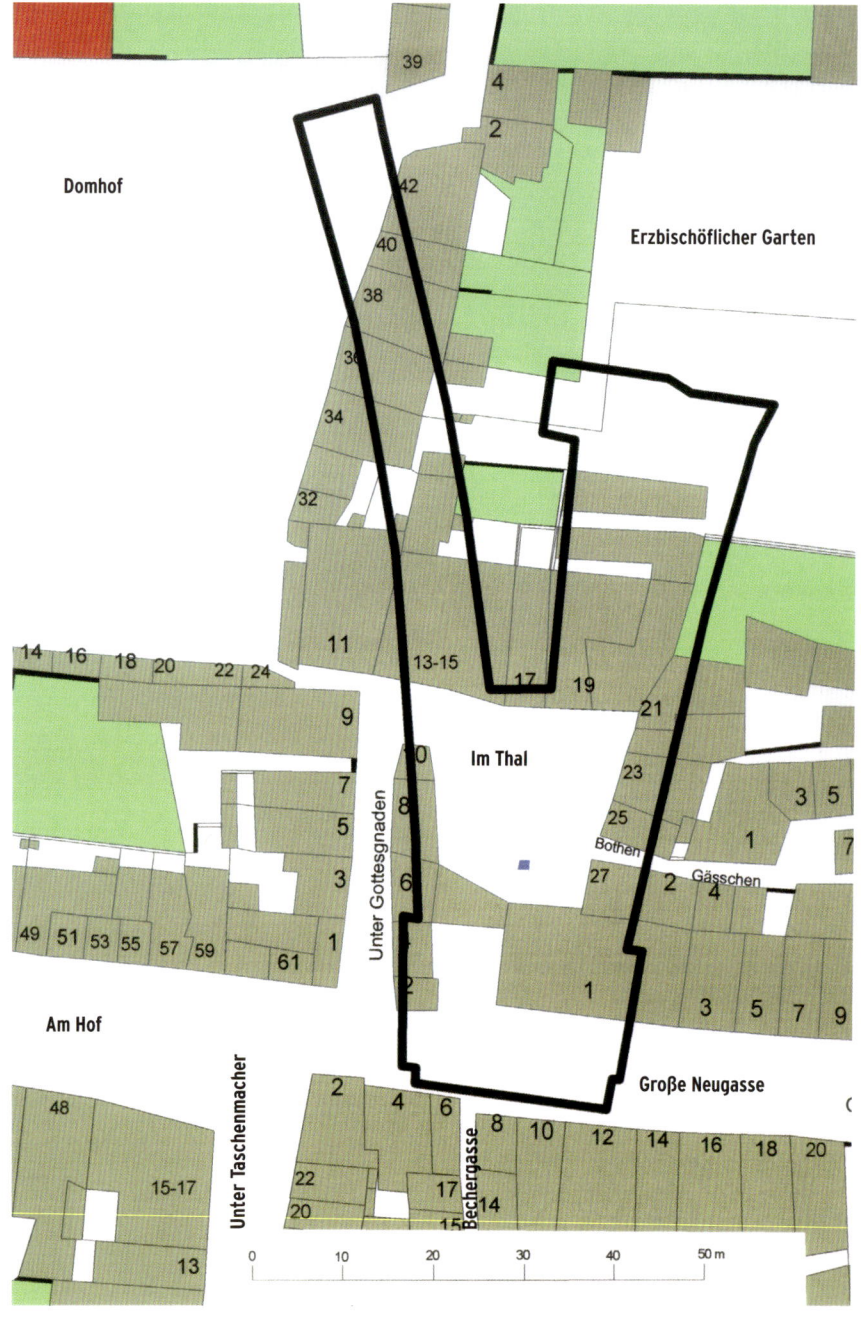

Die Baugrube Kurt-Hackenberg-Platz auf dem preußischen Urkataster von 1836/37

Der alte Bischofspalast – palatium Coloniae

Die alte erzbischöfliche Pfalz lag südlich des Domes. Sie lässt sich an dieser Stelle bis in das 9. Jahrhundert zurückverfolgen. Bei Ausgrabungen seit den 1940er Jahren wurden mehrfach frühmittelalterliche Gebäudereste freigelegt, die im Zusammenhang mit den erzbischöflichen Anlagen stehen dürften. Der neue Palast hat wahrscheinlich die um 520 n. Chr. vom fränkischen Chronisten Gregor von Tours erwähnte *aula regia* auf dem Grundstück des römischen Statthalterpalasts *(praetorium)* ersetzt. Archäologisch lässt sich dazu bislang nur eine Goldprägung (Triens) des 6. Jahrhunderts anführen, die als Einzelfund aus dem *praetorium* überliefert ist. Während der Karolingerzeit wurde die baufällige *aula regia* aufgegeben. Das städtische Verwaltungszentrum verlegte man in den Nordosten der antiken Stadt, zu Füßen des karolingischen Domes.

Die räumliche Neuorientierung dürfte mit der Grundsteinlegung für den karolingischen Dom durch den Kölner Erzbischof Hildebold (787–818) zusammenhängen. Hildebold war seit etwa 787 Bischof von Köln und wurde einige Jahre später zum Leiter der Hofkapelle Karls des Großen (768–814) ernannt. Als Erzkaplan war er der höchste Geistliche des Frankenreichs. Schon vor der Einrichtung der neuen Kirchenprovinz und der Erhebung Kölns zum Metropolitansitz führte Hildebold, der zu den engsten Beratern Karls gehörte, den Ehrentitel *archiepiscopus* (Erzbischof). Nach den sächsischen Eroberungen der fränkischen Herrscher lag Köln nicht länger am Rande, sondern inmitten des Reiches. In seinem Testament aus dem Jahre 811 bezeichnete Karl die Stadt als „eleganteste Braut Christi nach Rom".

Seit dem 10. Jahrhundert ist die erzbischöfliche Pfalz in den Schriftquellen belegt. In der Pfalz – in den Quellen *palatium Coloniae* genannt – hat Kaiser Otto I. bei seinem Aufenthalt in Köln zwischen dem 14. Mai und dem 8. Juni 965 mehrere Urkunden ausgestellt. Am 11. Oktober 965 starb Erzbischof Brun (953–965), Bruder von Otto I. Brun war 953 zum Erzbischof von Köln gewählt und bald darauf zum Herzog *(dux)* von Lothringen ernannt worden. In dieser Doppelfunktion war er einer der mächtigsten Männer des fränkischen Reiches. Brun werden entscheidende Eingriffe in das Stadtbild Kölns zugeschrieben. Unter anderem wurde unter seinem Episkopat der Heumarkt als Marktfläche und südliche Erweiterung des Alter Markt umgesetzt. Vor 965 ließ er neben anderen Verwaltungsgebäuden eine Pfalz innerhalb der erzbischöflichen Immunität errichten, die Otto I. als Quartier diente und 1051 *palatium imperiale* in den Quellen genannt wird. Spätestens seit der Amtszeit Bruns übten die Kölner Erzbischöfe im Auftrag des Königs als Stadtherren die hohe Gerichtsbarkeit aus, der die Rechtssprechung bei allen Kapitalverbrechen oblag. Zugleich war der Erzbischof Empfänger aller Bannabgaben und Zölle. Ihm unterstanden Markt und Handel. Seit dem Episkopat Pilgrims (1021–1036) hatten die Kölner Erzbischöfe auch das Münzregal inne.

Die alte Bischofsresidenz verlor an Bedeutung, nachdem man den neuen Palast auf der Südseite des Domhofs errichtet hatte. Bis auf die Johanniskapelle wurde sie 1238 von Erzbischof Heinrich I. von Müllenark (1226–1238) dem Domkapitel zur Nutzung übertragen.

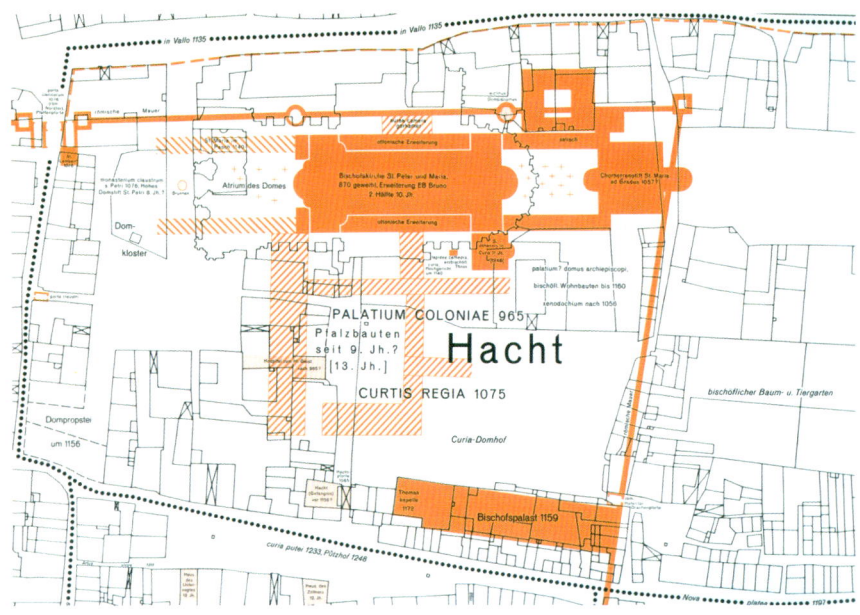

Domimmunität bis zur Mitte des 13. Jahrhunderts auf der Plangrundlage des preußischen Urkatasters von 1836/37

Die erzbischöfliche Hofkirche St. Johannes

Die Kirche St. Johannes taucht erstmals in der 1071 verfassten „Vita Heriberti" auf. Die vom Kölner Erzbischof Heribert (999-1021) gegründete Hofkirche stand südlich des Domes. Bei Ausgrabungen auf dem Platz der neuen Dombauhütte wurde in den 1960er Jahren eine fast quadratische Saalkirche mit Ostapsis freigelegt. Der Bau hatte eine lichte Weite von 12 Meter. Die schriftlichen Quellen erwähnen Verbindungstüren zwischen dem Obergeschoss der Kirche, dem alten erzbischöflichen Palast und dem Querflügel des romanischen Domes. Im Obergeschoss der Kirche stand der steinerne Stuhl (cathedra) des Erzbischofs, der als Symbol der apostolischen Amtsvollmacht galt.

Nachdem Erzbischof Rainald von Dassel (1153-1167) den neuen Palast südlich des Domhofs hatte errichten lassen, übernahm die in den Neubau integrierte Thomaskapelle die Funktionen der erzbischöflichen Hofkirche. St. Johannes wurde zur Pfarr- und Sendkirche der erzbischöflichen Ministerialen. In ihrer Funktion als Sendkirche diente der Bau als Verhandlungsort bei kirchlichen Vergehen und der Verhängung von Kirchenbußen.

Um Platz für den Ostchor des gotischen Domes zu schaffen, verlegte man die Kirche 1248 nach Süden. In der frühen Neuzeit durchlebte die Kirche eine wechselvolle Geschichte: Der 1703 errichtete Neubau fiel 1743 einem Brand zum Opfer. Nach den Plänen des Stadtzimmermeisters Jacob Burscheidt wurde die Kirche bis 1747 wieder aufgebaut. 1802/03 wurde die inzwischen St. Johann Evangelist genannte Kirche säkularisiert. Wenige Jahre danach bezeichnet Ernst Weyden den baulichen Zustand des Gotteshauses um 1810 als „traurig". 1828/29 hat man das alte Gotteshaus abgerissen.

Der alte Domhof

Der Domhof war eine rund 90 mal 120 Meter große, nahezu unbebaute Fläche, eingefasst vom Dom im Norden, dem erzbischöflichen Palast im Süden und der Randbebauung über der römischen Stadtmauer im Osten. Ausgrabungen in den späten 1940er Jahren führten zu dem Ergebnis, dass der Platz zumindest bis zur Karolingerzeit bebaut war. Bei den frühmittelalterlichen Fundamenten dürfte es sich um (Neben-)Gebäude der alten erzbischöflichen und königlichen Residenzen gehandelt haben. Im Mittelalter tagte auf dem Domhof dreimal jährlich das „Blutgericht" (Hochgericht) unter dem Vorsitz des Burggrafen (prefectus urbis), das über alle bedeutenden

Bild oben: Beutler in einer Darstellung der Mendel'schen Zwölfbrüderstiftung Nürnberg (1425-1436)

Bild unten: Alexianerbrüder pflegen Pestkranke auf dem Domhof (1605)

Rechtsfälle entschied. Der Burggraf war der höchste weltliche Amtsträger des Erzbischofs. Er wurde spätestens seit 1061 von einem Stadtvogt und Schöffen unterstützt.

Im Süden des Platzes wurde regelmäßig Markt abgehalten. Feste Marktstände, in die Platzoberfläche eingegrabene Fundamente oder Unterbauten waren verboten. Die Schriftquellen erwähnen auf dem Domhof den Handel mit Messern und Schmiedeerzeugnissen, Beuteln und Taschen, Handschuhen, Kramwaren, Gefäßkeramik und (Klein-)Vieh. Außerdem waren Geldwechsler ansässig, die ihre Geschäfte vermutlich in den angrenzenden Verkaufsbuden und Gedemmen abwickelten.

Im späten Mittelalter war der Domhof – ebenso wie der Alter Markt – Schauplatz öffentlicher Turniere, die sich in der Bevölkerung größter Beliebtheit erfreuten. Die große Aufmerksamkeit, die ritterlichen Turnieren in der Öffentlichkeit zukam, spiegelt sich im zeitgenössischen Kinderspielzeug wider: Mit kleinen, handgeformten Tonfiguren, die von vielen Ausgrabungen bekannt sind, konnten Kinder Turniere nachspielen. Ein beliebter Zeitvertreib war auch das Würfelspiel. Aus Knochenscheiten hergestellte Würfel sind von ungezählten Ausgrabungen im Stadtgebiet bekannt, in großer Zahl unter anderem auch vom Heumarkt. Auf dem Domhof nahm das Glücksspiel offenbar überhand: 1435 wurde das Würfeln auf dem Domhof verboten.

Der erzbischöfliche Palast des Rainald von Dassel

Unter dem Kölner Erzbischof Rainald von Dassel (1153–1167) wurde auf der Südseite des Domhofs ein repräsentativer Saalbau errichtet, der als eines der hervorragendsten Beispiele staufischer Profanarchitektur in Deutschland gilt. Köln war zu diesem Zeitpunkt auf dem Weg zu einer der wirtschaftlich bedeutendsten Städte nördlich der Alpen. Der Reichtum ermöglichte es dem Kölner Rat, auch andere außerordentliche Baumaßnahmen zu verwirklichen, etwa den 1180 begonnenen Bau der großen staufischen Stadtbefestigung.

Der 1164 erstmals schriftlich genannte Saalbau war 80 Meter lang und 18 Meter breit. Ansichten des 16. und 17. Jahrhunderts zeigen einen langrechteckigen, zweigeschossigen Bau mit Satteldach, der Westost ausgerichtet war und etwa im rechten Winkel zur römischen Stadtmauer stand. Auf der zum Domhof gerichteten Nordseite war das Palastobergeschoss durch mindestens 12 Arkaden auf Doppelsäulen anspruchsvoll und repräsentativ gestaltet. Seit dem frühen 14. Jahrhundert beeinträchtigten im Erdgeschoss angebaute Verkaufsstände und Hütten den Palast in seiner optischen Wirkung. Daher wurde 1393 dem Bau weiterer Gademe Einhalt geboten. Auf der Südseite des Palasts öffnete sich der Saal in zehn Arkaden zur Straße Am Hof. Auch hier waren im Erdgeschoss kleinere Wohnhäuser angebaut, in denen erzbischöfliche Dienstleute lebten. Seit dem 16. Jahrhundert wurden die Fachwerkhäuser abgerissen und nach und nach durch repräsentative Bürgerhäuser ersetzt.

Der mächtige Saalbau des Rainald von Dassel endete rund 20 Meter westlich der römischen Stadtmauer. Unter seinem Nachfolger Erzbischof Philipp von Heinsberg (1167–1191) wurde der Palast in den 1180er Jahren nach Osten erweitert. Die Ostfassade des Palais wurde dabei auf der Krone der oberflächennah erhaltenen römischen Stadtmauer gegründet. Im Osten des Gebäudes waren der Marstall und andere wirtschaftliche Einrichtungen des Hofes untergebracht. Vom Marstall führte ein brückenartiger Übergang zu der Bauinsel, die zwischen dem Gässchen Unter

Domhof und erzbischöflicher Palast (Zeichnung aus dem Jahre 1619)

Gottesgnaden und der nördlichen Verlängerung der Bechergasse, genannt Im Thal, lag. Die Nordostecke des Anbaus aus dem späten 12. Jahrhundert wurde 1924 erforscht. Dabei wurde der aus mächtigen Gussmauern errichte Fundamentsockel erfasst, der mit Basaltlava sowie Schalmauerwerk aus Grauwacken und Sandstein verkleidet war.

Das Fundament des erzbischöflichen Palasts ruht auf der römischen Stadtmauer (2004)

Bis zur Schlacht von Worringen 1288 blieb der Palast Residenz der Kölner Erzbischöfe. Anschließend verlegten diese ihren Hauptsitz nach Bonn. Das Kölner Palais erlebte fortan eine wechselvolle Geschichte. 1383 überließ Erzbischof Friedrich III. von Saarwerden (1370-1414) das Gebäude dem erzbischöflichen Siegelbewahrer Hermann von Goch. Bei einem Feuer im Jahre 1404 nahm der Palast schweren Schaden. 1449 stürzte die Thomaskapelle ein, die 1451 in spätgotischem Stil wieder aufgebaut wurde. 1502 gelangte der Palast in den Besitz der bedeutendsten Buchdrucker- und Verlegerfamilie Quentel, die in der zweiten Hälfte des 15. und im 16. Jahrhundert in Köln tätig war. Darstellungen des 17. Jahrhunderts zeigen den Palast in teilweise verfallenem Zustand. Wenige Jahre später war das Schicksal des großartigen Profanbaus endgültig besiegelt: Nachdem das Gebäude teilweise eingestürzt war, wurde es 1674 wegen akuter Baufälligkeit bis auf ein mehrfach erneuertes Teilstück im Westen an der Thomaskapelle abgerissen.

Über den Fundamenten des alten Palasts entstanden Gärten. Die alten, an das Palais gebauten Gademe blieben bis in die 1870er Jahre bestehen. Bereits 1687 hatte man neben der Thomaskapelle ein neues Amtsgebäude errichtet, das 1733/34 erweitert wurde. Die französische Stadtregierung beanspruchte nach 1802 den „Neubau" und die Thomaskapelle als Verwaltungsgebäude. Die verbliebenen Gebäude wurden 1833 versteigert und als Zuckerfabrik genutzt. 1858 gingen die Gebäude in den Besitz des „Christlichen Vereins für das Erzbistum Cöln" über, der diese unter der Leitung des ehemaligen Domwerkmeisters Vincenz Statz umbauen ließ. 1860 wurde dort das erzbischöfliche Diözesanmuseum eröffnet. Östlich des Museums entstanden mehrgeschossige Geschäftshäuser, deren Keller große Teile der römischen und mittelalterlichen Bausubstanz zerstört haben.

Die „Kemenade des Landgrafen" – das erzbischöfliche Wohnhaus an der Drachenpforte

Die um 1660 entstandene Zeichnung Vinckboons zeigt den erzbischöflichen Palast und ein nördlich anschließendes dreigeschossiges Steingebäude mit Satteldach, vom Domhof aus gesehen. Dieses Gebäude war das Wohnhaus der Kölner Erzbischöfe. Erzbischof Philipp von Heinsberg beherbergte dort um 1185 mehrfach den Landgrafen Ludwig von Thüringen. Daher hieß das Anwesen „Kemenade des Landgrafen". Der im Grundriss etwa 15 mal 10 Meter große Steinbau entstand nahezu gleichzeitig

Der Marstall

Als Marstall bezeichnet man den Pferdestall am herrschaftlichen Hofe, hier des Kölner Erzbischofs. Marställe geistlicher und weltlicher Würdenträger beschäftigten stets eine größere Zahl von Personen, an deren Spitze der Marschall oder Stallmeister stand. Zu den Beschäftigten gehörten unter anderem Pferdeknechte, Fohlenwärter, Hufschmiede, Knappen und Schildknappen. Bereits bei den merowingischen Königen war das Amt des Marschalls von hohen Hofbeamten, später als Ministerialen bezeichnet, besetzt. Marschall (strator) und Stallmeister genossen großes Ansehen, da Pferde bei der Jagd, im Kampf oder bei Aufmärschen eine herausragende Rolle im öffentlichen Leben spielten. Seit im 14. Jahrhundert Pferde auch als repräsentative Zugtiere von Sänften und Kutschen eingesetzt wurden, standen in den Marställen neben den Pferden des Herrn auch die Tiere seiner Hofbediensteten sowie Trag- und Zugpferde.

mit dem Kernbau des Palasts. Das durch wenige Fenster erhellte Haus stand anfangs isoliert nordöstlich des erzbischöflichen Wohngebäudes. Erst die Erweiterung der zum Rhein gerichteten östlichen Fassade bis zur römischen Stadtmauer, auf der sie gründet, ermöglichte es, beide Baukörper miteinander zu verbinden. Flankiert von kleineren Vorbauten öffnete sich im Untergeschoss die Tordurchfahrt der Drachenpforte.

Die Drachenpforte wird in den schriftlichen Quellen seit dem frühen 14. Jahrhundert genannt. Das römische Hafentor lag rund 20 Meter nördlich der Drachenpforte. Das Tor entstand vermutlich gegen Ende des 12. Jahrhunderts, nachdem man den Palast bis zur Römermauer verlängert hatte und eine nur 2 Meter breite Baulücke zum erzbischöflichen Wohnhaus verblieben war. Ansichten des 17. Jahrhunderts zeigen die Drachenpforte als einfachen Rundbogen. Eine kurze Baubeschreibung des Tores aus dem Jahre 1807 nennt mit Trachyten verkleidete Torflanken. Im ehemaligen erzbischöflichen Wohnhaus Unter Gottesgnaden 11 lebte damals der Spezereihändler Emanuel Rozzoli. Im gegenüberliegenden „Hahnenbackhaus" südlich der Drachenpforte Unter Gottesgnaden 9 der Bäckermeister Cornelius Scholl. Dieses Haus wurde 1880 abgebrochen.

Wirtschafts- und Wohnhäuser zu Füßen des erzbischöflichen Palasts

Die Grundstücke nördlich des erzbischöflichen Wohnhauses wurden einer Urkunde des Jahres 1242 zufolge von Erzbischof Konrad von Hochstaden (1238-1261) dem Domkapitel zur Bebauung überlassen. Diese Häuser und die nach Norden anschließende Umfassungsmauer des erzbischöflichen Gartens begrenzten den Domhof nach Osten. Die rheinseitigen Fassaden der Häuser gründeten, wie das erzbischöfliche Wohnhaus, auf der oberflächennah erhaltenen römischen Stadtmauer. Ernst Weyden erwähnt in seiner Stadtbeschreibung des frühen 19. Jahrhunderts, dass es sich ehemals um die Wohnungen der Domherren gehandelt habe.

Ging man durch die Drachenpforte zwischen erzbischöflichem Wohnhaus und Palast, erreichte man das Gässchen Unter Gottesgnaden. Im Norden verschlossen kleine Wohnhäuser den Durchgang zum erzbischöflichen Garten. Im Süden gelangte man zur Großen Neugasse. Gegenüber der Ostfassade des erzbischöflichen Palasts stand eine knapp 30 Meter lange und gut 5 Meter breite Bauinsel, die auf der Ostseite von der platzartigen Erweiterung Im Thal begrenzt wurde. In der Mitte des Plätzchens befand sich ein Brunnen. Die Schriftquellen berichten von einem Kanal, der Abwässer in Richtung Rhein führte. Die Bauinsel Unter Gottesgnaden bestand im 13./14. Jahrhundert aus fünf kleinen Holz- oder Fachwerkhäusern, die im späten 16. Jahrhundert durch großzügig bemessene Steingebäude ersetzt wurden. Eines dieser Häuser war das 1315 erstmals in den Quellen genannte erzbischöfliche Backhaus (pistrinum). Mittelalterlichen Baubestimmungen folgend, war das feuergefährdete Backhaus frei stehend errichtet worden. Neben dem Backhaus stand die Kornkammer des Erzbischofs. Von dort gelangte man über eine kleine Brücke zur 1231 erstmals erwähnten erzbischöflichen Küche an der Ecke Im Thal/Große Neugasse. Eine weitere Brücke verband vermutlich den erzbischöflichen Palast mit der Bauinsel Unter Gottesgnaden.

In der Großen Neugasse östlich der erzbischöflichen Küche lag die offizielle Wiegestelle des Erzbischofs, genannt „Fettwaage". Dort wurden die Abgaben der Kaufleute und Händler an den Stadtherrn ermittelt. Von der Platzfläche Im Thal öffnete sich nördlich der Küche das schmale Botengässchen, das in Richtung Rheinufer führte. Über das Botengässchen erreichte man auch den Plückhof: Der im 14. bis 16. Jahrhundert urkundlich belegte Hof grenzte unmittelbar an den erzbischöflichen Obstgarten. Der Name des Anwesens deutet darauf hin, dass es sich um einen erzbischöflichen Wirtschaftshof handelte, von dem aus die herrschaftlichen Obstbäume betreut wurden. In unmittelbarer Nachbarschaft lag auch der erzbischöfliche Fleischhof.

Das „Paradies"

Östlich der Randbebauung am Domhof lag der rund 80 mal 70 Meter große erzbischöfliche Baum- und Küchengarten, in den zeitgenössischen Quellen „Paradies" oder „Königsloch" getauft. 1485 kam der Garten in den Besitz der Domherren, die ihn als Schützenhof nutzten. Die Schreinsbücher erwähnen den erzbischöflichen Tiergarten und den Schützenhof 1563 und 1565. Das Gelände blieb bis zur Umgestaltung des Domviertels im 19. Jahrhundert unbebaut. Eine um 1817 entstandene Tuschzeichnung zeigt den Blick in die Große Sporergasse, im Hintergrund sind die Abbrucharbeiten an St. Maria ad Gradus und am rechten Bildrand die Umfassungsmauer des alten Gartens zu sehen.

Straßen und Kanäle in der Hacht

Die Straßen im mittelalterlichen Köln waren zum Teil mit „harten Unkelsteinen" befestigt, andere nur in den anstehenden Lehm planiert. Regelmäßig gereinigt wurden nur die öffentlichen Plätze. Die Hausabfallentsorgung war Aufgabe der Anlieger, die es damit mehrheitlich nicht genau nahmen. Schmutz, Abfälle, Abwasser und Fäkalien stellten in Köln, wie in jeder anderen mittelalterlichen Stadt, ein großes Problem dar. Angesichts des wirtschaftlichen Aufschwungs und der rasch wachsenden Bevölkerung verdreckten Straßen und Gassen immer mehr. Um die nach Regenfällen schlammigen Straßen zu überqueren, bedienten sich die wohlhabenderen Bevölkerungsschichten hölzerner Überschuhe (Trippen), in die sie mit ihren kostbaren Schnabelschuhen schlüpften.

Das Kanalnetz des Mittelalters und der frühen Neuzeit basierte auf örtlichen Lösungen: Je nach Örtlichkeit wurden die Abwässer in den Rhein oder in Pfühle (Sammelbecken) geleitet. Auch die Reinigung und Instandhaltung der Kanäle oblag bis in das 18. Jahrhundert hinein weitgehend privater Initiative. An das örtliche Kanalnetz waren ebenfalls die wirtschaftlichen Gebäude des Erzbischofs angeschlossen. Anhand der archäologischen und schriftlichen Quellen lassen sich für die Baugrube auf dem Kurt-Hackenberg-Platz mehrere steingefasste Abwasserrinnen (Aduchte) erschließen, die die Brauchwässer zum Rhein führten.

Städtisches Elend zu Beginn des 19. Jahrhunderts

Das östliche Domviertel hatte seinen mittelalterlichen Charakter bis zum Beginn des 19. Jahrhunderts bewahrt. Der 1248 unter Konrad von Hochstaden begonnene gotische Domneubau war seit 1528 durch die Finanznot der Stadt unterbrochen. Als Thomas Coryate (1577–1617), Sohn eines anglikanischen Geistlichen, 1608 nach Köln kam und die unvollendete Kathedrale sah, schrieb er: „Der Dom ist (...) ein fein ersonnenes Bauwerk. Es ist ein Jammer, dass er nicht vollendet wurde und kaum zur Hälfte fertig ist."

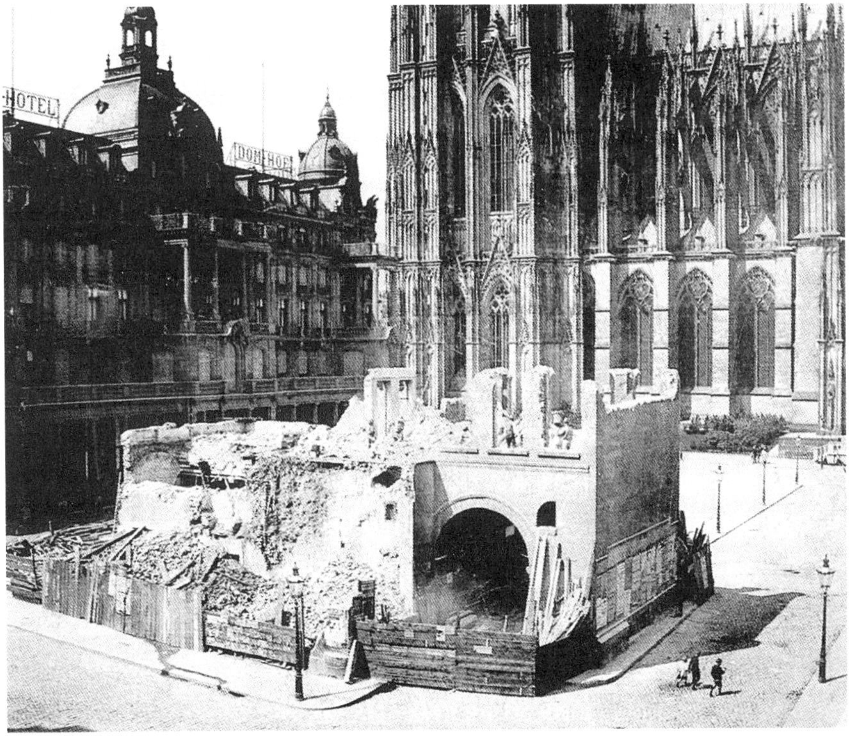

MIT DER U-BAHN IN DIE RÖMERZEIT

Der Abriss der Hacht in den 1880er Jahren

Die so genannte Hachtpforte

Zu Füßen der unvollendeten Kathedrale lag der Domhof, den Ernst Weyden Anfang des 19. Jahrhunderts als weiten, schmutzigen Grasplatz, umgeben von verfallenen Häusern, beschrieb. Weyden sah fußhohes Riedgras und einen von Unkraut überwucherten, unebenen Platz, der nach Ost zum Rhein jäh abfiel. Ein stinkender Abwasserkanal zog durch die verwahrloste Freifläche. Auch sonst fand der Zustand der Stadt bei Besuchern wenig Gefallen. Der englische Theologe John Wesley (1703-1791) schrieb 1738 über Köln: „(...) die hässlichste und schmutzigste Stadt, die ich je sah. (...) Wir gingen zum Dom, der nur ein Ruinenhaufen ist, dem weder Symmetrie noch Anmut zukommt."

Auch die Straßen hinterließen einen jämmerlichen Eindruck. Ernst Weyden: „Gepflastert sind die Hauptstraßen; aber wie? Ich hörte noch unseren seligen Herrn Erzbischof, den Grafen Ferdinand August von Spiegel, auf die Frage, wie ihm die Stadt gefalle, sich dahin äußern, ‚die Stadt sei sehr interessant, aber nur schade, dass man in den Straßen weder gehen noch reiten noch fahren könne'."

Die unregelmäßig mit Basalten gepflasterten Straßen müssen zahllose Schlaglöcher aufgewiesen haben, manche waren notdürftig mit „halben Mühlsteinen und dergleichen" ausgebessert.

Viele alte Kirchen im Umfeld des Domes waren ebenfalls in einem bedauernswerten Zustand. Nachdem Frankreich 1801 im Frieden von Lunéville das gesamte linke Rheinufer zugesprochen worden war, musste der Vatikan der Auflösung der Orden und aller geistlichen Institute zustimmen. Kirchliches Eigentum kam in die staatliche Verfügungsgewalt und wurde meist verkauft. Die Säkularisation bedeutete das Ende des geistlichen Kurfürstentums Köln. Nach der Sanktionierung dieser Beschlüsse durch den Reichsdeputationshauptschluss (1803) wanderten viele Geistliche ab. Auch Bauten und Grundstücke der ehemaligen erzbischöflichen Hacht wurden auf dem Immobilienmarkt angeboten und verkauft.

Die Neugestaltung der Domumgebung

Nachdem die Rheinlande 1815 Preußen zugeschlagen worden waren, erließ König Wilhelm IV. am 23. November 1840 die Order zur Fortsetzung und Vollendung des Dombaus. Das Rheinland erlebte zu dieser Zeit einen beachtlichen wirtschaftlichen Aufschwung. Die Kon-

Der Domhof von Südosten (um 1880)

junktur und die allgemeine Welle der Begeisterung finanzierten die Arbeiten zur Vollendung des Kölner Domes, der als nationales Symbol des wieder vereinten Deutschlands galt. Zum Zeitpunkt der Wiederaufnahme der Bauarbeiten waren die Arbeiten am Ostchor und Teile des Südturms der Kathedrale abgeschlossen. Das Langhaus stand in geringer Höhe inmitten mittelalterlicher und frühneuzeitlicher Häuser, die sich seit dem 16. Jahrhundert nicht selten der mittelalterlichen Fundamente des Domes bedienten. Seit 1842 wurden die Häuser abgerissen, darunter das Studiengebäude, die so genannte aula theologica.

Mit dem Auftrag zur Vollendung der Kathedrale wuchs auch der Wunsch nach einer städtebaulichen Neuordnung und Sanierung sowie nach einer verbesserten verkehrstechnischen Erschließung des Domviertels. Und der Dom sollte, so die Vorstellungen des preußischen Königs, ein frei zu umschreitendes Denkmal werden.

Durch den Abriss der östlich des Domchors stehenden Kirche St. Maria ad Gradus 1816/17 war der Blick vom Dom in Richtung Rhein geöffnet. Fundamente der gotischen Stiftskirche wurden bei Ausgrabungen des Römisch-Germanischen Museums freigelegt. 1828/29 wurde die Pfarrkirche St. Johannes (Johann Evangelist) mit dem alten Hochgericht und seinen Nebengebäuden niedergelegt. Abgebrochen wurden auch die alten Tore der Domimmunität: Die westlich an die Thomaskapelle anschließende Hachtpforte, in der das alte Stadtgefängnis untergebracht war, hatte man bereits kurz nach 1800 beseitigt, 1820 wieder aufgebaut und 1893 dann endgültig abgerissen. Die Drachenpforte wurde bereits 1807 geschliffen. Der Wallrafplatz entstand 1834/36 durch den Abriss von Gebäuden der ehemaligen Dompropstei. Und 1858/59 fiel die westliche Bebauung in der Großen Sporergasse der „Domfreilegung" zum Opfer. Das Priesterseminar in der Nordostecke des Domhofs wurde 1864 niedergerissen. Zwischen 1886 und 1892 brach man nach schwierigen Verhandlungen mit den Eigentümern die Häuser westlich des Domhofs ab, darunter auch das mittelalterliche Hospital „Zum Heiligen Geist" mit Kapelle und das alte Domhotel. Das Hotel wurde 1893 etwas nach Westen versetzt an seinem heutigen Standort wieder aufgebaut.

1845/48 wurde die bis auf einen schmalen Durchgang geschlossene östliche Häuserzeile am Domhof für die Bischofsgartenstraße durchbrochen und der Domhof mit dem Rheinufer verknüpft. In der Flucht der Bischofsgartenstraße errichtete man 1856 das „Domtor" am Rhein. Nördlich der Bischofsgartenstraße entstanden große Hotel- und Verwaltungsgebäude, darunter der Sitz der Köln-Mindener Eisenbahngesellschaft, das berühmte „Hotel du Nord" („Nordischer Hof") und das Hotel „Germanischer Hof", das nach der Betriebsaufgabe 1849 als Verwaltungsgebäude der Köln-Giessener-Eisenbahngesellschaft genutzt wurde. Auf der Südseite der Straße standen seit den 1870er Jahren Wohnhäuser.

Die alte Straße Unter Taschenmacher wurde 1866 quer durch das alte Grundstück des erzbischöflichen Palasts verlängert. Zwischen dem neuen Straßenabschnitt und der alten Gasse Unter Gottesgnaden entstand eine Bauinsel mit Wohn- und Geschäftshäusern. Das nördlichste dieser im Zweiten Weltkrieg zerstörten Gebäude war das Eckhaus des Hutfabrikanten Theodor Joseph Ernst. Bei archäologischen Untersuchungen anlässlich von Leitungsarbeiten wurde Anfang 2004 der nach 1945 mit Bauschutt verfüllte Keller des Hauses freigelegt. Unter den zahlreichen, teils reich ornamentierten Architekturfragmenten der Hausfassade fand sich das aus Sandstein gear-

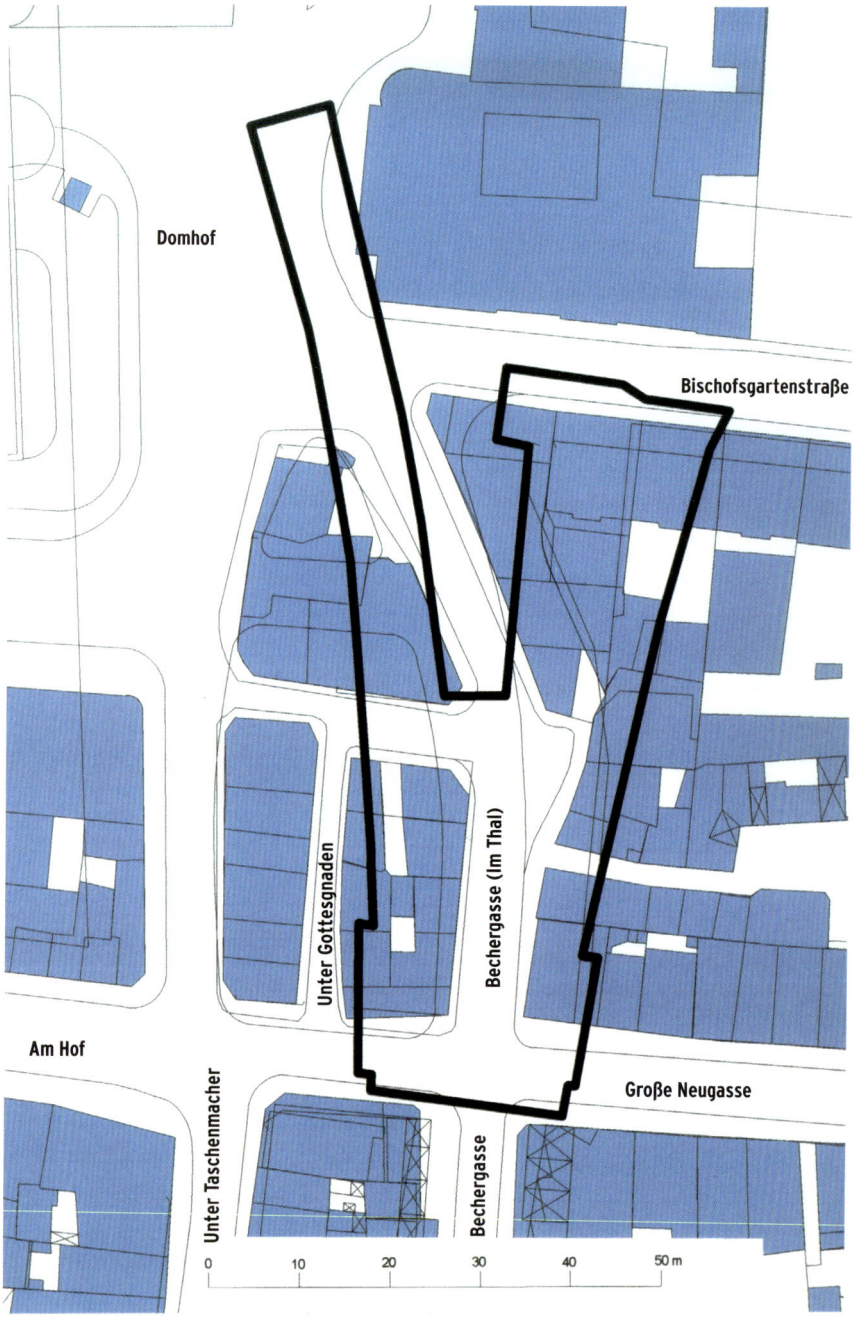

Baugrube Kurt-Hackenberg-Platz auf der Grundlage des Vorkriegskatasters (1930er Jahre)

beitete Firmenschild des Unternehmens, das den Namen des bekannten Kölner Hutmachers – lange Zeit das erste Haus am Platze – trägt.

Die auf der Ostseite der Gasse Unter Gottesgnaden anschließende Bauinsel wurde um die Mitte des 19. Jahrhunderts von 5 auf 12 Meter Breite blockartig auf Kosten der alten Platzfläche Im Thal erweitert. 1885 bis 1893 wurden die Häuser niedergelegt, die früher den erzbischöflichen Garten nach Süden begrenzt hatten. Im Zuge der Abrissarbeiten hat man die östliche Häuserzeile am Domhof mit der „Kemenade des Landgrafen" bis auf eine kleine Bauinsel abgetragen.

Bei der Aufweitung der zum Alter Markt führenden Bechergasse wurde die im Kern mittelalterliche Straßenrandbebauung bis auf die Keller angerissen. 1893 wurden zunächst die Häuser auf der Ostseite niedergelegt, die Straßenfront um mehrere Meter nach Osten zurückgelegt und das Gelände neu parzelliert wieder bebaut. Die Aufweitung war dringend erforderlich, da die Bechergasse Teil der so genannten „Rundbahnstrecke" des öffentlichen Schienennetzes war. Beim Wiederaufbau nach 1945 wurde auch die fast vollständig durch Fliegerbomben zerstörte westliche Straßenrandbebauung auf die heutige Position zurückverlegt.

Der Domhof überdauerte die städtebaulichen Veränderungen zunächst fast unverändert. Teile im Norden der Fläche dienten seit den 1820er Jahren als Bauhof und Materiallager für die Domvollendung. In den 1860er Jahren setzten Planungen zur Neugestaltung der Freifläche ein. Entwürfe sahen Terrassen und Grünflächen vor. Angesichts der laufenden Arbeiten an der Domkirche war an eine bauliche Umsetzung der Entwürfe lange Zeit jedoch nicht zu denken. Erst 1888, acht Jahre nach dem großen Festakt anlässlich der Vollendung der Bauarbeiten am Dom, begann man mit der Anlage repräsentativer Grünanlagen. Die Neugestaltung der Platzfläche wurde zwei Jahre später vorläufig abgeschlossen.

Die Domumgebung blieb bis zum Ende des Ersten Weltkriegs von einschneidenden städtebaulichen Veränderungen verschont. Die überwiegend gegen Ende des 19. Jahrhunderts errichteten gründerzeitlichen Häuser wurden, wie das bereits genannte Haus des Hutfabrikanten Ernst, durch die Bombenangriffe des Zweiten Weltkriegs in Schutt und Asche gelegt. Im Zuge des Wiederaufbaus nach 1945 entstand der heutige Kurt-Hackenberg-Platz, eine künstlich geschaffene Freifläche, unter der die Spuren einer mehr als 2000-jährigen wechselvollen Nutzungsgeschichte erhalten sind.

Die Haltestelle „Rathaus" auf dem Alter Markt

Über die Bechergasse gelangt man auf den Alter Markt, dessen halbwegs geschlossene Form an seine frühere Funktion als Marktplatz erinnert. Im 19. Jahrhundert hat man den Alter Markt als „cölnischen Markusplatz" bezeichnet, angeblich soll er sogar mit der Piazza Navona in Rom verglichen worden sein. Angesichts der überwiegend „zweckmäßig" gestalteten Platzbebauung verbieten sich heute derartige Vergleiche von selbst. In der Mitte des Alter Markt befindet sich der Jan-von-Werth-Brunnen, der dem Platz einen gewissen Charme verleiht. Von dort aus hat man einen guten Blick auf das schönste Haus des Platzes, ein Doppelgiebelhaus, dessen zwei Teile „Zur Bretzel" und „Zum Dorn" heißen. Ersteres trug die schöne Inschrift: „Dies haus steit in Gottes handt, zo der brezell ben ich genannt." Schon Hermann von Weinsberg, ein Kölner Chronist der frühen Neuzeit, erwähnt das Haus voller Bewunderung.

Hinrichtungen auf Alter Markt und Heumarkt

Der Alter Markt und der benachbarte Heumarkt, die seit dem Hochmittelalter als ein großer Platz galten, waren nicht nur Marktplatz, sondern auch Schauplatz öffentlicher Inszenierungen wie Hinrichtungen, Turniere und Volksfeste.

So begab sich auch Mathias Weber, ein zum Tode verurteilter Schwerverbrecher, auf dem Alter Markt in Gottes Hand: „Der Morgen des 19. Februar war kalt. Auf dem Alter Markt wurde noch vor Sonnenaufgang die Guillotine errichtet", schreibt Tilman Röhrig in seiner literarischen Biografie des „Fetzers", wie Weber genannt wurde.

„Vor dem Kölner Hof drängten die Schaulustigen, die Henkersknechte knallten mit den Peitschen, um die Neugierigen zurückzudrängen (…) Der Alter Markt war schwarz vor Menschen. Alle Fenster waren geöffnet, die Menschen drängten die Köpfe übereinander und gafften."

Röhrig überliefert auch die letzten Worte des Fetzers: „Ich hab den Tod hundertmal verdient! Eltern, achtet auf eure Kinder! Lasst sie nicht in Wirtshäuser! Nicht in die Bordelle! Die sind schuld!" Danach wandte sich Weber an die Henkersknechte: „Los jetzt!" Dann wurde er auf das Brett gebunden, das Messer hochgezogen. Die Knechte schoben ihn unter die Guillotine. Ein Pater betete vor, und Mathias Weber antwortete: „Vater, in deine Hände …" – dann fiel das Messer.

Man schrieb den 19. Februar 1803, als dem Fetzer kurzer Prozess gemacht wurde. Es war die letzte öffentliche Hinrichtung auf dem Alter Markt. Am Tag seiner Enthauptung war

Die Hinrichtung des Fetzers im Jahre 1803

Mathias Weber gerade mal 25 Jahre alt, er wird als klein und schwächlich geschildert, doch er war der berüchtigtste Räuber weit und breit. 1794, als französische Truppen das Rheinland besetzten, diente Weber in der holländischen Armee, damals, als 16-Jähriger, beging er seine erste Tat: Er raubte eine Postkutsche aus. Als Folge der unsicheren politischen Lage bildeten sich um das Jahr 1800 zahlreiche Räuberbanden am Rhein. Der bekannteste Räuberhauptmann war Johann Bückler, genannt der Schinderhannes. Doch Mathias Weber war auf seinem Gebiet, Raub und Diebstahl, viel erfolgreicher als der Schinderhannes, der ja nur Dörfer und abgelegene Herrensitze überfiel. Röhrig nennt den Fetzer einen „Stadtguerrillero", bei seiner Festnahme soll er fast 600 Schlösser bei sich gehabt haben.

Über 300 Einbrüche, darunter viele in Köln, und zahlreiche Morde wurden ihm schließlich zur Last gelegt. Den Beinamen „Fetzer" gaben ihm seine Kumpane, weil er immer wütend dreingeschlagen, zerfetzt habe, wenn es zum Handgemenge kam. Als seine schlimmste Tat gilt die Ermordung seiner Frau, die er vor den Augen der Kinder umbrachte. 1802, mittlerweile war Napoleon erster Konsul Frankreichs, hatten sich die Verhältnisse im Rheinland normalisiert: Weil der Fetzer und seine Bande ihre Taten beiderseits der Rheingrenze begangen hatten, wurde eine Großfahndung unter Führung der Kölner Polizei eingeleitet. Damals wurden erstmals Steckbriefe angefertigt, und Weber ging den Gendarmen ins Netz – wie auch der Schinderhannes. Unter strengsten Sicherheitsvorkehrungen wurden die beiden Räuberhauptleute durchs Land transportiert. Den Fetzer brachte man nach Köln, wo er im Gefängnis „Bleche Botz" am Neumarkt auf seinen Prozess wartete. Am 17. Februar 1803 verurteilte ihn das Kölner Spezialgericht zum Tod, zwei Tage später wurde das Urteil vollstreckt.

Schon Jahrhunderte vorher hatte man, als der „Aufrührer" Johann Hemmersbach am Aschermittwoch des Jahres 1482 auf dem Heumarkt enthauptet wurde, seine Hinrichtung als Abschreckung für den Pöbel organisiert. Vier Jahre später wurde hier das große Turnier ausgetragen, an dem sogar der junge König Maximilian I. teilnahm. Und 1513 rollten auf dem Heumarkt erneut Köpfe, sie gehörten diesmal allesamt Vertretern der „Obrigkeit": Zehn Exekutionen wurden damals auf dem Heumarkt durchgeführt – von den Kölnern wie Volksfeste gefeiert. Unter den Hingerichteten befanden sich auch die zwei Bürgermeister Johann von Oldendorp und Johann von Reidt, für den seine sieben Kinder vergeblich um Gnade gefleht hatten. Die Todesurteile hatte das erzbischöfliche Hochgericht unter dem Druck der Straße gefällt, vorausgegangen war dem blutigen Treiben ein Aufstand der Gaffel- und Zunftgenossen.

Der U-Bahnhof „Rathaus"

Die neue Haltestelle der Nord-Süd Stadtbahn im südwestlichen Teil des Alter Markt soll den

Namen „Rathaus" erhalten. Die durch Schlitzwände gesicherte Baugrube wird etwa 65 mal 8 Meter groß, bis zu 35 Meter tief sein und sich annähernd in Nord-Süd-Richtung erstrecken. Sobald sie eine Tiefe von etwa 2 bis 5 Meter aufweist, soll sie in Teilflächen überdeckt werden. Die Baugrube für die Verteilerebene – eine Zwischenebene, wo sich Auf- und Zugänge von der Platzoberfäche und der Haltestelle befinden –, die etwa bis 7 bis 8 Meter unter die Platzoberfläche reicht, wird als herkömmlicher Verbau mit einer Trägerbohlenwand eingerichtet. Die Verteilerebene greift auf der Westseite des Alter Markt halbkreisförmig über die Haltestellen-Baugrube hinaus. Auf der Nordseite führt ein Treppenausgang in das Eckhaus Alter Markt 33.

Größere Eingriffe in die bis zu 13 Meter mächtigen archäologischen Schichten des Alter Markt fanden bislang nicht statt; der Platz blieb zudem bis zur Gegenwart von großflächiger Bebauung verschont. Die den Archäologen nun zugängliche Untersuchungsfläche hat eine Größe von etwa 760 Quadratmetern, von denen ungefähr 300 auf die Verteilerebene und die Ausgänge entfallen. Mit den Ergebnissen der archäologischen Untersuchungen in der Nachbarschaft des Platzes lassen sich die Verhältnisse auf dem Alter Markt nur bedingt vergleichen, da der Alter Markt als eine stets in öffentlichem Besitz befindliche, historisch gewachsene Freifläche eine andere Entwicklung genommen hat als die angrenzenden, überwiegend in Privatbesitz befindlichen, unterkellerten und bebauten Grundstücke.

Auch die naturräumlichen Bedingungen in der alten Flussrinne unterscheiden sich von den Verhältnissen auf der Niederterrasse im Westen und der Rheininsel im Osten. Im Gegensatz zum Alter Markt liegt der Heumarkt auf der ehemaligen Rheininsel, dennoch geht man von einer ansonsten in vielerlei Hinsicht ähnlich gearteten Entwicklung der beiden Plätze aus.

Der Alter Markt im Jahre 1486: König Maximilian I. und der Pfalzgraf messen sich bei einem Turnier

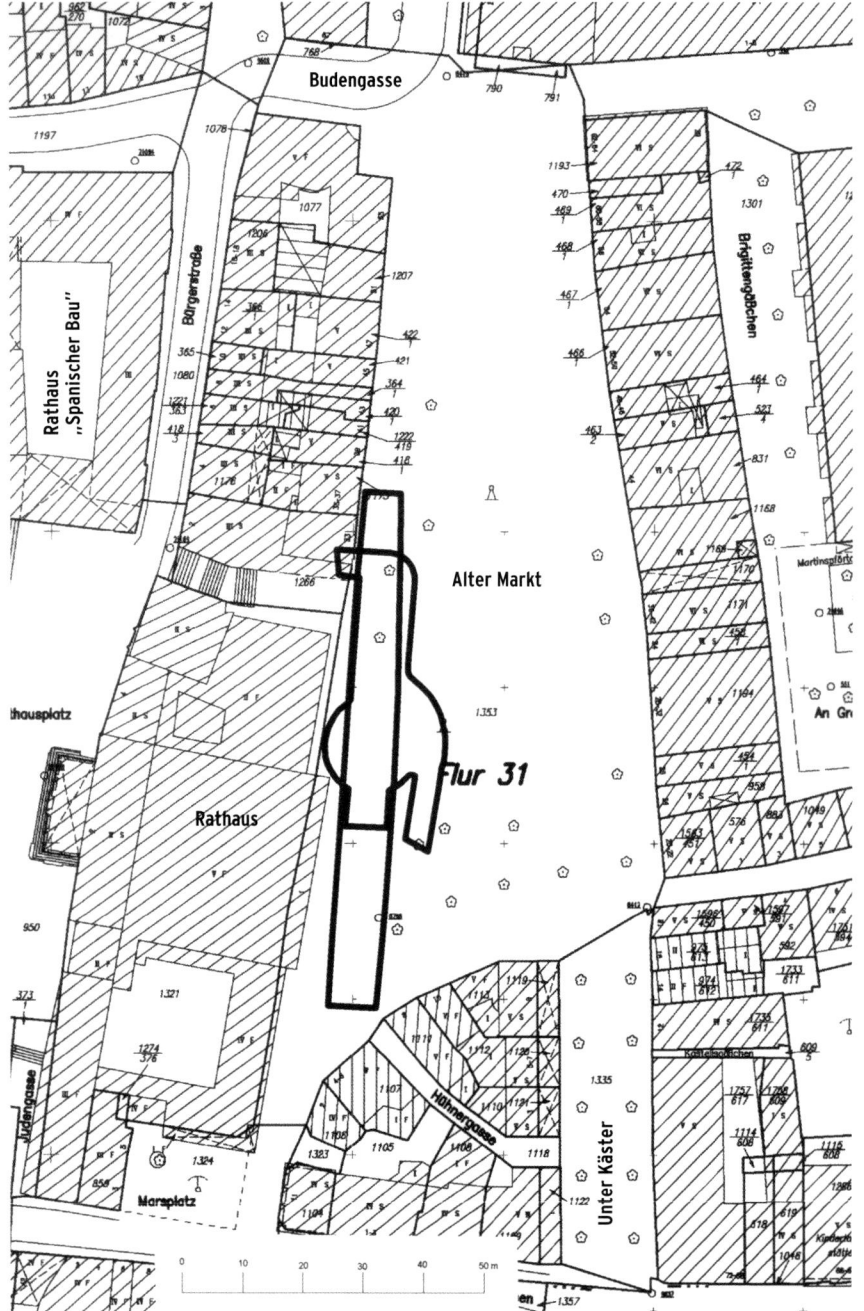

Plan der Baustelle auf dem Alter Markt (Haltestelle Rathaus)

Der Alter Markt in römischer Zeit und im Frühmittelalter

In römischer Zeit gehörte das Gelände, auf dem der Alter Markt liegt, zu dem Nebenarm, der die ehemalige Rheininsel umschloss. Baugrunduntersuchungen haben ergeben, dass der tiefste Punkt dieser Rinne im nördlichen Teil des Platzes lag. Nach Westen steigt der gewachsene Kies – der den Untergrund des Nebenarms bildete – zur Niederterrasse und damit zum Fundamentsockel der römischen Stadtmauer an, nach Osten hin zur Rheininsel. Wo deren westliche Uferlinie sich exakt befand, ist nicht genau markiert. Sie soll bei einer Grabung des Jahres 1955 auf dem Grundstück Alter Markt 50–52 erfasst worden sein, der Befund wurde indessen nicht näher dokumentiert. Auf den Grundstücken Alter Markt 34–42 wurde dann 1963 bei Ausgrabungen eine etwa 1,5 Meter breite, nordsüdlich verlaufende und bis zu 2 Meter hohe römische Mauer aus Grauwacke, Tuffen, einzelnen Ziegeln und Basaltstücken in fester Mörtelbindung freigelegt. Die Unterkante der Fundamente lag 6,6 Meter unter dem heutigen Platzniveau. Hier verlief wahrscheinlich die westliche Grenze der römischen Steinbebauung auf der ehemaligen Rheininsel. Wie im Bereich des Kurt-Hackenberg-Platzes betrug der Abstand zwischen der römischen Stadtmauer und dem westlichen Inselufer auch auf dem Alter Markt zwischen 55 und 60 Meter. Die alte Uferlinie der Insel verlief also in Höhe der Häuserfront auf der Ostseite des Alter Markt. An der Ecke Mühlengasse/Alter Markt wurde im 19. Jahrhundert bei Erdarbeiten eine große Zahl zerbrochener römischer Amphoren sowie zwei ebenfalls römisch datierte große Basaltgewichte von 36 und 3 Zentimeter Durchmesser geborgen.

Das Gebiet der Rheininsel und der seit dem 2. Jahrhundert n. Chr. verfüllten Rinne wurde in spätrömischer Zeit mit mächtigen Schenkelmauern, die von der Nordost- und Südostecke der römischen Stadtmauer bis an den Rhein reichten, gesichert. Archäologische Quellen belegen, dass zumindest Teile der Rheininsel auch nach dem Abzug der Römer kontinuierlich besiedelt worden sind.

Im Norden des Heumarkts wurde bei Ausgrabungen Ende der 1990er Jahre ein mehr als 120 Meter langer spätrömischer Magazinbau entdeckt, dessen aufgehendes Mauerwerk teilweise erhalten war. In der Umgebung ließen sich um die Mitte des 5. Jahrhunderts Germa-

Germanische Bügelfibel (5. Jh.) und romanische Vogelfibel (5./6. Jh.) von den Ausgrabungen auf dem Heumarkt (1996-1998)

Goldtriens des 7. Jahrhunderts vom Heumarkt, geprägt im französischen Banassac (Vorder- und Rückseite)

nen nieder. Im archäologischen Befund weist nichts auf eine gewaltsame Übernahme hin. Die Kleinfunde der Ausgrabungen auf dem Heumarkt zeigen auch, dass die ersten germanischen Siedler aus elbgermanischen Stammesgebieten an den Rhein gezogen waren. Sie waren ursprünglich von den Römern angeworben worden, um am Rhein militärische Dienste zu leisten. Ähnliche Verbände lassen sich im spätrömischen Kastell Köln-Deutz **(Divitia)**, im ehemaligen Kastell Haus Bürgel **(Burungum)**, in Krefeld-Gellep **(Gelduba)** und an anderen Orten entlang der Rheingrenze nachweisen.

Nach dem Zusammenbruch der römischen Verteidigungsstellungen im östlichen Gallien lösten sich die spätrömischen Söldner von ihren ehemaligen Befehlshabern und übernahmen die Kontrolle vor Ort. Köln wurde Sitz eine fränkischen Kleinkönigtums, das dem Teilstamm der Ripuarier vorstand. Sigibert war um 470 der erste namentlich genannte ripuarische König, der später von seinem Sohn Chloderich umgebracht wurde. Nachdem Chloderich in den Jahren 507/08 von Chlodwig (482–511) beseitigt worden war, ging das ripuarische Teilreich im fränkischen Großreich Chlodwigs auf. Prächtig ausgestattete Gräber aus dem zweiten Viertel des 6. Jahrhunderts - erwähnt seien hier ein Knaben- und ein Frauengrab unter dem Dom – werden mit Familienangehörigen König Theuderichs I. (511–534), einem der Söhne Chlodwigs, in Zusammenhang gebracht.

Die Franken errichteten inmitten der verfallenden römischen Rheinvorstadt ihre eigenen Bauten. Einfache ebenerdige Pfostenbauten, rechteckige Grubenhäuser und zahlreiche Abfall- oder Vorratsgruben wurden in einer tiefschwarzen Erdschicht freigelegt, in der zahllose frühmittelalterliche Funde gemacht wurden. Die fränkische Besiedlung beschränkte sich indessen nicht auf den Heumarkt: Merowingerzeitliche Streufunde aus dem Umfeld von Groß St. Martin und Funde aus der Baugrube unter dem Museum Ludwig sind Zeugnisse einer weitflächigen Nutzung der ehemaligen Rheininsel.

Handel und Handwerk bildeten die Lebensgrundlage der dort ansässigen Menschen. Regionale und überregionale Handelsbeziehungen belegen Goldmünzen des späten 6. und frühen 7. Jahrhunderts aus dem rheinaufwärts gelegenen Andernach und dem südfranzösischen Banassac. Von Andernach aus, dem **castellum Antonnacense**, wurden die Produkte der Mayener Töpfereien und Mühlsteine aus den Basaltbrüchen zwischen Mayen und

Niedermendig verschifft. Das Handwerk war in der Merowingerzeit hauptsächlich am Kölner Rheinufer ansässig. Anhand der Kleinfunde der Ausgrabungen auf dem Heumarkt sind Metall-, Glas-, Knochen- und vielleicht auch Buntmetallverarbeitung nachgewiesen.

In der ersten Hälfte des 8. Jahrhunderts – das ergaben die Grabungen auf dem Heumarkt – wurden die merowingerzeitlichen Häuser aufgegeben. Parzellen wurden abgesteckt, auf denen man Ostwest ausgerichtete Häuser mit Trockenmauernfundamenten aus behauenen Tuffquadern oder römischen Architekturteilen sowie aufliegenden Schwellbalken mit Fachwerkkonstruktionen errichtet hat. Die unvermörtelten Sockelmauern solcher Häuser erhalten sich nur unter besonders günstigen Umständen. Im Normalfall sind von dieser Architektur lediglich verstreute Tuffsteinquader oder römische Architekturfragmente überliefert. Diese Art Häuser auf dem Heumarkt war bis zu 12,5 Meter lang, bis zu 9 Meter breit und in mehrere Räume unterteilt. Im Hausinneren lagen mit Lehm oder mit sekundär genutzten römischen Dachziegeln befestigte Herdstellen. Im Umfeld fand man Abfallgruben und Latrinen, die große Mengen an Haushaltsabfällen enthielten, vor allem Gefäßkeramik und Tierknochen. Auch auf dem Alter Markt fand man an einer nicht bezeichneten Stelle im Jahre 1924 bei Kanalarbeiten in 4 Meter Tiefe eine gelbtonige, stempelverzierte Keramikscherbe, die als karolingisch datiert wird – das heißt, sie stammt aus dem 8. oder 9. Jahrhundert, als die Familie der Karolinger die fränkischen Könige stellte.

Die in der Rheinstadt wohnenden Menschen waren in der Mehrzahl begütert. Sie besaßen hochwertige Produkte frühmittelalterlichen Kunstgewerbes: etwa Trinkgläser, Reitzubehör, Goldmünzen, Trachtzubehör aus Bunt- und Edelmetallen sowie Fernhandelsgüter, die nur vermögenden Händlern und Kaufleuten, sozial hoch stehenden kirchlichen und weltlichen Dienstleuten zugeordnet werden können.

Diese Häuser auf dem Heumarkt bestanden ohne erkennbare Störung bis zum 10. Jahrhundert. Folgen der schriftlich überlieferten Normannenzüge des Winters 881/882 lassen sich hier, wie auch an anderen Stellen im Stadtgebiet, nicht erkennen. Die Auswirkungen des Überfalls der Wikinger auf die Entwicklung Kölns wurden wohl lange Zeit überschätzt.

Nach der Mitte des 10. Jahrhunderts gab man die Häuser auf dem Heumarkt auf und ebnete sie ein. Der archäologische Befund enthält keine Hinweise, dass die Häuser fluchtartig oder unter Gewalteinwirkung verlassen wurden. Die Auflassung der Häuser erfolgte planmäßig innerhalb eines kurzen Zeitraums. Anschließend wurde die 16 000 Quadratmeter große, rechteckige Freifläche als südliche Verlängerung des Alter Markt mit einer Kiesdecke befestigt.

Der Alter Markt in Hoch- und Spätmittelalter

Die erste indirekte Erwähnung eines Kölner Marktes stammt aus dem Jahre 988. Anlässlich einer Schenkung des Erzbischofs Everger (985–999) an das Benediktinerkloster (Groß) St. Martin nennt die Urkunde eine **porta fori**, das Markttor. Vier Jahre später ist vom **mercatus Colonie** die Rede, dem Kölner Markt. Die schriftlichen Quellen unterscheiden anfangs nicht zwischen Alter Markt und Heumarkt, und erst nach der Errichtung des Neumarkts im Westen der Stadt (um 1076) heißt das **forum** in der alten Rheinstadt – die vielfach auch Rheinvorstadt genannt wird – nun erst „Alter Markt". Die einheitliche Bezeichnung für beide Platzteile scheint noch einige Zeit gebräuchlich gewesen zu sein. Erst um 1300 setzt sich für den südlichen Teil die Bezeichnung „Heumarkt" durch.

Der Gründungszeitpunkt des Heumarkts ist aufgrund der Ausgrabungen der 1990er Jahre ermittelt worden. Hölzer, die zum Ausgleich in eine Senke unmittelbar unterhalb der ersten Kiesdecke auf den Platz gelegt wurden, werden in das Jahr 957 oder wenige Jahre später datiert, als Bruno I. als Kölner Erzbischof amtierte. Die nördliche Teilfläche des **forum**, der Alter Markt, ist wohl aufgrund seines Namens und nach seiner trapezförmigen Ausgestaltung noch älter. Beweise dafür, dass ein Damm, wie vermutet wurde, beide Marktflächen im 10. Jahrhundert noch trennte, ergaben sich nicht. Im 4. Jahrhundert soll über diesen Damm der Zubringer zur Rheinbrücke verlaufen sein.

Der Bezirk Unterlan, der als älteste Bebauung innerhalb der ehemaligen Rheinrinne angesehen wird, soll unmittelbar nördlich des vermuteten Dammes entstanden sein. In den Schriftquellen taucht „Unterlan" erst 1056/1075 erstmals auf. Die Gründung des Quartiers reicht aber vermutlich in das 9. oder frühe 10. Jahrhundert zurück. Südöstlich dieses Bereichs stand die 1142/1156 erstmals genannte erzbischöfliche Münzstätte.

Seit dem ausgehenden Hochmittelalter lässt sich die Topographie des Alter Markt anhand von Schriftquellen in ihren Grundzügen darstellen. Die meisten urkundlichen Belege stammen erst aus dem 14./15. Jahrhundert, seit dem 17. Jahrhundert kommen detaillierte bildliche Quellen hinzu. „Der südliche Teil des Alter Markts und der nördliche Teil des Heumarkts erscheinen als ausgesprochene Basarviertel", so beschreibt Edith Ennen in ihrem Beitrag zum Sammelband „2000 Jahre Kölner Wirtschaft" die Marktverhältnisse, „der Verkauf war damals stärker zentralisiert als im späteren Mittelalter, wo es zum Kaufhausbetrieb und zur

Der Alter Markt und die nördliche Hälfte des Heumarkts (Mercatorplan 1570/71)

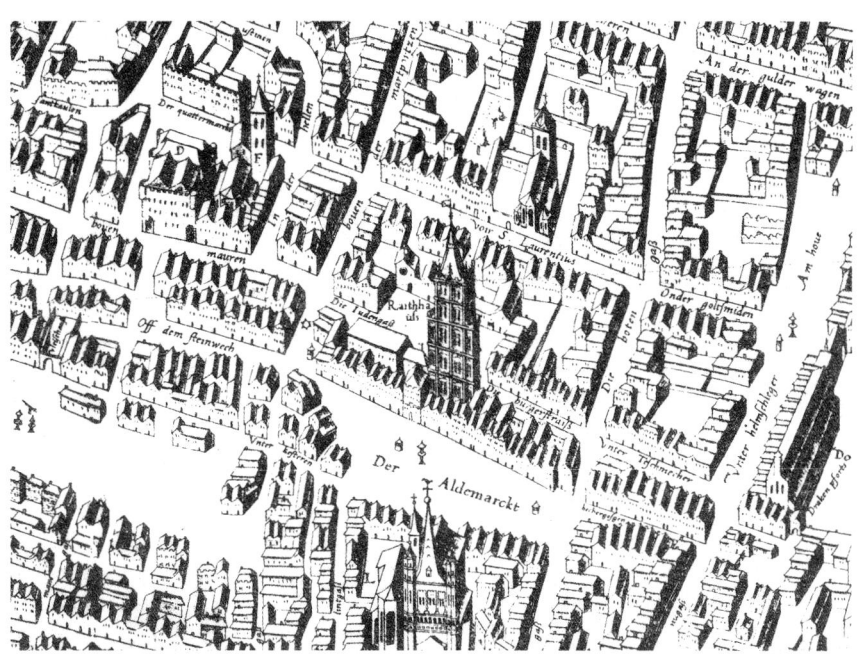

Erzbischof Bruno (953-965)

Der Mann, der mit der Gründung des Kölner Marktes dem Wirtschaftsleben der Stadt an der Wende zum Hochmittelalter die stärksten Impulse gab, war Erzbischof Bruno, oder Brun, der jüngste Bruder Kaiser Ottos I. „Er ist trotz seiner Jugend ein reifer Mann und trotz seines höchsten Adels demütig und mild", schreibt sein Biograph, nachdem der 28-jährige Bruno, damals schon Leiter der königlichen Hofkapelle, im Sommer 965 vom Kölner Klerus zum neuen Oberhirten „gewählt" worden war. Bruno, der auch zum Herzog von Niederlothringen ernannt wurde, verkörpert geradezu den Prototyp des ottonischen Reichsbischofs, in dessen Person geistliches und weltliches Amt vereint sind. Mit Bruno beginnt die weltliche Stadtherrschaft des Erzbischofs in Köln. An Stelle des Königs spricht er Recht, er zieht die Abgaben ein und regelt die wirtschaftlichen Verhältnisse. Durch viele Privilegien konzentriert er Handel, Gewerbe und Handwerk an seinem Bischofssitz. So entwickelt sich eine arbeitsteilige, nicht nur an ihren Eigenbedürfnissen orientierte städtische Gesellschaft, in der auch friesische und jüdische Händler ihren Platz finden. Die Rheinstadt, in der hauptsächlich Kaufleute leben, wird in seiner Amtszeit in den Rechtsbezirk der Stadt einbezogen. Zum Schutz der Rheinstadt und der Schifffahrt auf dem Rhein lässt Bruno die Pfeiler der alten Römerbrücke abtragen. Zeugnisse seines geistlichen Wirkens sind vor allem die Stiftsgründungen von St. Andreas und Groß St. Martin sowie die Gründung des Benediktinerklosters St. Pantaleon außerhalb der Stadt. Bruno stirbt am 11. Oktober 965 auf einer Reise ins Westfrankenreich, in Reims. Sein Leichnam wird unter großer Anteilnahme der Bevölkerung nach Köln gebracht und in St. Pantaleon bestattet.

Dezentralisierung kam. Gestützt auf den frei stehenden Bau der Münze zog sich eine Budenreihe quer über den Platz nach der Salzgasse hin. Auf der Ostseite nach Groß St. Martin hin erstreckten sich die Stände des Obst- und Gemüsemarkts, an der Südwestecke, in Richtung Marktpforte, der Hühnermarkt, wo Geflügel, Wild und Eier verkauft wurden. Die Stände dafür reichten bis zum Portal der Martinskirche und wurden später nach der Budengasse hin verlagert. Beim Hühnermarkt wurden auch frische Häute verkauft. Die Marktmitte diente dem Verkauf von frischer Butter aus der erzstiftischen, bergischen und Jülicher Nachbarschaft."

Auf dem Alter Markt wurden also vor allem Güter des täglichen Bedarfs gehandelt. Die Marktstände waren in Reihen aufgestellt und nach den jeweiligen Angeboten geordnet. Die Waren wurden in Kisten und Kästen angeboten. Von deren Besitzern, den „Kästern", hat die Straße Unter Käster, die Heumarkt und Alter Markt verbindet, vermutlich ihren Namen. Hier war das Warenangebot offensichtlich besonders breit, Hosenmacher, Krughändler, Leder- oder Riemenschneider, aber auch Wechsler hatten hier ihre Stände. Einzelne „Abteilungen" gewisser Waren hatte man mit Grenzsteinen in der Marktdecke markiert. Nur eine begrenzte Zahl von Händlern war zugelassen und auch die Größe der Stände limitiert. Der Wirtschaftshistoriker Bruno Kuske schätzte die Breite der Verkaufseinrichtungen zwischen 6 und 7 Fuß ein (etwa 1,9 bis 2,2 Meter).

Die Händler bedienten sich überwiegend mobiler Stände, so genannter Krame aus Holz und Leinwand. Andere legten ihre Waren auf Tischen, Bänken, Holzdielen oder direkt auf dem Boden aus. An „Schragen" wurden Waren

Wäger in einer Darstellung der Mendel'schen Zwölfbrüderstiftung Nürnberg (1425-1436)

Sporenschmied in einer Darstellung der Mendel'schen Zwölfbrüderstiftung Nürnberg (um 1458)

aufgehängt und zum Verkauf angeboten. Auch Gademe – einfache, aber relativ feste Bauten – standen auf dem Platz. Die Marktbuden waren Nordsüd ausgerichtet. Über Substruktionen aus Holzbrettern, Steinschüttungen oder Astlagen sind Stampflehmböden zu rekonstruieren. Abschnittsweise wurden zahlreiche Eingrabungen von Staken und Stakenlöchern dokumentiert, die sich bislang nicht zu Grundrissen zusammenbringen lassen. In einer Urkunde Kaiser Friedrichs I., die dieser der Stadt Köln anlässlich der Stadterweiterung von 1180 ausstellte, heißt es: „Die Fassaden der Häuser und anderer auf den Marktplatz schauender Gebäude, die einen Vorbau, der gewöhnlich uzfanc genannt wird, über öffentliches Gelände kragen lassen, sollen so auch in Zukunft bleiben."

In dieser Urkunde ist zum ersten Mal auch ein Leinpfad am Rhein erwähnt, auf dem Pferde die Schiffe rheinaufwärts zogen.

Der Abriss mehrerer Verkaufsbuden durch den Rat im Jahre 1355 steht wohl mit dem Bau eines Tuch- und Leinenkaufhauses in Verbindung. Versuche, den Marktplatz dauerhaft mit Ständen zu bebauen, scheiterten. Die Mercator-Stadtansicht von 1570/71 zeigt den „Aldemarckt" unbebaut. 1437 wurde vom Rat das Gesuch abgelehnt, dort eine Schmiede zu errichten. Seit dem 16. Jahrhundert wurden die Gademen nach und nach abgerissen. Marktansichten aus den Jahren 1650, 1655 und 1750 zeigen eine weitgehend unbebaute Platzfläche und vor den Häusern aufgestellte Gademe. Eine einzige frei stehende Reihe von Gademen stand im Norden des Platzes, parallel zur westlichen Randbebauung. An der Südseite des Alter Markt stand die Brothalle, 1197/1215 erstmals erwähnt; sie wurde nach ihrem Verkauf 1289 abgerissen. Auf dem Grundstück wurden mehrere Häuser errichtet, die 1503 einem Brand, der den Südteil des Alter Markt und sein

Umfeld betraf, zum Opfer fielen. Die Häuser wurden anschließend danach nicht mehr aufgebaut, die Fläche hat man dem Alter Markt zugeschlagen.

Im Osten des Alter Markt standen die Obst- und Gemüsehändler, die **eppelmengerssen**, auf dem „Apfelmarkt", der 1246 in den Schreinsbüchern **foro pomorum** genannt wird. Der von Ennen erwähnte **hunremarchi** oder **hunremark** (Hühnermarkt) hat sich im Namen Hühnergasse im Viertel Unterlan bis heute erhalten. Er reichte im Mittelalter weiter nach Norden, von der Nordwestecke des Heumarkts, entlang der Westseite des Alter Markt bis zur Budengasse. Der Handel mit Vieh und Fleisch fand hauptsächlich auf dem Heumarkt statt, doch erwähnen Quellen aus der Mitte des 13. Jahrhunderts Fleischbänke auch auf dem Alter Markt. Getreide wurde im Nordosten des Platzes angeboten. Im Zentrum des Alter Markt standen Fisch- und Butterwaage, beide wurden im späten 18. Jahrhundert niedergelegt. Angeboten wurden ebenfalls Kurz- und Lederwaren, Keramik, Hausgeräte, Ton-, Zinn- und Drechslerwaren. Apotheken ließen sich besonders auf der Westseite des Marktes nieder. Im späten Mittelalter war der Platz das Zentrum der Apotheker und Kräuternierer. Noch heute befindet sich am Alter Markt 46-48 die älteste Apotheke Kölns, die „Jan-von-Werth-Apotheke", deren Vorläufer im Jahre 1584 ihren Verkaufsbetrieb aufnahm.

Nach der Gründung des Marktes im frühen Mittelalter wurde hier wahrscheinlich immer wieder Erde aufgeschüttet, die Platzoberfläche mit einer Kies-, Bruchsteindecke oder Pflasterung versiegelt. Auf dem Heumarkt erfolgte dies - belegbar - in Abständen von 20 bis 60 Jahren. So wurde etwa im Jahre 1024, in der Amtszeit des Erzbischofs Pilgrim, eine grundlegende Erneuerung des Heumarkts vorgenommen: Der Platz wurde mit einer 10 bis 30 Zentimeter starken Lage aus Kies, Ziegel- und Steinbruch sowie Tierknochen befestigt,

Die alte Fleischhalle (mit Torzufahrt) auf dem Heumarkt

Heumarkt: Marktpflaster des 11. Jahrhunderts

die nahezu überall nachweisbar ist. Im Süden des Heumarkts ist diese Schicht etwas mächtiger; am westlichen Rand des Platzes stieß man bei Ausgrabungen auf Entwässerungskanäle aus dieser Zeit. Am nordwestlichen Ende standen nachweislich festinstallierte Gademe. Pilgrims Wirken in der Rheinstadt zeigt sich auch darin, dass er im Obergeschoss der Marspforte, des östlichen Haupttors zum Rhein hin, die Michaelskapelle einrichten ließ. Im

Erzbischof Pilgrim I. (1021-1036)

In der stadtkölnischen Überlieferung kommt Erzbischof Pilgrim nicht sonderlich „gut weg", wie man in Köln zu sagen pflegt. In einer kölnischen Sage wird er als klein und hässlich beschrieben, die Kleriker des von ihm gegründeten Stiftes St. Aposteln wandten sich bald nach seinem Tod von ihm ab. Pilgrim hatte „eine Kirche, zwar klein und von wenig bedeutender Gestalt, aber den Aposteln geweiht", ein möglicherweise aus karolingischer Zeit stammendes Bauwerk vor der römischen Stadtmauer, in den 1120er Jahren zu einem Stift ausbauen lassen und dabei auch den Bau der romanischen Kirche St. Aposteln veranlasst.

Als Gründer von St. Aposteln gilt aber seit Jahrhunderten der hl. Heribert, Erzbischof von Köln von 999 bis 1021. Auch in der Tradition des Stiftes wurde Heribert als Initiator und erster Bauherr gefeiert – alljährlich zogen die Stiftsherren in einer Prozession zum Grab „ihres" Heiligen nach Deutz. Allerdings wider besseres Wissen, denn bereits seit 1643 war der Wortlaut einer in der Kirche gefundenen Tafel bekannt: „Im Jahre der Menschwerdung des Herrn 1036 am 25. August starb Erzbischof Pilgrim, der Gründer dieser Kirche."

Pilgrim war der Nachfolger Heriberts auf dem erzbischöflichen Stuhl. Seine Grabstätte mit der Tafel hatte man in besagtem Jahr bei Umbauarbeiten im Westwerk der Kirche wieder gefunden. Für die Überreste des Erzbischofs wurde noch im gleichen Jahr ein Zinksarg gefertigt, den man in einem prächtigen Denkmal aus schwarzem Marmor beisetzte.

Anzumerken ist, dass Pilgrim durchaus kein unbedeutender Erzbischof war: Er entstammte der mächtigen Familie der Aribonen, sein Onkel war der bedeutende Erzbischof Aribo I. von Mainz. Die Chronisten seiner Zeit überliefern nur ein vages Bild seiner Persönlichkeit und Amtsführung, aber er war immerhin Kanzler für Italien, als er in Gegenwart Kaiser Heinrichs II. im Jahre 1021 zum Nachfolger Heriberts gewählt wurde. Er krönte 1028 den jungen Heinrich III. in Aachen zum deutschen König, womit die reichsrechtliche Sonderstellung der Kölner Erzbischöfe begründet und das Recht auf die Königskrönung für längere Zeit gesichert waren. Seit 1031 führte Pilgrim auch den Titel des „Erzkanzlers für Italien".

---

14. Jahrhundert diente die Kapelle zeitweise als Ratskapelle, 1545 wurde sie wegen Baufälligkeit abgerissen.

Heute besteht zwischen Heumarkt und Alter Markt ein nur unwesentlicher Höhenunterschied: Die Südseite des Alter Markt liegt 46,9 Meter, die Nordseite des Heumarkts 46,8 Meter über NN. Vermutlich war die Nivellierung des Geländes ein langsamer Prozess, der erst im späten Mittelalter abgeschlossen war. Wie der Schwellstein des einzigen am Alter Markt erhaltenen Bürgerhauses, Alter Markt Nr. 20/22, zeigt, wurde die Platzfläche seit dem späten 16. Jahrhundert nicht mehr erhöht.

Die Nutzung der Platzfläche als Markt spiegelt sich in den Phosphorwerten wider, die im Zusammenhang mit den Baugrunduntersuchungen des Jahres 1992 gemessen wurden: Hohe Werte ergeben sich bei hohem organischen Anteil der Relikte, die etwa bei intensiver Viehhaltung entstehen. Die niedrigsten Phosphatwerte wurden 9,5 Meter unter der Platzfläche gemessen. Schon einen halben Meter höher stiegen die Werte wieder an, was auf organische Materialien und römische Aufschüttungen zurückzuführen ist, die Knochen, Lederreste, Holz, Fruchtkerne und dergleichen mehr enthielten. Darüber sind die Werte wieder etwas niedriger. Der höchste Anteil an Phosphat wurde in tonig-lehmigem Substrat – in wahrscheinlich frühmittelalterlichen Siedlungsschichten – gemessen, die etwas Sand und Mörtel enthielten und einen leicht fauligen Geruch verströmten.

Die freie Reichsstadt Köln gehörte im Spätmittelalter und in der frühen Neuzeit zu den wichtigsten Umschlagplätzen für Waren und Handelsgüter aus ganz Europa, und am Rhein und in den östlichen Stadtvierteln um Heumarkt und Alter Markt wurde der Hauptanteil aller wirtschaftlichen Aktivitäten abgewickelt Hier befanden sich auch die meisten Kaufhäuser, die der Rat seit dem 14. Jahrhundert errichten ließ, etwa das Kaufhaus auf dem Malzbüchel, das Tuch- und Leinenkaufhaus, genannt die „Halle", auf dem Alter Markt, das „Kornhaus" an der Rheingassenpforte, das „Schlachthaus" in der Mauthgasse sowie das „Fischkaufhaus", das heute zumeist - irrigerweise - Stapelhaus genannt wird. Für das Wiege-Monopol der Stadt boten die Kaufhäuser ideale Bedingungen: Sie wurden die Standorte der städtischen Waagen, eine wichtige Voraussetzung für die Erhebung von Steuern.

„Marktfriede" und „Infrastruktur"

Seit dem Spätmittelalter wachten vom Rat bestellte „Marktmeister" oder „Marktherren" über die Ordnung auf dem Markt. Die Marktherren gehörten zum Kreis der Ratsämter, auf die amtierende oder ausgeschiedene Ratsmitglieder berufen wurden. Die Marktherren und das ihnen unterstellte Personal schlichteten die Konflikte zwischen den Händlern, sie kontrollierten die Preise, sie trieben die Standgelder von den Händlern ein, und sie wachten über den Marktfrieden. Mit Hilfe der Marktglocke wurde die Ordnung des Marktverkehrs aufrechterhalten, der Markt war ein Ort des „Sonderfriedens" – die Ernährung der Bevölkerung musste kontinuierlich gesichert sein.

Der Alter Markt im 17. Jahrhundert (Kupferstich um 1660)

Verbrechen und Störungen des Marktfriedens ahndete man daher mit empfindlichen Strafen. „Schon der Griff zum Messer wurde mit Abschlagen der Hand gesühnt", schreibt die Historikerin Irene Franken, „Unehrlichkeit der Kunden und Kundinnen bei der Angabe der Maße von mitgebrachten Gefäßen hatte das Festketten, eine öffentliche Präsentation im kaufhauseigenen Halseisen zur Folge, Übervorteilen beim Messen, Wiegen und Zählen durch Verkäuferinnen wurde oft mit Berufsverbot bestraft." Diesem Bestreben kam zugute, dass der Alter Markt, neben dem Domhof, ohnehin als Ort öffentlicher Strafjustiz diente. In der Platzmitte standen der so genannte Käx oder Kacks sowie der Pranger und ein Wachthaus. Der Käx, eine Art Käfig, wird erstmals 1371 erwähnt, 1570 wurde die Anlage erneuert und erst 1798, in französischer Zeit, aufgegeben. Der Pranger erscheint erstmals 1376 in den schriftlichen Quellen, bildliche Darstellungen des 16. und 17. Jahrhunderts zeigen einen hölzernen Schandpfahl mit Blechhaube.

Auf den Stichen von Johann Toussyn und Abraham Aubry aus den Jahren 1650 und 1655 ist ein Wachthäuschen nördlich der Marktglocke abgebildet.

Die pavillonartigen Wachthäuser waren über die gesamte Stadt verteilt, sie kontrollierten den nächtlichen Verkehr in der Stadt. Das Wachthaus auf dem Alter Markt wurde vermutlich im späten Mittelalter errichtet, auch wenn es erstmals 1572 anlässlich von Reparaturen erwähnt wird. 1645 wurde es abgerissen und durch einen achteckigen, mit Wetterfahne und Reichsadler bekrönten Neubau ersetzt, den Darstellungen des 17. Jahrhunderts zeigen. Die Mehrzahl der Wachthäuschen in der Stadt wurde nach einem Ratsbeschluss vom 6. Juni 1787 abgerissen (siehe auch „Waidmarkt", S. 132).

Zwei Brunnen sind immer auf dem Alter Markt dargestellt worden. Der ältere, 1397 erstmals erwähnt, lag im Südwesten, nahe der Fischwaage, seine Ursprünge dürften zumindest bis in das hohe Mittelalter zurückreichen. 1556 wurde dieser Brunnen erneuert und pavillonartig überbaut, wie auch die Stadtansicht Arnold Mercators aus den Jahren 1570/71 zeigt. Um die Mitte des 18. Jahrhunderts wurde er durch einen Pumppfeiler ersetzt, den man auf Darstellungen des 18. und 19. Jahrhunderts findet. Der Pumppfeiler steht heute noch auf seinem alten Standplatz. Auf dem Mercator-Plan ist ein weiterer pavillonartiger Brunnenbau am Nordende des Alter Markt abgebildet. In den Schreinsbüchern taucht dieser zweite Brunnen 1561 erstmals auf, er soll zwei oder drei Jahre zuvor in „aufgeschütteter Erde" errichtet worden sein.

Zur Sicherung des Marktbetriebs zählte im Mittelalter auch die regelmäßige Reinigung der Platzfläche, auf der eine ausreichende Zahl von Ver- und Entsorgungsleitungen vorauszusetzen ist. In den Schreinsbüchern, den Grundbüchern des Mittelalters, ist 1337 ein Kanal, „Sode" genannt, nahe dem Haus Lurlinberg am Hühnermarkt beziehungsweise Unter Käster erwähnt, man vermutet aber, dass es mehrere Kanäle gegeben hat. Möglicherweise sind die auf dem Heumarkt nachgewiesenen, von Nordwest nach Südost ausgerichteten Abwasserleitungen in Richtung Alter Markt zu verlängern. Die Historikerin Marianne Gechter nimmt an, dass mindestens zwei Kanäle den Alter Markt querten. Einer davon verlief in der westöstlichen Achse der Lintgasse, der andere in Verlängerung des Aduchts vom Heumarkt in Südost-Nordwest-Richtung, vermutlich unter oder zwischen den Häusern von Unterlan. Die Sode beim Haus Lurlinberg, östlich des Bezirks Unterlan, wurde im 13./14. Jahrhundert überbaut. Für diese Zeit sind Bezeichnungen

Markttreiben auf dem Alter Markt um 1900

wie **super pontem, supra transitum, up der bruegen, up der soy** überliefert.

Eine moderne Kanalisation existiert in Köln erst seit dem späten 19. Jahrhundert. Bis dahin gab es in einzelnen Bereichen der Stadt ein unzureichendes Versorgungssystem ohne einheitliches Gesamtkonzept. Reparaturen und Erneuerungen erfolgten nur fallweise. Erst die unter Leitung von Carl Steuernagel seit etwa 1890 durchgeführte Erneuerung schuf Abhilfe. Aus dieser Zeit stammen zwei Hauptsammler, die den Alter Markt entlang der West- und der Ostseite in Nord-Süd-Richtung durchqueren.

Straßenfeger beim Reinigen der Marktfläche in einer Darstellung der Mendel'schen Zwölfbrüderstiftung Nürnberg (15. Jh.)

Das Haus der Bürger: das Kölner Rathaus

Im südwestlichen Teil des Alter Markt befindet sich das Rathaus der Stadt Köln. Es ist in großen Teilen nach den Zerstörungen im Zweiten Weltkrieg als moderner Zweckbau wieder aufgebaut worden. Das Kölner Rathaus – oder besser gesagt: die Vorgängerbauten – ist vermutlich das älteste Rathaus in Deutschland. Um 1135 wird es erstmals als „Haus der Bürger" erwähnt, der Begriff raithuyss taucht erst im letzten Viertel des 14. Jahrhunderts auf. Der domus civium stand inmitten des Judenviertels – im Jahre 1349, als das Ghetto in Brand gesteckt wurde, ist es wahrscheinlich ebenfalls zerstört worden.

Um 1360 hat man einen repräsentativen Neubau des Rathauses errichtet – mit der auf der Römermauer gründenden Ostwand des so genannten Langen Saals. Nach und nach wurde zur Unterbringung der Verwaltung ein ganzer Gebäudekomplex südlich und westlich des Hauptgebäudes in Anspruch genommen, was man heute jedoch nicht mehr erkennen kann. Durch den Ankauf des Hauses „zum Hirtz" war in unmittelbarer östlicher Nachbarschaft eine wesentliche Voraussetzung für die Erweiterung des Komplexes bis zum Alter Markt geschaffen. Das Obergeschoss des Tuch- und Leinenkaufhauses, das aufgrund des nach Westen ansteigenden Geländes auf der Höhe des Rathausuntergeschosses lag, wurde 1548 bis 1554 nach Umbauten in die Rathausnutzung einbezogen. 1590/91 wurde dann auch das zweite Obergeschoss des Kaufhauses als Verwaltungsgebäude genutzt. Das gewölbte Untergeschoss des Hauses auf der Ebene des Alter Markt diente bis in das 19. Jahrhundert als Tuch- und Leinenkaufhalle und als Standort der städtischen Waage. Es war Aufbewahrungsort der städtischen Eichmaße, Gewichte und Längenmaße. Die „Halle" war zudem Sitz des Niedergerichts, das sich vor allem mit Markt- und Handelsangelegenheiten auseinander setzte.

Das Rathaus von Osten (Mitte 19. Jahrhundert)

Das mittelalterliche jüdische Viertel

Auf dem heutigen Rathausplatz erinnert die Mikwe an das mittelalterliche jüdische Viertel. Die Kölner Gemeinde war die älteste und bedeutendste im mittelalterlichen deutschen Reich. Historisch belegt ist ihre Existenz bereits im 4. Jahrhundert: In einem Schreiben, datiert ins Jahr 321, forderte Kaiser Konstantin den Kölner Stadtrat auf, auch Juden in öffentliche Ämter einzusetzen. Der nächste Hinweis stammt aus dem Jahre 1012, als eine Synagoge in Köln errichtet worden sein soll. 1075 seien Klagelieder im jüdischen Viertel angestimmt worden, als man erfahren habe, dass Erzbischof Anno, der Schutzherr der Juden, gestorben sei. Die deutschen Könige hatten in dieser Zeit die Juden, deren Rechtsstellung sich im christlichen Abendland sehr verschlechtert hatte, unter ihren Schutz genommen – damit verbunden war das Recht der Besteuerung. Dieses Hoheitsrecht, das so genannte Judenregal, wurde im Rheinland vermutlich in der Regierungszeit Ottos I. (936–973) den Kölner Erzbischöfen übertragen.

Nach dem päpstlichen Kreuzzugsaufruf wurden 1096 erstmals jüdische Viertel gestürmt und gebrandschatzt, Tausende von Juden fanden den Tod, ermordet von „Kreuzfahrern", die auf dem Weg zur Befreiung des Heiligen Landes zunächst mit den „Feinden Gottes" im eigenen Land kurzen Prozess machten. In Köln konnten damals Morde zunächst verhindert werden. Erzbischof Hermann III. nahm sich „seiner" Juden an und verteilte sie auf sieben Gemeinden der Umgebung; dort wurden sie jedoch, mit Ausnahme derer, die in Kerpen Unterschlupf gefunden hatten, von den Kreuzfahrern aufgespürt und getötet. Als 50 Jahre später neue Pogrome drohten, wurde die Kölner Gemeinde, die wieder zu ansehnlicher Größe gekommen war, auf die erzbischöfliche Festung Wolkenburg gebracht und so gerettet.

Im 13. und 14. Jahrhundert war die Kölner Gemeinde die größte im deutschen Reich, Köln war auch das geistige Zentrum des deutschen Judentums. Das jüdische Viertel bestand aus annähernd 90 Häusern und Hofstätten: ein zusammenhängender Komplex von Gebäuden, zwischen Domsüdseite, Alter Markt, Marspforte und der Kirche St. Laurenz gelegen. Dieser Komplex war seit etwa 1300 nach außen hin mit einer Mauer umgeben und nur durch ein Tor und wenige Türen zu betreten. Hier stand auch das Kölner Rathaus. Mittelpunkt des Viertels war natürlich die Synagoge – an ihrer Nordostecke war die Frauen-Synagoge angebaut –, umgeben von der Mikwe, dem Kultbad, dem Hospital und anderen Gemeinschaftsbauten wie Bäckerei, Tanz- und Hochzeitshaus. Hier spielte sich das Gemeindeleben ab. Die Verwaltung, die Rechtsgeschäfte und die religiösen Angelegenheiten regelte ein zwölfköpfiger „Judenrat" unter der Leitung des „Judenbischofs", wie die Kölner den Rabbiner nannten. Der Judenrat setzte sich aus Gelehrten zusammen, die zugleich die Gerichtsbarkeit ausübten.

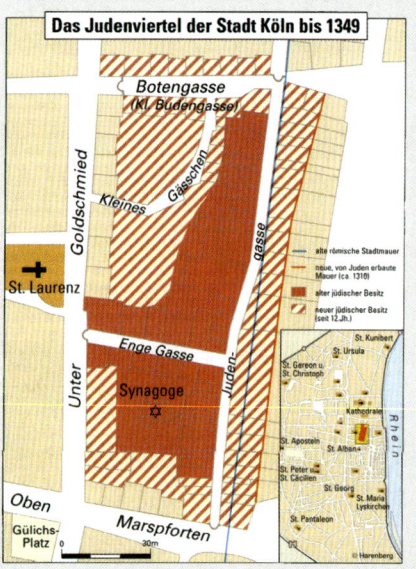

Das Judenviertel der Stadt Köln bis 1349

Die zu Beginn des 14. Jahrhunderts einsetzende Ghettoisierung ist ein Indikator dafür, dass die Spannungen zwischen der christlichen Mehrheit und der jüdischen Minderheit wieder zunahmen. 1321 nahm die Stadt die Judengemeinde gegen eine jährliche Zahlung von 1600 Mark Kölner Münze in ihren Schutz. Der Rat versprach, die Juden weder durch Belastungen noch durch Vorschriften in ihrer persönlichen Freiheit wie in ihren Vermögensverhältnissen einzuschränken. Er behielt sich aber vor, in die inneren Angelegenheiten der Judenschaft einzugreifen und etwa Juden aus der Stadt zu weisen, die ihren Verpflichtungen nicht nachkamen. Der Schutzbrief galt zunächst für zehn Jahre und wurde jeweils verlängert. Die Kölner Juden hatten nun zwei Schutzherren, den Erzbischof und die Stadt.

Die Pestepidemie, die 1348/49 ganz Europa heimsuchte, war Anlass zu neuen Verfolgungen der Juden. Das Gerücht, sie hätten die Brunnen vergiftet, löste auch in Köln die Katastrophe aus: Ein aufgehetzter Mob stürmte im August 1349 das Viertel, Häuser wurden in Brand gesteckt, die Bewohner, die sich aus den Flammen zu retten suchten, niedergemetzelt oder zu Tode getreten, überall wurde geplündert und gebrandschatzt. Nur wenige Familien konnten sich retten. Weder Stadt noch Erzbischof haben 1349 versucht, ihrer Schutzverpflichtung nachzukommen, um den „Nachlass" der getöteten Juden aber stritten sie sich noch bis ins Jahr 1352.

20 Jahre später begann die letzte Episode jüdischen Lebens im mittelalterlichen Köln: Der Rat erlaubte einigen vermögenden Juden die Neuansiedlung. Im Laufe weiterer Auseinandersetzungen zwischen Stadt und Erzbischof, in denen es seit 1384 vor allem um die Besteuerung der Juden ging, weigerte sich der Rat schließlich, die jeweils auf zehn Jahre befristete Aufenthaltsgenehmigung zu verlängern. 1424 mussten alle Juden die freie Reichsstadt verlassen.

Die Rathauslaube und die Ratskapelle (Stich aus dem 18. Jahrhundert)

Der Schacht der mittelalterlichen Mikwe

Heute betritt man das Hauptgebäude, das „Historisches Rathaus" genannt wird, von der Westseite aus. Vom heutigen Rathausplatz – die Bezeichnung ist eigentlich eine Hilfskonstruktion, denn bis zum Zweiten Weltkrieg gab es diesen „Platz" nicht – fällt der Blick zunächst auf die Renaissancelaube, die 1573 nach Plänen des Kalkarer Baumeisters Wilhelm Vernukken fertig gestellt wurde. Das doppelstöckige, fünfschiffige und zwei Joch tiefe Bauwerk ersetzte eine baufällig gewordene Vorhalle aus dem Mittelalter. Von hier aus wurden die Ratsbeschlüsse verkündet. Im Mittelteil der Brüstung im Obergeschoss der Laubenfassade ist der Löwenkampf des Bürgermeisters Grin dargestellt, flankiert durch Szenen aus dem Alten Testament. Inschriften erzählen von der römischen Geschichte Kölns. Der Fries über den Bögen des Erdgeschosses trägt Medaillons mit den Porträts der römischen Kaiser Cäsar, Augustus, Konstantin, Justinian sowie des Stadtgründers Agrippa und des damals regierenden Kaisers Maximilian II. aus dem Hause Habsburg. In einer Nische im Obergeschoss der Fassade steht die Statue der Gerechtigkeit.

In der Vorhalle des Gebäudes ist eine Kopie des „Altars der Stadtpatrone" angebracht. Durch die „Piazetta", eine Planung der 1970er Jahre, gelangt man über die Treppe in den Hansasaal, den großen Ratssaal im Obergeschoss. Er erhielt seinen Namen nach einem Hansetag im Jahre 1367, auf dem die Vertreter der Hansestädte den Krieg gegen den Dänenkönig Waldemar Atterdag beschlossen hatten. Der im Zweiten Weltkrieg schwer zerstörte Saal ist fast 29 Meter lang, 7,25 Meter breit und mit einer Spitztonne aus Holz gedeckt. An der Südwand stehen in gotischem Fialwerk die Figuren der Neun Helden – drei heidnische: Hektor, Alexander, Cäsar, drei alttestamentarische: Judas Makkabäus, David und Josua, drei christliche: Gottfried von Bouillon, König Artus und Karl der Große –, die Amtsträger zu guter Regierung ermahnend. Über ihnen befindet sich eine Statue von Kaiser Ludwig dem Bayern, der der Stadt Köln im Jahre 1314 alle Privilegien erneuert hatte, darunter das Stapel- und Befestigungsrecht. Die neu gestaltete Nordseite wird heute von acht Prophetenfiguren, geschaffen um 1410, geschmückt, die früher in der benachbarten Prophetenkammer aufgestellt waren. Als Verbindungstrakt zwischen Prophetenkammer und den übrigen Bauten am Alter Markt schuf der Stadtsteinmetz Laurenz von Kronenberg 1540/41 im Untergeschoss den so genannten Löwenhof, einen zweigeschossigen Arkadenhof. Auf mächtige Spitzbogennischen im Unterbau auf dem Niveau des Alter Markt setzte er einen Wandelgang mit Rundbögen. Seinen Namen

Das Rathaus von Westen (Stich aus dem Jahre 1655)

erhielt der Hof nach dem Löwenkampf des Bürgermeisters Grin.

Der Ratsturm wurde zwischen 1404 und 1414 gebaut, mehr als 50 000 Gulden sollen die Baukosten betragen haben. Der Turm, im Reichtum der Durchbildung den „Belfrieden" niederländischer Städte nachempfunden, kündet vom Selbstbewusstsein einer Bürgerschaft, die sich 1396 eine neue Verfassung gegeben hatte. Der 60 Meter hohe Turm gilt als Meisterwerk der Spätgotik. Seine Außenfassade wurde früher von 150 Steinfiguren geschmückt. Nach dem Wiederaufbau des im Krieg völlig zerstörten Bauwerks – der 1975 abgeschlossen wurde – wurde ein neues Figurenprogramm beschlossen. Nun zieren ihn 124 Statuen weitgehend kölnischer Persönlichkeiten. An der Ostseite des Turmes ist unterhalb einer Uhr der „Platzjabbeck" zu sehen, ursprünglich eine Figur aus dem 15. Jahrhundert, die zu jeder vollen Stunde die Zunge herausstreckt und so den Stadtoberen sagen soll, was die Stunde geschlagen hat.

Nach der Erweiterung des Rathauses zum Alter Markt hin wurde die Fassade des ehemaligen Tuch- und Leinenkaufhauses im Stil der Frührenaissance umgestaltet und ein neues Dach aufgesetzt. Auch die Häuser südlich und nördlich des Kaufhauses wurden in der zweiten Hälfte des 16. Jahrhunderts von der Stadt erworben und für Verwaltungszwecke neu gebaut.

All diese Bauten fügten sich homogen in den Charakter des Platzes ein, der von bürgerlichen Wohnhäusern bestimmt war. In der zweiten Hälfte des 19. Jahrhunderts wurden aufgrund des schlechten Bauzustands des Rathauses weitere Neu- und Umbauten durchgeführt. Der 1869 bis 1872 errichtete viergeschossige Bau fiel jedoch schließlich den Luftangriffen des Zweiten Weltkriegs zum Opfer.

Bürgerhäuser am Alter Markt

Zwischen der westlichen Häuserzeile am Alter Markt und der östlichen Bauzeile der Bürgerstraße verlief die seit Anfang des 14. Jahrhunderts bezeugte Umfassungsmauer des jüdischen Viertels. Diese Mauer ist abschnittsweise noch erhalten. Bei Bauarbeiten im Keller des Hauses Alter Markt 39 wurde 1993 an der Rückseite ein Teil einer mittelalterlichen Mauer freigelegt, aber leider zerstört. Sie war aus unregelmäßig gesetzten Säulenbasalten und Tuffsteinen in sehr viel Mörtel errichtet worden und 1,3 Meter dick. Das Fundament reichte unter den bestehenden Kellerboden. Es handelt sich sehr wahrscheinlich um einen Ausschnitt der erwähnten Umfassungsmauer.

Der Alter Markt am Ende des 18. Jahrhunderts (Stich aus dem Jahre 1790)

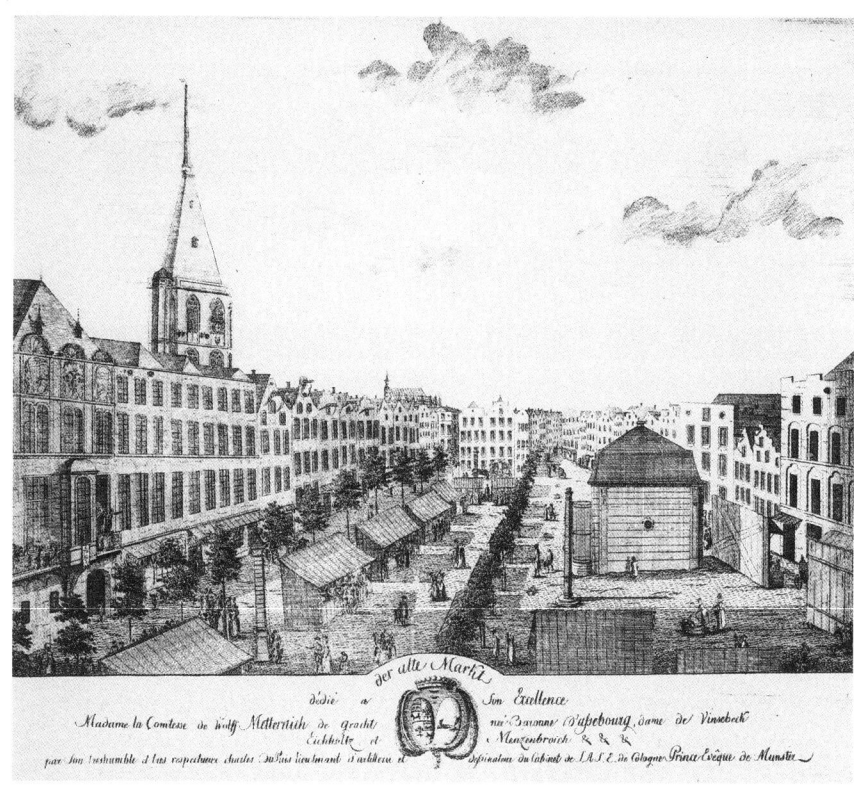

Die Nordseite des Alter Markt um 1930

Die westliche Häuserzeile am Alter Markt bildete zudem die Grenze des alten Kirchspiels St. Brigiden, dessen 1142 erstmals erwähntes Hospital im Osten des Platzes lag. Das Geburhaus (Versammlungshaus) der Kirchspielgemeinde, 1180 erwähnt, befand sich im nördlichen Bereich.

Die am Alter Markt errichteten privaten Wohn- und Geschäftshäuser waren zumeist im Besitz vornehmer Kölner Familien oder Geschlechter. Die Schreinsurkunden, die über die Häuser am Platz Auskunft geben, reichen bis in das späte 12. Jahrhundert zurück. Bis ins 15. Jahrhundert waren diese Häuser überwiegend Fachwerkhäuser, die dann seit dem 16. Jahrhundert durch repräsentative Steinhäuser ersetzt wurden. Hermann von Weinsberg berichtet zum Jahr 1562 vom Bau eines solchen Hauses: „Und als die Bolsgass (Bolzengasse – Anm. d. Aut.) eirst gemacht wart, baute Johann Pfeil die ein side der gassen zum Aldenmart warts vom Steinwegseck bis ans Heumartseck, macht 2 schoner hauser draus und bewohnte sulche sin huiser."

An der Ostseite der Platzes, an der Ecke Lintgasse, wurde es 1580/82 vom Steinmetzmeister Benedikt von Schwelm erbaut. Es gilt als herausragendes Beispiel der Kölner Renaissancearchitektur. Die schmale Straßenfront ist gänzlich in Fensterreihen aufgelöst, um angesichts der beengten Platzverhältnisse möglichst viel Licht einzulassen. Über Erdgeschoss und Zwischengeschoss befinden sich drei weitere Stockwerke, darüber lagen einst nochmals vier Speichergeschosse. Aus den beiden geschwungenen Volutengiebeln ragen die früher allgemein benutzten Kran- oder Windebalken hervor. Heute dient der untere Teil des Hauses als Brauhausausschank. Seit der Renovierung, die 1995 abgeschlossen wurde, wird das Gebäude nach dem Pächter bisweilen auch als „Gaffelhaus" bezeichnet.

Die „Geschlechter" und das Haus der Familie Birklin

Das Haus Alter Markt 33, in das der nördliche Rolltreppenzugang der Nord-Süd Stadtbahn von der Verteilerebene zur Platzoberfläche führt, ist Teil der westlichen Randbebauung des Platzes. Es handelt sich um das Stammhaus der Familie „Birclin". Die Familie gehörte zu den einflussreichsten Familien im mittelalterlichen Köln, urkundlich ist sie seit 1170 nachgewiesen und blickt, wie andere Familien des Kölner Patriziats, auf eine lange Tradition zurück.

Etwa 30 Jahre nach dem Aufstand gegen Erzbischof Anno II. (siehe auch „Waidmarkt", S. 132) war die Kölner Stadtgemeinde im Sinne einer Rechtskörperschaft endgültig als eigenständige Macht neben den Erzbischof getreten: 1106 verlieh Kaiser Heinrich IV. den Bürgern das Befestigungsrecht. Die wachsende Selbstständigkeit der Bürgerschaft zeigte sich nach der Einigung mit Erzbischof Friedrich I., als die Stadtgemeinde die Steuerhoheit „okkupierte" und die Ausgaben für die Befestigung sowie die Geldbuße an den Erzbischof auf die Bürger umlegte. Das zwischen 1114 und 1119 geschaffene Stadtsiegel wurde von den Schöffen geführt, die weiterhin in Gerichtssachen auf dem Domhof amtierten. Zur Behandlung städtischer Angelegenheiten kamen sie jedoch im seit 1135 belegten **domus civium** (Haus der Bürger) am Rande des Judenviertels zusammen. Dieses Haus der Bürger wurde übrigens auch **domus divitum**, Haus der Reichen, genannt.

Das Schöffenkolleg, eigentlich ein Organ der Stadtherrschaft, dem Erzbischof durch Eide verbunden, entzog also Angelegenheiten, die in erster Linie die Stadtgemeinde betrafen, der erzbischöflichen Einflussnahme. Im ersten Viertel des 12. Jahrhunderts bildete sich ein

Das Wappen der Familie Birklin

weiteres Gremium, das allmählich Teilhabe an der städtischen Selbstverwaltung erlangte: die Richerzeche. Sie war keine Behörde, sondern die Genossenschaft der „Reichen", der **meliores**, die „Besseren", wie sie sich nannten, einflussreiche Männer aus erzbischöflicher Ministerialität und reicher Kaufmannschaft, die sich durch Eid zusammenschlossen. Die Richerzeche übernahm, ohne Verfassungsorgan zu sein, seit etwa 1150 behördliche Funktionen, sie rang vor allem dem Schöffenkolleg Kompetenzen ab, stellte etwa die Marktaufsicht und gewährte den Zunftzwang. An der Spitze der Richerzeche standen zwei jährlich gewählte **magistri civium** (Bürgermeister), ein Schöffe und ein Nichtschöffe. Nach dem Ende ihrer Amtszeit wurden sie in den Vorstand der Bruderschaft aufgenommen.

15 „bessere" Familien, die sich selbst als „edle Geschlechter" bezeichneten, leiteten bis

MIT DER U-BAHN IN DIE RÖMERZEIT

Das preußische Urkataster von 1836/37 (mit der Haltestelle Rathaus)

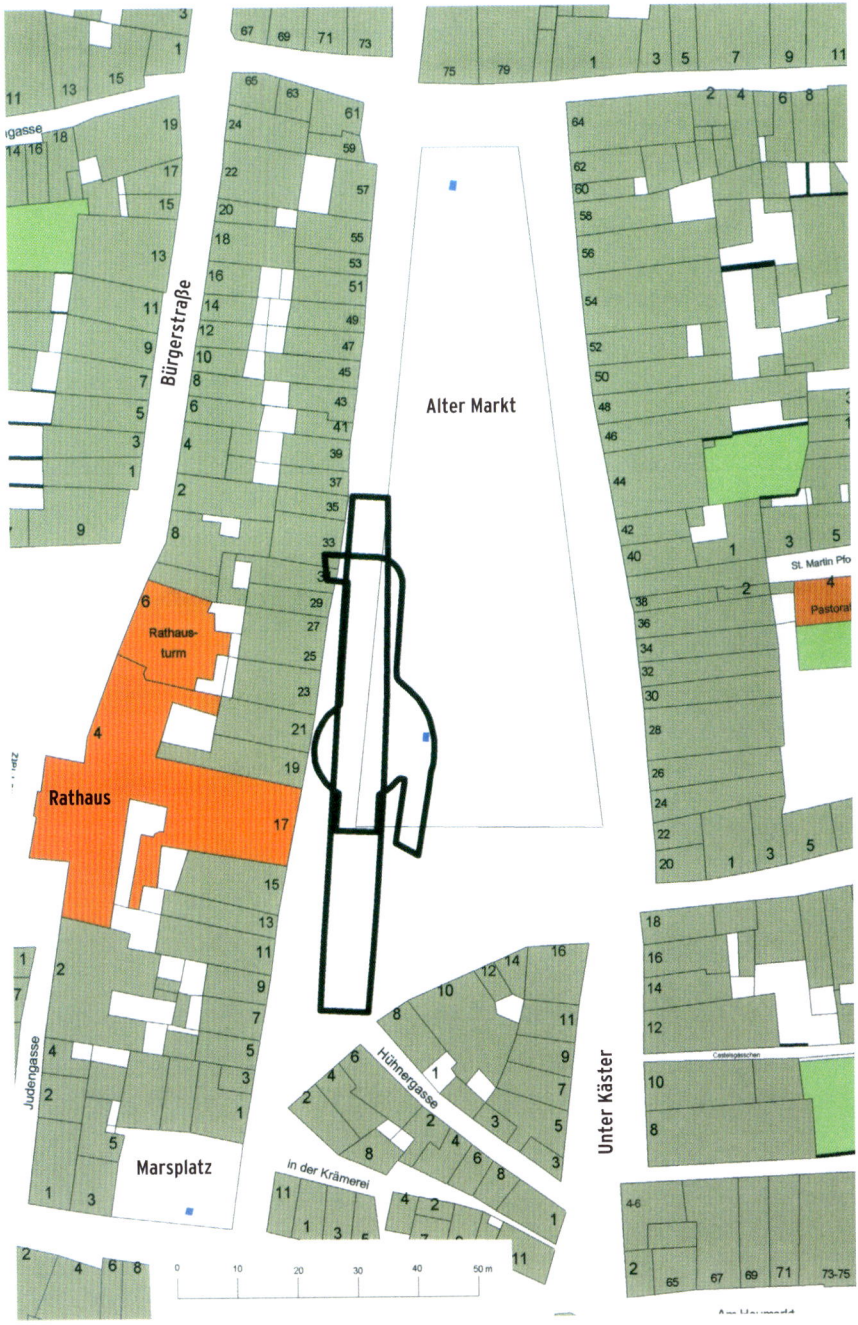

zum Umsturz des Jahres 1396 die Geschicke Kölns. Neben den Overstolzen waren die bekanntesten Familienverbände die Lyskirchen, Aducht, Hardefust, Jude und Kleingedank. Sie alle leiteten ihre Herkunft von den Römern ab: Ihre „wahren Vorväter", so heißt es in einer Sage, seien römische Senatoren gewesen, die Kaiser Trajan an den Rhein, in die Colonia Agrippinensis, entsandt habe. Der Stadtschreiber Gottfried Hagen überliefert, dass die Geschlechter, voller Stolz auf ihre Ahnen, selbst dem Adel gegenüber erklärten, „van vrier Art" zu sein.

Zu den Geschlechtern gehörte auch die Familie Birklin. Ihr Haus wird 1240 erstmals in den Schreinsbüchern erwähnt. Das Grundstück erstreckte sich ursprünglich bis an die Ostseite der Bürgerstraße, die den Verlauf der römischen Stadtmauer markiert. Die Häuser auf der Westseite der Bürgerstraße waren bis zur Mitte des 13. Jahrhunderts sämtlich in jüdischem Besitz. Anwesen christlicher Kölner auf der Westseite des Alter Markt reichten in das Judenviertel hinein – **usque ad Judeos, ad plateam Judeorum** (bis zu den Juden, bis zur Judengasse), wie es in den Quellen heißt. Um 1300 gelangten die restlichen Grundstücke auf der Ostseite der Bürgerstraße, beziehungsweise deren rückwärtigen Teilflächen, ebenfalls in jüdischen Besitz. Die Teilung des Grundstücks Birklin in einen christlichen Teil am Alter Markt (heute Alter Markt 33) und einen jüdischen Westteil an der Bürgerstraße (heute Bürgerstraße 2, ehemals Bürgerstraße 2/Rathausplatz 6) war Teil dieses Prozesses. Eine Quelle des Jahres 1274 beschreibt, dass die westliche Rückfront des Anwesens an ein Haus im Judenviertel grenzt: **dom. Birkelin de muro dividente domum per medium versus Forum, usque ad Judeos.**

Unklar ist, ob es sich bei dieser Mauer um eine auf das Grundstück bezogene Baumaßnahme handelt oder ob sie Teil der östlichen Umfassungsmauer des jüdischen Viertels war. Diese wäre dann ein bis zwei Generationen älter, als es die historische Forschung annimmt. Erst die Mauer, die um 1300 als **novus murus edificatus a Judeis** („die neue, von den Juden errichtete Mauer") bezeichnet wird, führt zu einer strengen Trennung jüdischer und christlicher Grundstücke. Die Urkunde macht deutlich, dass die Umfassungsmauer von den Juden errichtet wurde oder errichtet werden musste. Nicht immer zur Freude der Nachbarn: 1314 behielt sich der Besitzer des Hauses Birklin das Recht vor, in der Mauer, die sein Besitztum vom jüdischen Anwesen trennte, den Schornstein und den Hauptbalken zu behalten.

Im Jahre 1406 ging das Haus Birklin in den Besitz der Stadt über. Hinsichtlich der Ausstattung ist nichts bekannt, doch in der entsprechenden Schreinsurkunde wird es als „edelstes" Haus bezeichnet. Die hohen Grundstückspreise am Alter Markt lassen vermuten, dass es trotz schwieriger Bodenverhältnisse sehr wahrscheinlich ist, dass bereits zum hochmittelalterlichen Bau ein zumindest eingeschossiger Keller gehörte, der sich möglicherweise auf die Platzfläche ausgedehnt hat. Zum Besitz dürfte auch ein marktbudenartiger Vorbau gezählt haben, die den Platz lückenlos säumten, wie Bildquellen zeigen. In einer erzbischöflichen Auflistung aus dem Jahre 1314 ist für das Anwesen ein Wert von 2200 **marce** festgelegt. Im Jahre 1355 ist es allerdings nur noch 1444 **marces** wert. Als Grund für diesen Wertverlust nimmt man an, dass nach dem „Judenbrand" des Jahres 1349 viele jüdische Häuser zum Kauf anstanden.

In der zweiten Hälfte des 16. Jahrhunderts wurde auf dem Grundstück ein Haus mit dreiteiligem Giebel errichtet, wie die Stiche des 17./18. Jahrhunderts wiedergeben. 1586 werden Gewölbe hinter dem Haus „zum Birckelin" genannt, die vielleicht gleichzeitig errichtet wurden. Es handelt sich hierbei wohl um Keller im rückwärtigen Teil des Grundstücks oder des Hauses Bürgerstraße 2, die, wie der frühere Stadtkonservator Hans Vogts vermutete, in die zweite Hälfte des 16. Jahrhunderts zu datieren sind. In der zweiten Hälfte des 17. Jahrhunderts wurde das Anwesen in zwei Doppelhäuser aufgeteilt und später mehrfach umgebaut. Fotografien aus der zweiten Hälfte des 19. Jahrhunderts belegen, dass das Haus seinen frühneuzeitlichen Charakter weitgehend erhalten hatte, die Kreuter'sche Sammlung weist unter der Hausnummer Alter Markt 33 das Doppelhaus „Mergenbild" und „Bock" aus. An der Stelle der ehemals südlich angrenzenden Häuser „Papagei" und „Blasbalg" verbindet heute eine erst nach dem Zweiten Weltkrieg angelegte Treppe den Rathausplatz mit dem Alter Markt.

Jan von Werth

1883 hat der Bildhauer Willy Albermann den Jan-von-Werth-Brunnen aus Obernkirchener Sandstein für die Mitte des Alter Markt geschaffen, der ein Jahr später vom „Kölner Verschönerungsverein" auf dem Platz aufgestellt wurde.

„Zo Köllen em ahle Krümpchenshof" - so beginnt ein populäres Lied in Kölner Mundart, 1836 von Karl Cramer veröffentlicht. Es erzählt die Geschichte des herzensguten Knechts Jan, der seine Angebetete, die Magd Griet, bittet, seine Frau zu werden. Ihr genügt aber ein einfacher Knecht nicht, und so schlägt sie seinen Antrag aus. Jan geht aus verschmähter Liebe zu den Soldaten - und macht Karriere im Krieg. Als Held kehrt er Jahre später nach Köln zurück, am Stadttor sieht er Griet, die noch immer Gemüse verkauft. Jan hält sein Pferd an, es kommt zu dem berühmten Dialog: „Griet, wer et hätt jedonn?" Griet antwortet traurig: „Jan, wer et hätt jewoss!"

Auf dieses Lied stützt sich die Popularität des Reitergenerals Jan von Werth in Köln, eines Mannes, der aus einfachen Verhältnissen stammte und es bis zum General der Kavallerie und sogar zum Reichsfreiherrn brachte. Weil er 1637 die Franzosen aus der Festung Ehrenbreitstein vertrieben hatte, wurde er in Köln mit einer Goldkette beschenkt. Seit 1925 bewahrt das „Reiterkorps Jan von Werth e. V." sein Andenken im Karneval.

Jüngst hat der Kölner Historiker Michael Kaiser kräftig am Denkmal des alten Hausdegens gekratzt. Der Mann sei, bei aller soldatischen Tüchtigkeit, die Kaiser ihm nicht abspricht, ein „Kriegsunternehmer" gewesen, der vom Krieg lebte. „Der Krieg ernährt den Krieg", soll Wallenstein einmal gesagt haben. Von Werth, in Büttgen bei Neuss geboren, konnte weder lesen noch schreiben, er charakterisierte sich als „armen Soldaten, der sein Brot durch den Degen gewinnen muss" - eine Selbststilisierung, die Kaiser als „holzschnittartig" bezeichnet. Ein derartiges Bild pflegt man aber auch in Köln, man feiert alljährlich einen Mann, der selbst von seinem Kriegsherrn, dem bayerischen Kurfürsten, wegen „rücksichtslosen Fouragierens" gerügt wurde. Das bedeutet, dass seine Truppe auch die Bevölkerung malträtierte, dass seine Reiter mordeten, plünderten, vergewaltigten. Die letzte große Tat von Werths scheint man in Köln ganz vergessen zu haben: Da wechselte unser Held unter dramatischen Umständen aus bayerischen in kaiserliche Dienste. Aus Sicht der Bayern war er, so Kaiser, „fortan mit dem Makel der Meuterei befleckt".

Die Moral von der Geschichte: Wenn in Köln einer meutert, so heißt das noch lange nicht, dass man ihn nicht feiern darf.

Die Haltestelle „Heumarkt" – die eigentlich „Kapitol" heißen müsste

Als Johanna Schopenhauer (1766-1838), in Danzig geborene Kaufmannstochter und Mutter des bekannten Philosophen Arthur Schopenhauer, 1828 einen Ausflug nach Köln unternahm, führte sie ihr Weg in den Südosten der Kölner Altstadt. Angesichts der romanischen Basilika St. Maria im Kapitol schrieb sie verzückt: „Eine der schönsten wie ältesten ist unstreitig die Kirche St. Maria im Kapitol (...) Auf einer kleinen Anhöhe, von grünen Bäumen umgeben, steht die schöne (...) Kirche, an dem nämlichen Platz, wo zu Zeiten der Römer das Kapitol über dem ihnen unterworfenen Rheinstrom thronte (...)"

Zu Füßen der katholischen Pfarrkirche St. Maria im Kapitol wird die Haltestelle „Heumarkt" zu einem wichtigen Drehkreuz im Kölner Nahverkehr ausgebaut, an dem sich die wichtigsten West-Ost-Verkehrsachsen mit der Nord-Süd Stadtbahn kreuzen. Der Arbeitstitel „Heumarkt" führt allerdings in die Irre, liegt die alte Marktfläche doch abseits der zukünftigen Haltestelle in der ehemaligen Rheinniederung.

Die Baugrube wird auf einer Fläche von etwa 5000 Quadratmetern in den hochwassersicheren Geländeschild der Kölner Altstadt eingreifen. Rund 5 Meter mächtige Siedlungsschichten haben sich im Laufe einer mehr als 2000-jährigen Besiedlung über der natürlich abgelagerten Lehmdecke gebildet. Im Osten der Baugrube können die archäologischen Schichtpakete mehr als 8 Meter stark sein, da dort seit der Antike Erde und Bauschutt verkippt wurden, um das Gelände aufzuhöhen und zu terrassieren. Die heutige Oberfläche fällt nur unwesentlich um rund 1,5 Meter Richtung Rhein ab. In frührömischer Zeit betrug der Höhenunterschied zwischen Geländeschild und Flussufer annähernd 8 Meter. Am Hangfuß wurde in römischer Zeit die rheinseitige Stadtmauer der CCAA errichtet. Östlich davon verlief die mehr als 60 Meter breite, schiffbare Rheinnebenrinne, die bis zur Mitte des 2. Jahrhunderts der Hafen der römischen Stadt war.

Urgeschichtliche Siedlungsplätze in der Kölner Altstadt

Der hochwassersichere Geländeschild war spätestens seit dem 5. Jahrtausend v. Chr. dauerhaft besiedelt. Es ist allerdings auf die intensive römische bis neuzeitliche Bebauung im Südosten der historischen Innenstadt zurückzuführen, dass bislang keine urgeschichtlichen Funde oder Befunde aus dem Untersuchungsgebiet bekannt geworden sind. Archäologische Befunde der Jungsteinzeit, der Bronze- und vorrömischen Eisenzeit haben sich in der Kölner Innenstadt nur in Ausnahmefällen erhalten. Die bekannten Fundstellen liegen in unmittelbarer Nachbarschaft in der Caecilienstraße und in der Sternengasse/Agrippastraße. Bruchstücke von handgemachten Tongefäßen weisen auf Hofstellen der vorrömischen Eisenzeit (6./5. Jahrhundert v. Chr.) hin. Beim Ubiermonument fand man spätalatènezeitliche Gefäßbruchstücke, die auf eine vorrömische Nutzung der Uferzone hinweisen könnten.

Das oppidum Ubiorum – Archäologie und Geschichte

Die Anfänge des römischen Köln reichen bis in die Frühzeit der Germanenoffensiven unter Marcus Vispanius Agrippa (63-12 v. Chr.) zurück. Agrippa, Schwiegersohn und Mitregent des späteren Kaisers Augustus, hatte die Statthalterschaft am Niederrhein um 38 und 19 v. Chr. inne. Vermutlich wurden die romfreundlichen germanischen Ubier – bis dahin am Unterlauf der Sieg beheimatet – während seiner zweiten Regentschaft auf den Geländeschild der Kölner Altstadt umgesiedelt. Aus der Siedlung entwickelte sich in den beiden letzten Jahrzehnten vor Christi Geburt der ubische Zentralort, das **oppidum Ubiorum**. Dort wurde vermutlich seit 9 v. Chr. der Altar für Roma und **Augustus** als zentrales Heiligtum einer geplanten Provinz Germanien verehrt (apud ara Ubiorum). Der Untergang der römischen Legionen in der Schlacht vom Teutoburger Wald machte die römischen Pläne zunichte und beendete die Offensivpläne. Das **oppidum Ubiorum** blieb Grenzstadt, Sitz des Heeresoberkommandos und zeitweilig Garnisonsstandort der 1. und 20. Legion.

Die städtebaulichen Strukturen des **oppidum** sind kaum bekannt, da dessen Spuren der späteren Bebauung weitgehend zum Opfer gefallen sind. Es ist zu vermuten, dass die Siedlung nach den gleichen städtebaulichen Kriterien wie die gallischen Zentralsiedlungen

Ubiermonument (rechts) und Stadtmauer mit Kanaldurchlass (links)

MIT DER U-BAHN IN DIE RÖMERZEIT

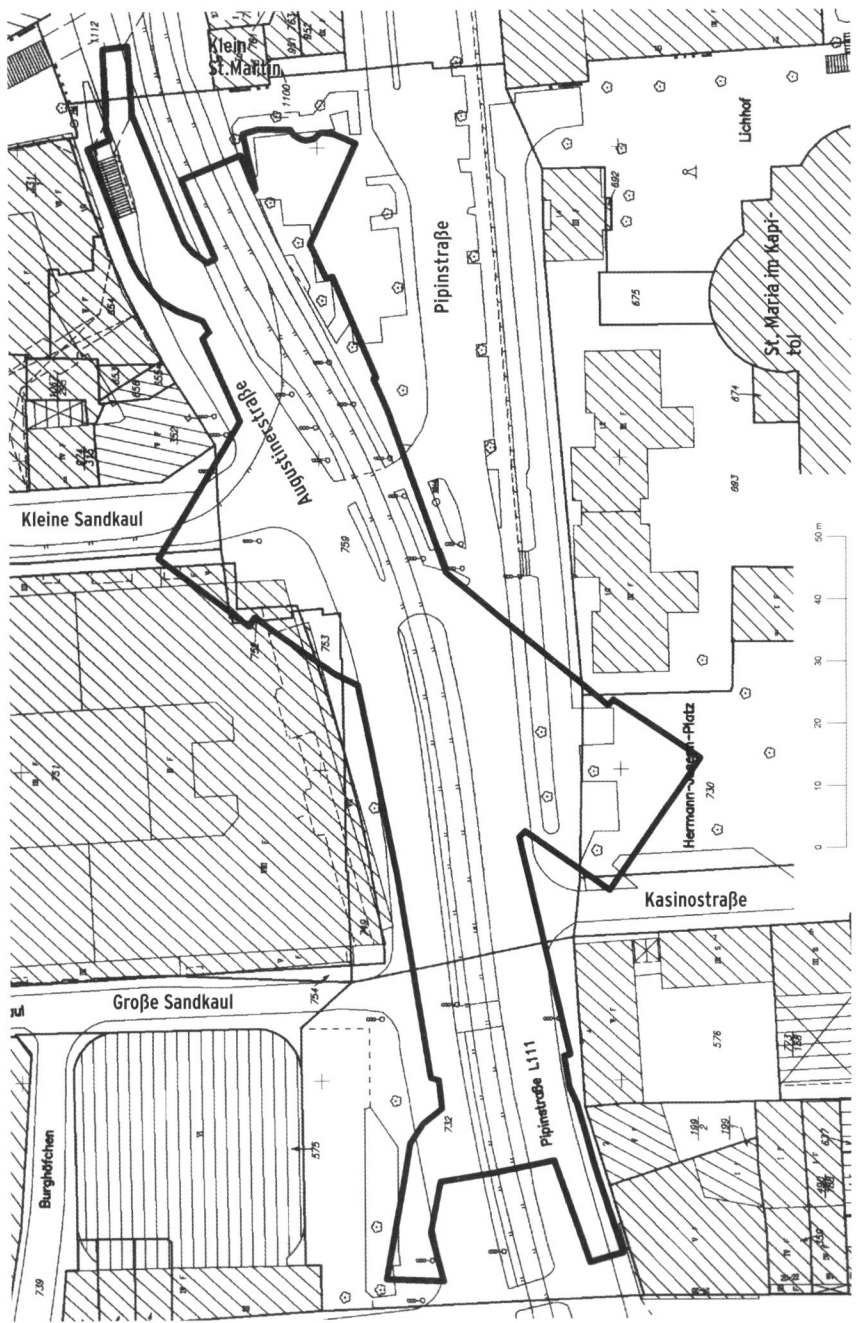

Plan der Baugrube für die Haltestelle „Heumarkt"

strukturiert war: Nach hellenistisch-römischem Vorbild wurde ein rechtwinkliges Straßennetz angelegt und wahrscheinlich mit einer Befestigung umfriedet. Anhand der Funde und Befunde aus dem späten 1. Jahrhundert v. Chr. und der ersten Hälfte des 1. Jahrhunderts n. Chr. ist die oppidumszeitliche Besiedlung im Bereich der Kölner Altstadt bislang nicht einzugrenzen.

Aus dem Einzugsgebiet der geplanten Baugrube sind ebenfalls Befunde der ersten Hälfte des 1. Jahrhunderts bekannt: Zwei Abfallgruben, die nahe der Ecke Kasinostraße/Pipinstraße ausgegraben wurden, reichten bis zu 4 Meter tief unter die moderne Straße und enthielten zerscherbte Gefäßkeramik des frühen 1. Jahrhunderts. Auf dem Grundstück Marienplatz 2/Mühlenbach 25 südlich von St. Maria im Kapitol wurde bei Ausschachtungen für eine Fernwärmeleitung eine Siedlungsgrube ausgegraben, die 20 Denare (Silbermünzen) und Gefäßkeramik des frühen 1. Jahrhunderts enthielt. Die Münzen waren vermutlich in einem Leder- oder Stoffbeutel aufbewahrt worden, der im Laufe der Zeit vergangen ist. Der ehemalige Besitzer hatte die Geldbörse in einer Notsituation im Boden vergraben, um sie später wieder zu bergen, wozu es nicht mehr kam. Die Silbermünzen – alles so genannte subärate Denare (Silberplattierung über Kupferkern) – können nicht vor 27 v. Chr. im Erdboden vergraben worden sein, denn die jüngste Prägung (Schlussmünze) des Versteckfunds ist ein Denar des Kaisers Augustus, der zwischen 27 und 20 v. Chr. geprägt worden ist. In die Zeit vor der Gründung der römischen Kolonie datieren auch Reste von drei hochwertigen Mosaikböden, die östlich der Kasinostraße und an der Ecke Kleine Sandkaule/Augustinerstraße freigelegt wurden. Die Mosaiken zeigen, dass es im Westen der Baugrube zur Zeit des römischen **oppidum Ubiorum** hervorragend ausgestattete Wohnhäuser nach italischen Vorbildern gab.

Der Osten des **oppidum**, zwischen der nordsüdlichen Hauptstraße, genannt **cardo maximus**, unter der Hohe Straße, und der Hafenrinne, war seit der Frühzeit der Siedlung öffentlichen Gebäuden vorbehalten. Der Ausbau der Stadt in Stein begann in den Jahren um Christi Geburt. Im Auftrag der römischen Militärs entstanden erste repräsentative Großbauten. Hierzu gehörte der älteste datierte Steinbau Deutschlands, das Ubiermonument. Das rund 8 Meter hoch erhaltene Ubiermonument diente ursprünglich als Hafenturm des **oppidum Ubiorum**. Die Fundamente des Turmes stehen in der alten Rheinaue, 6 Meter unter dem Laufhorizont der römischen Kolonie. Für den Bau des Hafenturms wurden 2 Meter lange Eichenpfähle in den anstehenden Kies gerammt, um den Baugrund zu sichern. Auf dem Pfahlrost wurde eine 10,9 mal 10,6 Meter große Fundamentplatte aus **opus caementitium** gegossen und darauf ein Fundamentsockel von 9,7 mal 9,4 Metern aus unterschiedlich hohen Tuffsteinlagen gesetzt. Dendrochronologische Untersuchungen an den Hölzern des Pfahlrosts datieren die Baumaßnahme in die Jahre 4/5 n. Chr. Da das Baugrundstück in der hochwassergefährdeten Flussniederung lag, müssen die Arbeiten bei Niedrigwasser unternommen worden sein. Am Ende des 1. Jahrhunderts wurde das zu diesem Zeitpunkt ruinöse Bauwerk in die Südostecke der römischen Stadtmauer einbezogen. Ein vergleichbares Bauwerk stand in der Nordostecke der römischen Stadt. 1892 stieß man bei Fundamentarbeiten für Pfeiler des Eisenbahn-Viadukts (heute die Hohenzollernbrücke) auf ein Pendant, konnte es aber nur in Ansätzen dokumentieren.

Jüngste Untersuchungen ergaben, dass in Köln um die Zeitenwende eine größere Anzahl

Mosaik des frühen 1. Jahrhunderts aus der Kasinostraße

architektonisch aufwändig geschmückter steinerner Großbauten existierten, die das Stadtbild prägten. Die in Köln ausgegrabenen frührömischen Architekturfragmente stammen von Großbauten, die im Auftrag des römischen Heeres und der Verwaltungsspitzen von spezialisierten Handwerkern am Rhein errichtet wurden. Neben der ara Ubiorum hat man Tempel, Verwaltungsgebäude und Ehrenbögen aus Stein errichtet. Archäologisch in Ansätzen erforscht ist der Gründungsbau des Hauptquartiers der römischen Heeresleitung auf dem Platz des späteren Statthalterpalasts (praetorium). Etwas später gehörten auch private Bauherren, die es wie der um 40 n. Chr. verstorbene römische Veteran Lucius Poblicius zu Wohlstand gebracht hatten, zu den Auftraggebern. Poblicius ließ sich auf Höhe des Chlodwigplatzes ein monumentales Grabmal setzen (siehe „Chlodwigplatz und Bonner Straße", S. 210).

Die frührömischen Wohnhäuser dürften sich von den öffentlichen Großbauten und frühen Stadtvillen deutlich unterschieden haben. Typisch für die Jahrzehnte nach Christi Geburt waren einfache Streifenhäuser, wie sie im Norden der Stadt nahe dem Dom ausgegraben wurden. Die Häuser waren als Holzpfosten-

Römische Baubefunde des 2./3. Jahrhunderts im Umfeld der Haltestelle „Heumarkt"

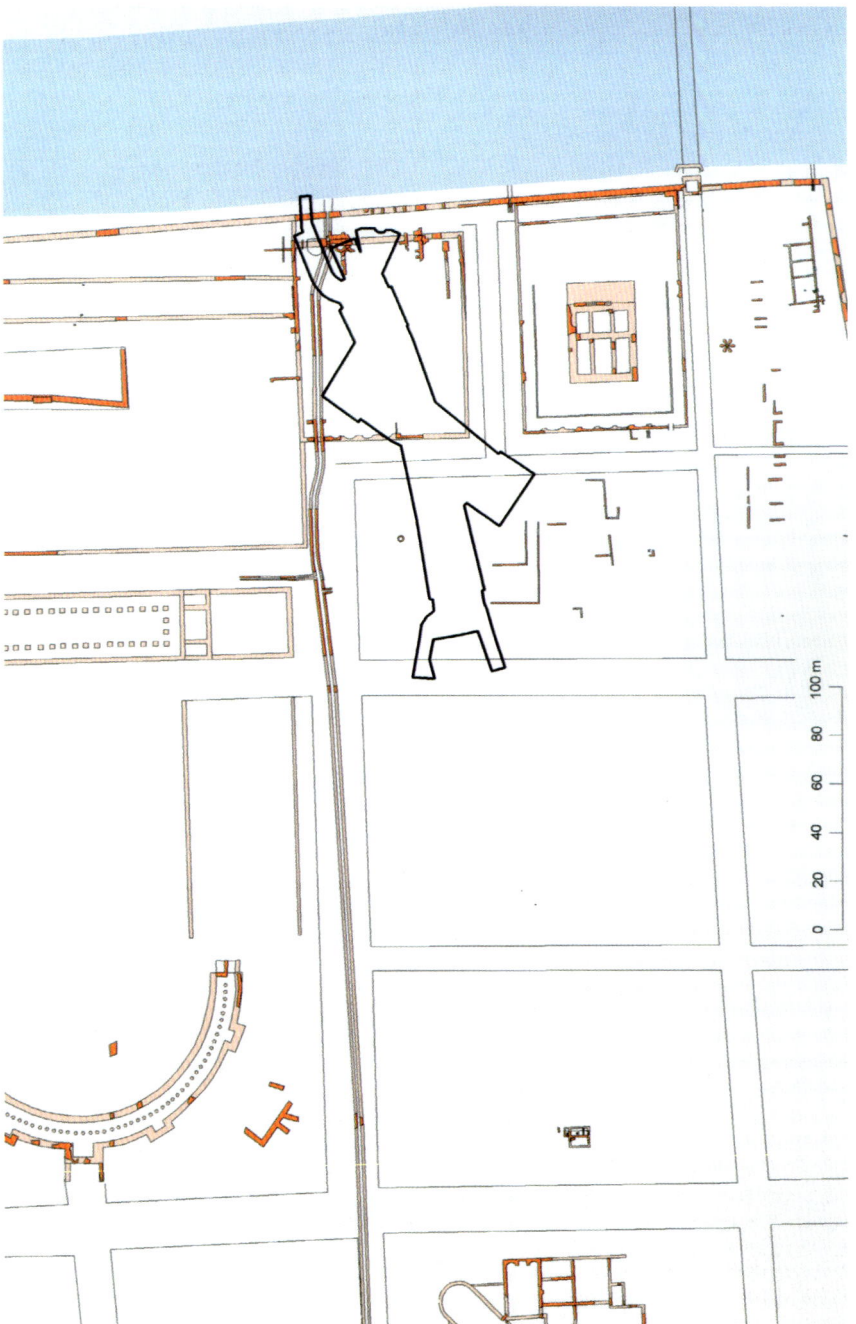

bauten oder im Fachwerkbau über Holzunterlegebalken oder Sockelmauern errichtet worden. Fußböden waren mit Stampflehm oder Holzdielen gedeckt.

Colonia Claudia Ara Agrippinensium

Wesentlichen Einfluss auf die progressive Entwicklung der Stadt in römischer Zeit hatte die Geburt Agrippinas d. Jüngeren (15–59 n. Chr.) in Köln. Agrippina war die Tochter des römischen Feldherrn Germanicus (15 v. Chr.-19 n. Chr.). Anlässlich ihrer Hochzeit mit Kaiser Claudius (10 v. Chr.-54 n. Chr.) im Jahre 50 n. Chr. erhob sie ihren Geburtsort zur Veteranenkolonie (colonia) nach italischem Recht und damit in die höchste Rechtsform, die einer Stadt in den römischen Provinzen verliehen werden konnte. Das oppidum Ubiorum hieß fortan Colonia Claudia Ara Agrippinensium, oder kurz CCAA. Die projektierte Haltestelle „Heumarkt" liegt im Südosten der CCAA, zwischen dem cardo maximus (Hohe Straße) im Westen und der rheinseitigen römischen Stadtmauer im Osten.

Das römische Straßennetz im Südosten der CCAA

Die Ursprünge des städtischen Straßennetzes reichen bis vor die Gründung der römischen Kolonie zurück. Die Hauptstraßen, der cardo maximus (Hohe Straße) und der decumanus maximus (Schildergasse), gliederten das Stadtgebiet in vier etwa gleich große Teile. Untergeordnete kleinere Straßen teilten diese Flächen in meist rechteckige Quartiere. In den folgenden Jahrhunderten hat dieses Straßennetz keine grundlegenden Veränderungen erfahren.

Steinplattenbelag des cardo maximus (Hohe Straße), 4. Jahrhundert

Abwasserkanal unter dem cardo maximus (Hohe Straße)

Durch die Baugrube „Heumarkt" führten zwei Straßen in Nord-Süd- und mindestens eine in Ost-West-Richtung. Die bedeutendste Nord-Süd-Achse war der cardo maximus, dessen Verlauf die Hohe Straße fast deckungsgleich nachzeichnet. Die römische Hauptstraße wird von der Planung im äußersten Westen der Baugrube erreicht. Archäologische Ausgrabungen im Norden der römischen Kolonie zeigen, dass die Straße zwischen den Giebelfronten rund 32 Meter breit war. Die lichte Weite zwischen den seit der zweiten Hälfte des 1. Jahrhunderts nachgewiesenen überdachten Säulengängen (Kolonnaden) dürfte 22 bis 24 Meter betragen haben, die der Fahrbahnen lag bei 11 bis 14 Meter.

Ausgrabungen, die derzeit anlässlich von Kanalerneuerungen unter der Hohe Straße im unterirdischen Tunnelvortrieb unternommen werden, ermöglichen es, die Geschichte der Hohe Straße in ihren Grundzügen zu rekonstruieren. Die älteste Straße wurde um die Zeitenwende in den anstehenden Lehm planiert, nachdem man den Humus abgetragen hatte. Zu beiden Seiten in das Erdreich eingegrabene 2 Meter breite und 70 Zentimeter tiefe Spitzgräben entwässerten die Fahrbahn. Vermutlich vor der Mitte des 1. Jahrhunderts hat man die Trasse mit einer zur Straßenmitte leicht gewölbten Kiesschüttung befestigt. In die seitlichen Spitzgräben wurden hölzerne Wasserleitungen, abschnittsweise vielleicht auch Tuffrinnen eingelassen. Spätestens zu Beginn des 2. Jahrhunderts wurden die älteren Straßenhorizonte einplaniert, unbehauene Trachytblöcke und eine verdichtete Sand-Kies-Schicht aufgeschüttet und darüber ein Pflaster aus großen Trachytplatten verlegt. In die rund 90 mal 30 mal 20 Zentimeter großen Pflastersteine, die quer zur Fahrbahn lagen, haben sich im Laufe der Zeit die Fahrspuren des innerstädtischen Wagenverkehrs gleisartig eingeschnitten. In die steingepflasterte Fahrbahn des cardo war ein unterirdisches Kanalsystem eingelassen. Nicht versickerte Niederschläge und Rückstände öffentlicher Straßenreinigung wurden von Gullys am Fahrbahnrand aufgenommen und in quer zur Fahrbahn verlaufende 60 Zentimeter breite steingefasste Zubringerkanäle geleitet. Die Zubringer waren mit Steinplatten straßengleich abgedeckt. Sie führten die Abwässer in eine 90 Zentimeter breite und 1 Meter tiefe, beide Richtungsfahrbahnen trennende Rinne, von der aus die Brauchwässer in die großen städtischen Hauptsammler, wie unter der Budengasse, weitergeleitet wurden.

Durch die intensive Nutzung wurde das Straßenpflaster des cardo so stark beansprucht, dass es im 4. Jahrhundert schadhaft und mit Fehlstellen durchsetzt war. Vermutlich nachdem der Cäsar und spätere Kaiser Julian die in Köln 355/56 n. Chr. eingefallenen Franken aus der Stadt vertrieben hatte, begann man die Straße und ihr Entwässerungssystem wieder in einen adäquaten Zustand zu versetzen. Fehlstellen im Pflaster wurden unter Verwendung von altem Steinmaterial aus dem Stadtgebiet instand gesetzt. Für Reparaturen an der Straße verschleppte man Grabsteine von den extra muros liegenden römischen Friedhöfen in das Stadtzentrum: So war etwa eine aus Kalkstein gearbeitete Nischengrabstele des mittleren 1. Jahrhunderts n. Chr. mit der unverzierten Rückseite nach oben in das spätrömische Straßenpflaster des cardo eingelassen. Die Vorderseite zeigt einen römischen Soldaten mit kapuzenbesetzter Tunica und kunstvoll gearbeitetem Gürtel bekleidet sowie mit Schwert, Lanze und Schild bewaffnet. Die Grabstele ist zu zwei Dritteln erhalten: Es fehlen lediglich das Schriftfeld sowie Fuß- und Unterschenkelpartie des Dargestellten. Auch der Marmortorso einer „Aphrodite" wurde „bäuchlings" in den Straßenbelag integriert. Die aus Italien importierte Statue gehörte ursprünglich zur Ausstattung eines vornehmen römischen Privathauses, das den germanischen Plünderungen zum Opfer fiel. Das erneuerte Pflaster blieb lange Zeit in Nutzung, erst in der ersten Hälfte des 5. Jahrhunderts war es erneut in einem schlechten Zustand. Über dem Steinbelag verlegte man

Soldatengrabstein des 1. Jahrhunderts, in Zweitverwendung in das Straßenpflaster des cardo maximus eingelassen

Marmortorso einer Aphrodite (Venus) von der Hohe Straße

eine Straßendecke aus Kies mit kleinen Bruchsteinen und Ziegelbruch.

Östlich des **cardo** lag die Doppelinsula H7/H8, die nach Osten von einer schmalen Parallelstraße begrenzt wurde. Die Straße ist auf Höhe des Kapitolstempels durch zwei Pfeilerstellungen der straßenbegleitenden Kolonnaden belegt. Der lichte Abstand zwischen den Pfeilern lässt auf eine rund 7 Meter breite Fahrbahn schließen.

Von dieser Straße zweigten zwei in östliche Richtung zur rheinseitigen Stadtmauer führende Straßen ab, die vor der Stadtmauer auf die **via sagularis** trafen, welche wie eine Wallstraße innerstädtisch parallel zur Stadtmauer verlief. Die nach Norden weisende Straße, die einschließlich der Kolonaden bis zu 23 Meter breit war, verlief nördlich des Kapitolstempels und hat diesen von einem namentlich bislang nicht zugewiesenen zweiten Tempelbezirk unter dem Elogiusplatz getrennt. Südlich des Kapitols führte eine Parallelstraße zum römischen Stadttor auf Höhe der Königstraße. Diese Straße ist archäologisch auf Höhe der Tordurchfahrt durch die Stadtmauer nachgewiesen. Nahe der Ecke Kasinostraße/Stephanstraße wurden außerdem einige verwühlte Basalte ausgegraben, die von einem römischen Straßenpflaster stammen könnten.

Die Wasserversorgung der römischen Stadt

Um die römische Stadt mit Frischwasser zu versorgen, wurden umfassende Bau- und Infrastrukturmaßnahmen unternommen. Auf einer Länge von 130 Kilometern errichtete man hoch entwickelte Fernwasserleitungen. Die ältere Fernleitung, die Wasser aus den Quellen am Osthang des Vorgebirges nach Köln transportierte, wurde angesichts quantitativ und qualitativ gestiegener Ansprüche der „boomenden" CCAA in der zweiten Hälfte des 1. Jahrhunderts durch die Eifelwasserleitung ersetzt. Auf dem Höhepunkt ihres Ausbaus war diese Fernwasserleitung mehr als 95 Kilometer lang und versorgte die römische Stadt täglich mit bis zu 20 000 Kubikmeter Frischwasser.

Außerdem lieferten Brunnen der römischen Stadt Frischwasser. Im Jahre 2000 wurde ein Brunnen auf dem Grundstück des ehemaligen Stadthauses 6 Meter unter dem neuzeitlichen Straßenpflaster angeschnitten. Die Brunnensohle wurde 16 Meter unter dem modernen Straßenniveau erreicht. Der aus großen, sorgfältig behauenen und lehmverfugten Tuffsteinen gebaute Brunnenring hatte einen Innendurchmesser von 1,6 Meter. Eine bis zu 50 Zentimeter dicke sterile Tonschicht, die den Brunnenring umgab, verhinderte, dass Schmutzwasser in den Brunnen eindrang und das Grundwasser verunreinigte. Die Verfüllschichten des Brunnens enthielten nur wenig römisches Fundmaterial, dafür aber zahlreiche mittelalterliche und frühneuzeitliche Keramikbruchstücke. Überraschenderweise zeigte sich auf der Sohle ein später eingebauter hölzerner Brunnenring, dessen dendrochronologische Untersuchung eine Datierung in die letzten Jahrzehnte des 13. Jahrhunderts ergab. Der intakte römische Brunnen war im Mittelalter erneut genutzt worden. Da er auf dem Grundstück des Klosters der Augustinereremiten lag, die dort seit der zweiten Hälfte des 13. Jahrhunderts sesshaft waren, dürfte die klösterliche Gemeinschaft für die Wiedereinrichtung der Anlage verantwortlich gewesen sein.

Abwassersammler und Kanäle

Mindestens zwei Westost ausgerichtete Kanäle, darunter einer der drei Hauptsammler der römischen Stadt, sowie mehrere Nordsüd verlaufende Zuleitungen queren die Untersuchungsfläche an der Haltestelle „Heumarkt". Die Kanäle sind Teil des seit der Mitte des 1. Jahrhunderts eingerichteten aufwändigen städtischen Kanalnetzes. Straßenbau, Wasserversorgung, Kanalisation und Stadtmauer waren Teil eines umfassenden Bauplans der öffentlichen Hand und bildeten eine wesentliche Voraussetzung für die urbane Entwicklung der römischen Stadt. Die Grundlagen für den Kanalbau wurden im Zusammenhang mit dem Bau der römischen Stadtmauer geschaffen, wie fest in die rheinseitige Stadtmauer eingelassene Kanalaustritte zeigen. Im Laufe der Zeit wurde das Kanalsystem ausgebaut, um den Anforderungen und Veränderungen im Stadtbild gerecht zu werden, etwa nach der Aufgabe des alten Hafenbeckens, in das bis zur Mitte des 2. Jahrhunderts die Abwässer geleitet wurden.

Die cloaca maxima unter der Augustinerstraße

Der südlichste der in Richtung Rhein führenden römischen Hauptsammler quert die Baugrube im Bereich des nordöstlichen Treppenzugangs von der Augustinerstraße. Der Stammkanal wurde seit dem 19. Jahrhundert über eine Länge von über 200 Meter in mehreren großen Teilstücken zwischen Hohe Straße und Martinstraße archäologisch untersucht. Zwei längere Teilstücke unter dem ehemaligen Stadthaus und unter der Augustinerstraße sind im Boden erhalten und teilweise zu besichtigen.

Die cloaca maxima fällt auf dieser Strecke um rund 2,5 Meter zum Rhein hin ab, was einem Gefälle von etwas mehr als einem Prozent entspricht. Der Bau des im Lichten 1,5 Meter breiten und 2,5 Meter hohen Sammlers unterlag einem einheitlichen Entwurf: Sohle, Kanalwangen und Kanaldecke bestanden aus bis zu 1,4 Meter mächtigen Gussmauern (opus caementitium). Auf der Kanalsohle, die nahe dem Auslass in den römischen Rheinhafen rund 8,5 Meter unter dem modernen Straßenniveau ansteht, lagen Ziegelplatten, die Innenseiten der Kanalwangen waren mit Grauwackeschalen verkleidet, und der Einwölbung hatte man durch keilförmige Grauwacken zusätzliche Stabilität verliehen. Kleinere Abweichungen in der Bauausführung sind wohl darauf zurückzuführen, dass mehrere Kolonnen oder Baufirmen beteiligt waren. Beispielsweise wurden einige Kanalabschnitte in offener, abgeböschter Baugrube errichtet, andere in einem holzverschalten Graben.

Der römische Hauptsammler nahm in regelmäßigen Abständen unterschiedlich groß bemessene Zubringer auf. Ein in Südnord-Richtung zum Hauptsammler führender Kanal mündete mit starkem Gefälle (1 Meter auf 4 Meter nachgewiesener Länge) von Süden kommend in den Hauptsammler. Beide wurden in einem Arbeitsgang errichtet. Die Kanalwangen des Zubringers waren 36 Zentimeter hoch,

Römische cloaca maxima an der Kleinen Sandkaul, Baugrube Hotel Interconti (2000)

60 Zentimeter breit und mit einem Tonnengewölbe aus opus caementitium eingewölbt. Die lichte Weite des Kanals betrug 44 Zentimeter, die Höhe zwischen 50 und 62 Zentimeter.

5 Meter östlich des Zubringers mündete ein von Nord nach Süd führender Kanal in den Hauptsammler. Der bei Leitungsarbeiten im späten 19. Jahrhundert in der Straße Große Sandkaule entdeckte Kanal hatte ein starkes Gefälle. Er besaß eine lichte Weite von 40 Zentimeter und eine Höhe von 1,57 Meter. Der Zubringer war nicht gleichzeitig mit der Hauptleitung angelegt worden, was die Abweichungen in der Konstruktion belegen: Über einem mit Ziegelplatten gepflasterten Gussfundament standen Kanalwangen aus handgerechten Grauwacken. Das Tonnengewölbe war aus grobem Kiesmörtel gegossen. Nahe dem Straßenabzweig zum Burghöfchen wurde ein senkrechter Wartungs- und Reinigungsschacht entdeckt. Teile des römischen Kanals wurden Ende des 19. Jahrhunderts wieder in Nutzung genommen, wobei er mit Ziegeln neu eingewölbt und die Fließrichtung umgedreht worden war. Eine Begehung des 20 Meter langen Teilstücks im Jahre 2000 ergab, dass die römischen Kanalwangen noch heute rund 70 Zentimeter hoch erhalten sind.

Ein römischer Abwassersammler unter der Pipinstraße

Den südlichen Zipfel der Baugrube auf dem Hermann-Joseph-Platz durchquert ein weiterer römischer Abwasserkanal von West nach Ost. Von dort aus führt er mit einem durchschnittlichen Gefälle von einem Prozent unter der Pipinstraße in Richtung Rhein. Der Sammler trat auf Höhe der Tiefgarage des Hauses Am Lichhof 10–12/Pipinstraße 16 aus der römischen Stadtmauer. Der Kanalauslass aus der römischen Stadtmauer ist in der Tiefgarage zu besichtigen. Er besteht aus 1 Meter breiten und 30 Zentimeter mächtigen Sohl- und Deckplatten aus Sandstein, die auf zwei abgeschrägten Tuffplatten ruhen. Über der Deckplatte ist in die römische Stadtmauer ein Entlastungsbogen mit einem äußeren Durchmesser von 2,4 Meter aus 45 Zentimeter langen Tuffsteinen eingearbeitet. Mit einer äußeren Breite von 1 Meter und einer lichten Weite zwischen 40 und 60 Zentimeter werden die Dimensionen der großen, zum Rhein führenden Hauptsammler unter der Augustinerstraße, Obenmarspforten und Budengasse bei weitem nicht erreicht.

55 Meter westlich der Kanalöffnung in der römischen Stadtmauer wurde in den 1960er Jahren auf dem Grundstück Pipinstraße 12–14 ein 8 Meter langes, Westost ausgerichtetes Kanalteilstück ausgegraben, das die Flucht des oben genannten Kanals aufgreift. Der Kanal sah an dieser Stelle allerdings ganz anders aus, möglicherweise wurde er zu einem späteren Zeitpunkt abschnittsweise erneuert. Er bestand aus einem 1,4 Meter hohen Grauwackefundament, in das eine 1 Meter tiefe und 55 Zentimeter breite Rinne eingelassen war. Auf der Kanalsohle lagen große Ziegelplatten, und auch die Kanalwangen waren auf der Innenseite mit hochkant gestellten Dachziegeln (tegulae) und wasserundurchlässigem rotem Mörtel verkleidet.

Am Marienplatz 19 wurde 1955 bei der Wiederherstellung des Westportals von St. Maria im Kapitol ein Nordsüd ausgerichteter Kanal freigelegt. Das im Querschnitt U-förmige Mauerwerk eines Kanals mit Außenmaßen von 1,4 Meter Höhe und 1,3 Meter Breite bestand aus Trachytblöcken in kieshaltigem Mörtel. Auf der Sohle des im lichten 63 Zentimeter breiten Kanals lagen Ziegelplatten in rosafarbenem Mörtel; die Kanalwangen waren mit dünnen Ziegelplatten in rötlichem Mörtel verblendet. Trachytplatten bildeten die Abdeckung.

Wohn- und Geschäftshäuser im römischen Köln

Bisherige römische Baubefunde im Westen der geplanten Baugrube zeigen, dass auf der rund 100 mal 180 Meter großen Doppelinsulae H7/H8 römische Stadtvillen standen. Derzeit ist es allerdings nicht möglich, die verstreuten Mauerbefunde zu vollständigen Hausgrundrissen zu rekonstruieren. Auch sonst sind die privaten Wohnviertel der CCAA nur ausschnittweise erforscht: Nur ein gutes Drittel der mehr als 50 Baublöcke (insulae) der römischen Stadt sind archäologisch mehr oder weniger gut bekannt.

In römischer Zeit wurden für Privatbauten reservierte Baublöcke parzelliert und in verschieden große Grundstücke geteilt. Bauvorschriften regelten die privaten Bauaktivitäten. Vorgegeben waren Straßenbreiten, Geschosshöhen, die Gestaltung der überdachten Laubengänge (Portiken), Maßnahmen zum Schutz vor Schadensfeuern oder auch der Anschluss an das städtische Kanalnetz. Trotz strenger Bauauflagen dürften die römischen Stadtquartiere mit Privatbebauung einen bunten Eindruck hinterlassen haben. Die Wohnhäuser wirtschaftlich begüteter Familien orientierten sich an oberitalischen Architekturvorbildern. Wohn- und Werkstatthäuser der einfacheren Bevölkerung zeichneten sich durch variantenreiche Bauweisen, vom reinen Holzfachwerk bis hin zu mehrstöckigen Steinbauten, aus.

Da die Anschaffung und der Transport von Steinmaterial eine kostspielige Angelegenheit waren, verwendeten private Bauherren überwiegend Holz und Lehm als Baumaterial. Diese Baustoffe standen im Kölner Umland in ausreichend großen Mengen zur Verfügung und waren entsprechend kostengünstig. Bei der Pisétechnik gründen die Wände aus Stampflehm oder Lehmziegeln auf massiven Steinfundamenten, die den Lehm vor Bodenfeuchtigkeit schützen. Die Stampflehmwände wurden in wieder verwendbarer Holzverschalung errichtet. Lehmziegel hat man in Holzformen gefertigt und an der Luft getrocknet. Es gab auch reine Holzhäuser in Pfosten- oder Schwellbalkenbauweise. Dachstühle waren aus Balken konstruiert, die mit Ziegeln oder leichteren Schieferplatten verschlossen waren. Fußböden bestanden aus Stampflehm, Holzbohlen oder – bei höherwertigen Gebäuden – aus einem gegossenen Estrich, der mit Mosaiken geschmückt sein konnte.

Bausteine mussten mit Schiffen über den Rhein herangeschafft werden. Die in Köln verwendeten Baustoffe stammen vom Drachenfels (Trachyt), aus dem Brohltal (Tuffstein) und vom Mittelrhein (Basalt). Das Steinmaterial wurde je nach Qualität als Bauquader, Verblendmauerwerk oder als Zuschlag im Gussmauerwerk (opus caementitium) verwendet. Kalkmörtel als Bindematerial gewann man aus gebranntem Kalk. Eine nach industriellen Maßstäben produzierende Kalkfabrik wurde nahe dem Eifeldörfchen Iversheim von Soldaten der 30. Legion betrieben. Wichtige Bezugsquellen für Kalkstein lagen auch an den verkehrsgünstig angeschlossenen Steinbrüchen der Mosel. Lothringischer Kalkstein wurde nur beim Bau überdurchschnittlich ausgestatteter Gebäude zur Wand- und Fußbodenplattierung, für Säulen, Gesimse, Kapitele und Skulpturen verwendet. Besonders kostbar gestaltete Häuser wertete man mit importiertem Marmor aus Italien, Griechenland, Nordafrika und Kleinasien auf.

Ziegel wurden im römischen Bauwesen in vielerlei Funktionen verwendet. Die gewerbli-

Rekonstruktion eines römischen Wohnhauses mit Sockelmauern und Stampflehmwänden

che Produktion von Ziegeln ist im Vorland der CCAA archäologisch nachgewiesen: Die Ziegeleien wurden von privaten Unternehmern, aber auch vom Militär betrieben. Reiche Tonlagerstätten im Niederungsbereich des Rheins wurden nördlich der Stadt Richtung Dormagen genutzt. In den Kölner Vororten Rhein- und Feldkassel, Worringen und Chorweiler lassen sich mehrere große Ziegeleien nachweisen, in denen Dachziegel **(tegulae** und **imbrices)**, Hohlziegel **(tubuli)**, Platten für Hypokaustpfeiler und anderes mehr nach industriellen Maßstäben hergestellt wurden. Aufwändig konstruierte Ziegelbrennöfen standen zum Schutz vor der Witterung in Arbeitshäusern, die überdacht waren. Die fertigen Produkte wurden in Lagerhallen getrocknet und anschließend auf dem Wasserweg zum Bauplatz verschifft.

Römische Stadtvillen

Wer es sich im römischen Köln leisten konnte, nannte ein großzügig angelegtes Stadthaus mit säulenbestandenem Innenhof, ein so genanntes Peristylhaus, sein Eigen. Diese Villen im Besitz der städtischen Oberschicht orientierten sich architektonisch an römischen Bauten in Oberitalien. Zwei parallel verlaufende rechtwinklig abknickende Mauern von mindestens 30 Meter Schenkellänge wurden bei Bauarbeiten im 19. Jahrhundert an der Ecke Kasinostraße/Pipinstraße freigelegt. Vermutlich handelte es sich um Reste von Umfassungsmauern des Innenhofs einer römischen Stadtvilla, die im Zentrum der Doppelinsula H7/H8 stand. Im näheren Umfeld geborgene Marmorbruchstücke, Reste von Fußbodenheizungen und zwei Schwarz-Weiß-

Rekonstruktion des Hauses mit dem Dionysosmosaik von H. Mylius, Blick in den Peristylhof

Mosaiken bezeugen ein seit dem frühen 1. Jahrhundert bestehendes Villengebäude, dessen archäologische Hinterlassenschaft bis in den Westen der geplanten Baugrube „Heumarkt" reicht.

Die gleichmäßig über die römische Innenstadt verteilten Mosaikfunde belegen, dass es hochwertig ausgestattete Privatarchitektur an vielen Stellen der CCAA gab. Westlich des Domes stand vom 1. bis 4. Jahrhundert eine Peristylvilla auf einem 1400 Quadratmeter großen Grundstück. Der Zugang zum Haus lag, flankiert von Räumen, die als Ladenlokale gedeutet werden, unter der überdachten Kolonnade zur Straße. Von hier aus betrat man eine repräsentative Eingangshalle, in der sich Türen zu mehreren Zimmern und ein Durchgang zu einem peristylbestandenen Innenhof öffneten. An den Säulenhof schlossen sich weitere Räume an. Die Wände des Hauses waren aus Stampflehm über Sockelmauern gebaut, auf der Innenseite verputzt und mit farbigen Wandmalereien reich geschmückt.

Östlich dieses Hauses lag das berühmte Haus mit dem Dionysosmosaik, dessen Grundstücksgröße von rund 3500 Quadratmetern im römischen Köln vermutlich nicht übertroffen wurde. Um einen rund 500 Quadratmeter großen Innenhof gruppierten sich 20 Räume. Das rund 75 Quadratmeter einnehmende Dionysosmosaik aus mehr als einer Million Mosaiksteinchen schmückte seit dem 3. Jahrhundert n. Chr. einen Festsaal. Das Mosaik, das zu den Prunkstücken der Schausammlung des Römisch-Germanischen Museums zählt, liegt heute noch an seinem originalen Fundplatz. Die Wände des Hauses waren mit kostbaren farbigen Wandmalereien geschmückt. Mehrere Räume auf der Südseite der Anlage waren mit Fußbodenheizungen ausgestattet, um den Villenbewohnern auch in den kühleren Monaten einen angenehmen Lebenskomfort zu bieten. Die Villa wurde schließlich in den politischen Wirren um die Mitte des 4. Jahrhunderts aufgegeben. Der Wiederaufbau reichte qualitativ nicht an den vorangegangenen Baubestand heran. Im Osten des Grundstücks entstand aus wieder verwendeten Bausteinen ein Vorratsmagazin **(horreum).**

Zur Ausstattung vornehmer römischer Häuser gehörten Marmorstatuen. Der Marmortorso einer Aphrodite (Venus) wurde im Sommer 2004 bei archäologischen Ausgrabungen unter der Hohe Straße entdeckt. Der Torso war mit dem Rücken nach oben in das spätantike Straßenpflaster des 4. Jahrhunderts eingebettet. Die knapp unterlebensgroße Marmorskulptur – rekonstruiert wurde eine

Römische Mosaiken

Neben aufwändigen Wandmalereien gehörten mosaikgeschmückte Böden zur Ausstattung vornehmer Privathäuser. In der Mosaiktechnik wurden annähernd quadratische oder rechteckige Steine aus Kalkstein, Marmor, Glas und Keramik in engem Fugenschluss in ein Mörtelbett gesetzt und nach dem Aushärten plan abgeschliffen, um den Boden angenehm begehbar zu gestalten. Die Römer übernahmen die Kunst, Böden mit aufwändigen Mosaiken zu schmücken, aus der hellenistischen Tradition und führten sie im Raum nördlich der Alpen ein. Die ältesten Mosaiken nördlich der Alpen datieren in die erste Hälfte des 1. Jahrhunderts. Zeittypische frühe Schwarz-Weiß-Mosaiken mit überwiegend geometrischen Mustern sind auch aus Köln bekannt. Sie zeigen, dass es schon vor der Gründung der römischen Kolonie hochwertig ausgestattete Privathäuser in Köln gab. Zwei frühe Mosaikböden wurden im 19. Jahrhundert östlich der Kasinostraße, unmittelbar außerhalb der geplanten Baugrube Heumarkt, gefunden. Das eine Mosaik nahm eine Größe von knapp 1,5 Quadratmetern ein, das zweite maß rund 1,7 mal 1,7 Meter. Bei der Umlegung von Leitungen in der Kleinen Sandkaule, nahe der Ecke Augustinerstraße, wurden im Frühjahr 2004 geringe Reste – weniger als 1 Quadratmeter – eines weiteren frühen Mosaikbodens mit graublauem Zentrum, das weiße Außenzonen und gleichschenklige Dreiecke einrahmen, freigelegt.
Um die Mitte des 2. Jahrhunderts traten mehrfarbige Mosaiken mit einfachen figürlichen Motiven an die Stelle der strengen geometrischen Motive. Die Blütezeit der Kölner Mosaikkunst fiel in das 3. Jahrhundert. Herausragende Beispiele sind das großartige Dionysosmosaik der Stadtvilla unter der Domplatte und das etwa 48 Quadratmeter große Philosophenmosaik, das 1844 im Hof des ehemaligen Bürgerhospitals östlich des Neumarkts gefunden wurde.

Mosaik des frühen 1. Jahrhunderts aus der Kasinostraße

Neufund eines Mosaikrests des 1. Jahrhunderts in der Kleinen Sandkaul (2004)

Höhe von etwa 1,4 Meter - ist aus feinkristallinem weißem Marmor gearbeitet, der vermutlich aus den Steinbrüchen von Carrara in Oberitalien stammt. Wenige Meter entfernt wurde das Beinfragment einer zweiten, ähnlich großen Marmorstatue entdeckt. Bei den Ausgrabungen im Kölner Stadtgebiet wurden bislang nur eine Hand voll von Fragmenten antiker Marmorskulpturen ausgegraben. Üblicherweise jedoch standen solche Statuen in vielen begüterten Privatvillen. Sie dürften überwiegend in Kalkbrennöfen untergegangen sein, da man den Marmor als Rohstoff zur Kalkproduktion benutzt hat. In einfacheren Stadthäusern, die nicht in der Lage waren, eine teure Marmorskulptur aus Italien zu erwerben, standen kleinere Statuetten aus Marmor, Alabaster, Bronze oder gebranntem Ton.

Römische Streifenhäuser

In Wohn- und Handwerkervierteln standen überwiegend einfache Streifenhäuser, wie sie von vielen Ausgrabungen in den nordwestlichen Provinzen des Römischen Reiches bekannt sind. Als Streifenhäuser bezeichnet man lange, schmale Rechteckbauten, die in Gruppen aneinander gereiht, giebel- oder traufständig entlang der Straßen standen. In einem römischen Handwerkerviertel der Colo-

Römische Fußbodenheizungen

Seit dem 1. Jahrhundert waren in den nordwestlichen Provinzen des Römischen Reiches viele Privathäuser mit Fußbodenheizungen ausgestattet. Auch im römischen Köln sind Hypokaustheizungen archäologisch oft dokumentiert.

Die Hypokaustheizung war eine griechisch-hellenistische Erfindung des 3. Jahrhunderts v. Chr., die von den Römern übernommen und technisch verfeinert wurde. Der römische Architekt und Militärtechniker Vitruv beschreibt in seinem berühmten, wohl 31 v. Chr. entstandenen Werk **De architectura** Aufbau und Wirkungsweise einer Hypokaustheizung: Zur Hypokaustkonstruktion gehörte eine Heizkammer, das so genannte **praefurmium**, in dem trockenes Holz aufbewahrt wurde. Das **praefurnium** – außerhalb des Hauses oder in einem Nebenraum untergebracht – war über einen Heizkanal mit dem zu heizenden Raum verbunden. Dieser Raum verfügte über einen Hohlboden, die so genannte **suspensura**. Der Unterboden war mit Ziegelplatten oder einem dünnen Estrich abgedeckt, auf dem in lichten Abständen etwa 60 Zentimeter hohe Pfeiler aus übereinander geschichteten runden oder rechteckigen Ziegeln standen. Die in gleichmäßigen Abständen von 80 bis 100 Zentimeter nebeneinander gesetzten Pfeiler wurden mit großen quadratischen Ziegelplatten von zwei Fuß Kantenlänge (60 Zentimeter) abgedeckt und darüber eine Mörtelschicht (Estrich) mit gröberen Steineinschlüssen aufgelegt sowie mit einem Plattenbelag aus Ziegeln oder Naturstein oder auch einem Mosaik abgedeckt. Aus dem Heizkanal drang die auf 250 Grad erhitzte Luft in die **suspensura**, stieg von dort kraft ihres Auftriebs (Kaminwirkung) über Hohlziegel in den Wänden zum Dach auf, wo sie über Öffnungen ins Freie abzog. Die Räume wurde auf diese Weise auf angenehme 20 bis 25 Grad erwärmt, ohne mit Asche und Rauch der Brennkammer in Berührung zu kommen.

Seit dem 2. Jahrhundert waren in den Nordwestprovinzen auch Kanalheizungen verbreitet, insbesondere beim privaten Hausbau. Kanalheizungen bestanden aus einem gedeckten, horizontalen Kanal, der über eine Feuerstelle **(praefurnium)** von außen beheizt wurde. Der Heizkanal führte in die Raummitte und von dort über vier Kanäle in die Raumecken. Hier wurde die Heißluft in senkrechten Tubulussträngen, über Wand- oder Dachöffnungen ins Freie abgeleitet. Kanalheizungen eigneten sich besonders für kleine Räume. Sie wurden aus normalem Bruchsteinmauerwerk gebaut und mit Steinplatten oder Ziegeln abgedeckt.

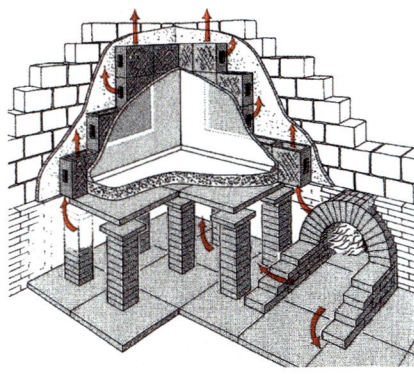

Rekonstruktion einer römischen Fußbodenheizung (Hypokaust)

nia Ulpia Traiana (Xanten), der zweitgrößten Stadt der Provinz Niedergermanien, hatten die Grundstücke der Streifenhäuser eine Größe von 600 bis 700 Quadratmeter. Der Zugang zu den ein- oder zweigeschossigen Häusern lag auf der Schmalseite unter den straßenseitig verlaufenden überdachten Laubengängen. Streifenhäuser waren meist weniger als 12 Meter breit, selten erreichten sie mehr als 15 Meter. Längen von 40 Meter und mehr stellten keine Seltenheit dar. Oft sind solche Bauten im Laufe der Zeit aus mehreren Einzelgebäuden nach zahllosen Umbauten und Erweiterungen zusammengewachsen.

Obwohl die architektonische Ausgestaltung der Streifenhäuser ungezählte Varianten kennt, um den spezifischen Bedürfnissen ihrer Bewohner gerecht zu werden, folgte man in der räumlichen Gliederung bestimmten Grundregeln: Werkstätten, Geschäftslokale und Lagerräume lagen fast immer im vorderen Teil des Hauses und waren von der Straße aus zugänglich. Unter den Laubengängen wurde der Straßenverkauf abgewickelt. Seit dem 2. Jahrhundert wurden in viele Vorderhäuser Keller eingebaut. Sie dienten als Waren- und Vorratsräume, vor allem für leicht verderbliche Nahrungsmittel wie Olivenöl, Fischsauce und Wein. Über eine gewerbliche Nutzung der Streifenhäuser lässt sich in der Regel wenig sagen. Gelegentlich weisen ziegelgepflasterte Wasserleitungen und -becken auf Gewerbe mit großem Wasserverbrauch hin, etwa Gerbereien, Färbereien und Walkereien. Die Kanäle waren an das öffentliche Kanalnetz angeschlossen. Es gab auch Senkgruben und Latrinen in den Hinterhöfen, in denen feste Abfälle entsorgt wurden.

Die hinteren Hausteile waren meist stärker durch Innenwände gegliedert und in kleinere Räume eingeteilt. Manche Zimmer waren mit Fußbodenheizungen ausgestattet, häufig lassen sich aber nur Herdstellen oder Öfen nachweisen. Für einige Häuser sind überdachte Innenhöfe oder kleine Gartenflächen in den rückwärtigen Teilen der Grundstücke belegt.

Colonia Ulpia Traiana (Xanten): Rekonstruktion einer römischen insula mit Wohn- und Handwerkerhäusern

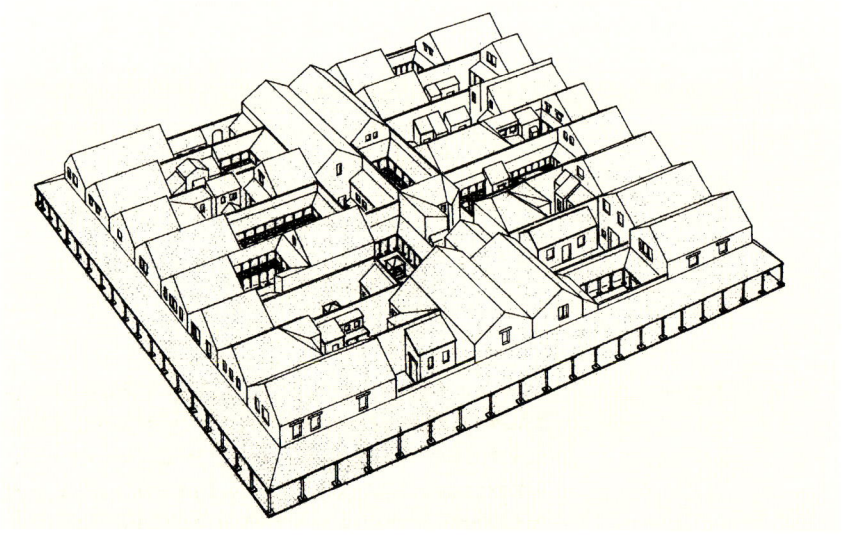

Römische Wandmalerei

Zahlreiche Funde aus der Kölner Innenstadt zeigen, dass Privathäuser und öffentliche Gebäude seit augusteischer Zeit in Freskotechnik mit dekorativen Wandmalereien geschmückt waren. Inhalt und Aufwand für die Dekoration richten sich nach Funktion und Bedeutung des jeweiligen Raumes sowie dem Wohlstand der Auftraggeber. Die Innenwände der Häuser wurden zunächst mit mehreren übereinander liegenden und immer feineren Kalkmörtelschichten verputzt. Die oberste Lage diente als Malgrund und wurde in feuchtem Zustand in Freskotechnik mit in Leimwasser gebundenen Mineralfarben bemalt. Vitruv hat die Technik in seinem Lehrbuch De architectura detailliert beschrieben. Die ältesten nordalpinen Beispiele römischer Wandmalerei datieren in die erste Hälfte des 1. Jahrhunderts. Frührömische Wandmalereien, die in Köln nahe dem Dom und am Margarethenkloster gefunden wurden, folgten südalpinen Vorbildern. Im 2. Jahrhundert erreichte die Wandmalerei in den nordwestlichen Provinzen ihren qualitativen Höhepunkt: In der zweiten Jahrhunderthälfte entstanden wandfüllende großformatige Figurenbilder. Im 3. Jahrhundert wurden die Wandbilder stark vereinfacht. Im Verlauf des 4. Jahrhunderts verlor die Wandmalerei in Köln, wie in den meisten anderen römischen Provinzstädten, an Bedeutung.

Die öffentliche Bauzone im Osten der römischen Stadt

Die in öffentlichem Besitz befindlichen Baublöcke der römischen Kolonie konzentrierten sich auf den Osten der Stadt zwischen rheinseitiger Stadtmauer und cardo maximus. Am Schnittpunkt des cardo maximus und des decumanus maximus lag das forum, das politische und administrative Zentrum der römischen Kolonie. Nordöstlich davon stand auf einer Fläche von vier Baublöcken das praetorium, in dem zunächst der Oberbefehlshaber der römischen Truppen am unteren Rhein residierte. Seit 85 n. Chr. war es Residenz des Statthalters der neu eingerichteten Provinz Niedergermanien. In der zweiten Hälfte des 3. Jahrhunderts residierten dort die Kaiser des Gallischen Sonderreiches (259-274 n. Chr.). Südlich des Statthalterpalasts reihten sich Tempelbezirke entlang der rheinseitigen Stadtmauer. Direkt östlich des forum wird das zentrale örtliche Heiligtum vermutet, das seit der Frühzeit der Stadt den Altar der Romae et Augustii beherbergte. Hier konnten die Vertreter der geplanten, aber nicht umgesetzten Großprovinz Germanien dem Kaiser ihre Verehrung erweisen. Der heilige Bezirk erstreckte sich über eine Länge von 200 Meter in Nord-

Römische Wandmalerei des 2. Jahrhunderts aus einer Peristylvilla am Dom

Terrassenstützmauer mit halbzylindrischen Vorlagen, spätes 1. Jahrhundert

Terrassenstützmauer mit strebepfeilerartigen Verstärkungen, 2. Jahrhundert

süd-Richtung. Die Architektur des Temenos ist weitgehend unerforscht: Er war offenbar nach allen Seiten von Säulengängen umgeben. Im Zentrum stand vermutlich der Altar auf einem Punktfundament. Den schriftlichen und archäologischen Quellen folgend, muss es im römischen Köln zahlreiche Tempelgebäude und Heiligtümer gegeben haben. Literarisch überliefert sind der Kapitols- und der Marstempel *(delubrum Martis)*, wobei letzterer bislang nicht lokalisiert wurde.

Der Stadtmauerbau und Terrassenstützmauern schaffen neues Bauland

Als man 1887 auf den Grundstücken Martinstraße 5–9 und beim Kanalbau rund 8 Meter westlich der römischen Stadtmauer auf schweres römisches Mauerwerk stieß, kam man erst nach und nach auf die Funktion dieser Fundamente: Um ausreichend große Baugrundstücke für die Errichtung monumentaler öffentlicher Gebäude zu schaffen, wurde der zur Rheinaue abfallende Hang in den Jahren Ende des 1. Jahrhunderts mit einer Stützmauer und der rheinseitigen Stadtmauer befestigt und das abschüssige Gelände mit Erde und Bauschutt terrassiert, um den gewaltigen Hangdruck aufzufangen.

Gegen Ende der 1970er Jahre wurden die Nordsüd ausgerichteten Stützmauern unter der Augustinerstraße archäologisch untersucht. Die Terrassenstützmauer hatte eine Stärke von 2,3 Meter. Auf der zur Innenstadt gerichteten Westseite minderten halbzylindrische Mauerzüge von 5 Meter Außendurchmesser den Erddruck. Auf der nach Osten gerichteten Sichtseite war das Gussmauerwerk *(opus caementitium)* mit sorgfältig behauenen Grauwackehandquadern verblendet, die von Ziegelbändern (so genannter Ziegeldurchschuss) unterbrochen wurden. Die Mauer war tief in den gewachsenen Boden eingegraben, fast 7 Meter hoch und bis 2 Meter unter die moderne Straßendecke erhalten. Wohl infolge statischer Probleme wurde die Hangstützmauer später durch eine östlich vorgeblendete Grauwackegussmauer von ähnlicher Dimension verstärkt. Um deren Standfestigkeit zu erhöhen, hatte man auf der Ostseite strebepfeilerartige Verstärkungen von bis 1,8 Meter Tiefe und 1,5 Meter Breite vorgesetzt.

Der römische Kapitolstempel

Seit dem 12. Jahrhundert trägt die ehemalige Stiftskirche St. Maria im Kapitol ihren Beinamen *in Capitolio*. Die lange gehegte Vermutung, die im Südosten der römischen Kolonie gelegene Kirche stehe am Platz des römischen Kapitolstempels, wurde zu Beginn des 20. Jahrhunderts anhand detaillierter bauhistorischer und archäologischer Untersuchungen bestätigt: Studien ergaben, dass das Langhaus der romanischen Kirche auf den 4 Meter mächtigen und 4,5 Meter tief gründenden Fundamenten des römischen Tempels ruht.

Der Tempel der capitolinischen Trias war den antiken Gottheiten Jupiter, Juno und Minerva geweiht. Der Bau wurde wahrscheinlich zu Beginn des 2. Jahrhunderts errichtet, nachdem das Gelände aufgeschüttet worden war. Der eigentliche Tempel stand auf einem Podium von 33 mal 29,5 Meter. Anhand der Proportionen der einzelnen Architekturteile lässt sich eine Gebälkhöhe von rund 15 Meter rekonstruieren. Das Gebäude muss die rheinseitige römische Stadtmauer um mehrere Meter überragt haben. Betreten konnte man den Tempel über eine Freitreppe im Osten. Der nach Osten offene Bau besaß zur Front acht, entlang der Langseiten neun Säulen. Die innere Fundamentgliederung lässt auf eine für derartige

Bauten typische Unterteilung in drei langrechteckige Räume schließen. Der Tempel stand inmitten eines etwa 6000 Quadratmeter großen, mit Trachytplatten gepflasterten Hofes, der die gesamte insula von 85 mal 70 Meter Seitenlänge einnahm. Zu den umliegenden Straßen war der heilige Bezirk (Temenos) mit einer 1,5 Meter starken Umfassungsmauer begrenzt. Die Mauer war zur Hofseite in Pfeiler und Trabanten gegliedert, die Nischen mit rotem Wandputz verkleidet. Die massive Umfassungsmauer könnte darauf hinweisen, dass der heilige Bezirk zur Hofseite ringsum von anderthalbschossigen Säulengängen umschlossen war – ähnlich „umfriedet" war etwa der römische Hafentempel in Xanten. Dort öffneten sich Säulengänge auf drei Seiten zum Hof, nur im Westen war eine Kolonnade straßenseitig orientiert.

Über die Bauausstattung des Kölner Kapitoltempels lassen sich nur Vermutungen anstellen. Einzelfunde aus Altgrabungen des Römisch-Germanischen Museums lassen auf eine reiche architektonische Ausstattung schließen, die der Bedeutung des Tempels entsprächen. Bei Erdbauarbeiten auf dem Grundstück des ehemaligen Bankhauses Seligmann, heute Hermann-Joseph-Platz, ehemals Pipinstraße 4 und 6, stieß man 1923 auf Teile der westlichen Temenosmauer. Importierter mediterraner Marmor dürfte zur Bauausstattung des Tempels gehört haben: Fragmente geschliffener bunter Marmorplatten stammen aus Nordgriechenland aus der Gegend um Larissa, Belgien und Norditalien/Carrara. Außerdem wurden ägyptischer und griechischer Porphyr geborgen. In einer Mauer verbaut wurden „Reste von Architekturstücken aus Kalkstein" dokumentiert, darunter ein „Teil eines Mäanderfrieses, Kassettenstücke, Reste einer Inschrift". Der Kapitolstempel der Colonia Ulpia Traiana, der etwas größer als das Kölner Kapitol war, lag leicht erhöht inmitten der römischen Stadt. Baufragmente des Tempels zeigen, dass das Podium, Säulen, Gebälk- und Giebelzonen mit Kalkstein aus der oberen Moselregion verkleidet waren. Die Säulen waren vermutlich mit korinthischen Kapitellen geschmückt.

Rekonstruktion des römischen Hafentempels in der Colonia Ulpia Traiana (Xanten)

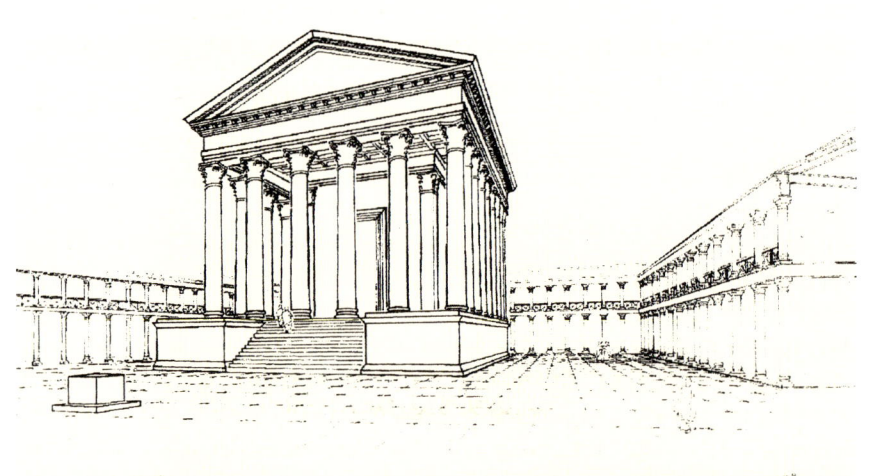

Ein römischer Tempel unter dem Elogiusplatz

Nördlich des Kapitols lag ein weiterer römischer Tempel, der die gesamte ca. 85 mal 70 Meter große Bauinsel einnahm, die nach Osten bis zu den rheinseitigen Terrassenstützmauern reichte. Große Teile des Tempelbezirks liegen in der Baugrube der zukünftigen Haltestelle „Heumarkt". Bislang ist nicht bekannt, welchen antiken Göttern der Bau geweiht war. Auch zur Innenbebauung der Anlage lässt sich vorläufig nichts sagen.

Bei archäologischen Ausgrabungen seit den 1920er Jahren wurden mehrere Teilstücke der 1,5 Meter starken Umfassungsmauer des Temenos freigelegt. Vor wenigen Jahren wurden bei den archäologischen Ausgrabungen unter dem ehemaligen Stadthaus – heute Hotel Intercontinental – Teilstücke der westlichen Temenosmauer freigelegt. Das Mauerwerk überspannte dort brückenartig den Westost verlaufenden Hauptsammler unter der Augustinerstraße. Etwa 5 Meter weiter östlich wurden Reste einer weiteren Nord-Süd-Mauer nachgewiesen, die den Kanal ursprünglich überbrückt hat. Die cloaca maxima verlief hier somit nicht im offenen Straßenland, sondern vor dem Erreichen der rheinseitigen Stadtmauer unter dem zu Beginn des 2. Jahrhunderts errichteten Großtempel.

Urbanes Leben – die Colonia im frühen Mittelalter

Die frühmittelalterliche Geschichte der Colonia wird von den Schriftquellen kaum erhellt, und auch die archäologischen Funde haben lange Zeit wenig beigetragen, weshalb man auch von den „dark ages" spricht. Aus dem antiken Stadtgebiet lagen gerade einmal eine Hand voll Kleinfunde, darunter Keramik- oder Glasscherben, Metallfunde und Münzen, vor. Fränkische Gräber, teils mit reichen Beigaben, lagen außerhalb der römischen Stadtmauern bei den spätantiken Kirchen St. Severin, St. Gereon und St. Kunibert, wo Angehörige ihre Verstorbenen nahe den Gräbern der Heiligen und Märtyrer beigesetzt haben. Innerhalb der Stadtbefestigung sind aus der frühen Merowingerzeit allein die dem fränkischen Hochadel zuzurechnenden Gräber unter dem Kölner Dom bekannt. Gegen Ende der Merowingerzeit wurden Angehörige der Plektrudis, Gemahlin des fränkischen Hausmeiers (princeps francorum) Pippin d. Mittlere (635-714), in St. Maria im Kapitol bestattet.

Bis in die 1980er Jahre glaubten viele Historiker und Archäologen, dass Köln im frühen Mittelalter eine verlassene Ruinenlandschaft war, eine Geisterstadt, durch die bestenfalls Schweine und andere Kleintiere liefen, die den vor den Toren der Stadt auf ihren Höfen lebenden Franken gehörten. Man hat lange angenommen, dass die Angehörigen dieser teils vermögenden Hofbauern in der Nähe der frühen Kirchen bestattet worden sind. Die Ausgrabungen, die 1996 bis 1998 auf dem Kölner Heumarkt unternommen wurden, zeigen, dass diese Vermutung fehlging: Köln war im frühen Mittelalter eine florierende Siedlungsgemeinschaft urbaner Prägung, in der Handwerk und Handel vielfältig agierten. Der Stadtkern zwischen cardo maximus und Rheinufer wurde während der Merowingerzeit flächig genutzt. Außerdem nahm im Laufe des frühen Mittelalters die Bevölkerungsdichte stetig zu. Zahlreiche Abfall- und Siedlungsgruben und vereinzelte Architekturreste des 9./10. Jahrhunderts zeigen, dass der Osten der antiken Stadt auf einer Fläche von bis zu 40 Hektar von mehreren tausend Menschen besiedelt war. Bereits 300 Jahre später, um 1200, sollen 20 000 Menschen in der Stadt gelebt haben.

Die fränkische Fürstin Plektrudis

Als Plektrudis ihre Kirche errichten ließ, integrierte man die alten römischen Mauern des Kapitoltempels in den Neubau. Vermutlich waren die römischen Temenosmauern noch in einem ordentlichen Bauzustand. Die starke Befestigung machte die neue Anlage zu einem „festen Hof" innerhalb der römischen Stadtbefestigung. Aus der mittelalterlichen Stiftsimmunität von St. Maria im Kapitol sind wenige merowingerzeitliche Funde überliefert. Ausgrabungen in der Kirche haben einzelne Bruchstücke von Tongefäßen geliefert. Ein trapezförmiger Kalksteinsarkophag des späten 7. oder 8. Jahrhunderts, abgedeckt mit einer steinernen Platte des 12. Jahrhunderts, wurde im Zentrum des Gotteshauses entdeckt. Laut Inschrift handelte es sich um die letzte Ruhestätte der Plektrudis.

Nach Pippins Tod im Jahr 714 war Köln Schauplatz heftiger Kämpfe zwischen Ost- und Westfranken: Weil Pippin Karl Martell aus der Erbfolge ausgeschlossen hatte, zog Karl nach Köln und erzwang von seiner Stiefmutter die Herausgabe des Königsschatzes. Plektrudis unterlag und soll sich daraufhin auf ihren Hof im Südosten der römischen Altstadt zurückgezogen haben. Sie starb 717 und wurde in der Eigenkirche, dem frühmittelalterlichen Vorgängerbau von St. Maria im Kapitol, auf ihrem Grundstück beigesetzt. Karl Martells Sohn, Pippin d. Jüngere, schließlich setzte den letzten merowingischen König, Childerich III. (743-751), 751 mit Hilfe des Papstes ab. Pippin d. Jüngere ließ sich als Pippin der III. zum König salben und legitimierte die Herrschaft der Karolinger (751/752-768).

Grabplatte der Plektrudis aus dem 11. Jahrhundert

Dass die rheinischen Städte schon im 10. Jahrhundert teilweise „blühenden Landschaften" glichen, zeigt ein Reisebericht des arabischen Gesandten aus den Jahren 961/66. Zwar ist nicht überliefert, dass Ibrahim ibn Yaqub nach Köln kam, doch dürfte die Lebensqualität dort nicht hinter der in Mainz zurückgestanden haben. Über Mainz schrieb der arabische Reisende nicht ohne eine gewisse Verwunderung: „… dass es dort Gewürze gibt, die im fernsten Morgenland vorkommen, während sie (Mainz, Anm. d. Aut.) im fernsten Abendland liegt, zum Beispiel Pfeffer, Ingwer, Gewürznelken, indischer Baldrian, Costus und Galgant. Sie werden aus Indien importiert, wo sie in Mengen vorkommen." Auch auf dem Kölner Markt dürften diese Waren nicht unbekannt gewesen sein.

Bei Ausgrabungen in einem Kanalstollen unter der Hohe Straße konnte jüngst nachgewiesen werden, dass der cardo maximus als wichtigste Verkehrsachse der Stadt auch in nachrömischer Zeit instand gehalten, begangen, beritten und befahren wurde. Über der gepflasterten Straße des 4. Jahrhunderts wurde, nachdem das Steinpflaster schadhaft geworden war und viele Lücken aufwies, im 5. Jahrhundert eine bis zu 20 Zentimeter starke, mit römischem Bauschutt durchsetzte Kiesdecke aufplaniert. Im Laufe der Zeit lagerten sich über dieser Straßendecke frühmittelalterliche Nutzschichten ab, die mehrfach mit dünnen Kiesfahnen befestigt wurden. Die schwarzerdigen Schichten enthielten Keramik der späten Merowinger- und Karolingerzeit. Anders als die römischen Vorgängerstraßen hatten die frühmittelalterlichen Straßen kein eigenes Entwässerungssystem.

Westlich des cardo existierten im frühen Mittelalter einzelne Siedlungsinseln inmitten der römischen Ruinen: In die Jahre um 700 datiert der älteste Vorgängerbau der im Zweiten Weltkrieg untergegangenen Pfarrkirche St. Kolumba. Die kleine Saalkirche könnte auf einen herrschaftlichen Hof oder eine frühe klösterliche Gemeinschaft zu beziehen sein. Merowingerzeitliche Siedlungsreste sind auch auf dem Grundstück der großen römischen Thermen nachgewiesen. Bei Ausgrabungen wurden im Jahre 2003 westlich von St. Caecilien Spuren untergegangener Fachwerkhäuser mit Steinsockelmauern und Lehmstampfböden nachgewiesen, die typisch für das 5. bis 7. Jahrhundert sind. Eine fast 8 Meter tiefe schachtartige Grube enthielt merowingerzeitliche Keramik. St. Caecilia war das älteste adlige Damenstift in Köln. Der Kölner Erzbischof Willibert ließ es 888 gründen, und zwar, so die Quellen, bei der alten Kirche St. Maria. Die Wurzeln der Marienkirche reichen vermutlich bis in die Merowingerzeit zurück, die Siedlungsreste könnten auf eine frühe klösterliche Gemeinschaft hinweisen. Die Franken hatten sich der schriftlichen Überlieferung zufolge zu Beginn des 6. Jahrhunderts dem Christentum angeschlossen. Heidnische Kulte und frühchristliche Kirchen bestanden aber noch einige Zeit nebeneinander. So erwähnt der fränkische Geschichtsschreiber Gregor von Tours in der um 520 n. Chr. entstandenen Lebensbeschreibung des hl. Gallus einen heidnischen Tempel in der Stadt.

Der mittelalterliche Pfarrsprengel St. Alban

Das Einzugsgebiet der Baugrube für die zukünftige Haltestelle „Heumarkt" gehört zu zwei mittelalterlichen Pfarrsprengeln. Große Bereiche sind Teil der Pfarre St. Alban, die sich mit der nördlich anschließenden Pfarrei St. Laurenz den Osten des römischen Stadtareals zwischen rheinseitiger Stadtmauer (heute unter der Martinstraße) und cardo maximus teilte.

Die Kapelle St. Alban war ursprünglich vom Dom abhängig. Als selbstständige Pfarrei ist sie vor Mitte des 12. Jahrhunderts nicht nachweisbar. Erst dann, 1149, taucht mit dem Hinweis auf „Hermann von St. Alban" die erste schriftliche Erwähnung der Kirche auf. Archä-

Die Immunität des Damenstifts St. Maria im Kapitol und der Heumarkt (Mercatorplan 1570/71)

ologische und bauhistorische Untersuchung an der im Zweiten Weltkrieg schwer beschädigten Kirche erbrachten Hinweise auf einen Vorgängerbau des 11. Jahrhunderts. Um 1200 wurde dieser Kirchbau durch eine dreischiffige Basilika mit dreiteiliger Choranlage aus halbrund geschlossenen Seitenchören und einer nach Osten vorspringenden polygonalen Apsis ersetzt.

St. Alban war mit einer Fläche von etwa 180 mal 280 Meter die kleinste Pfarrei innerhalb der römischen Altstadt, aber zugleich die

Die Pfarrkirche St. Alban und der Gürzenich (Zeichnung aus dem 19. Jahrhundert)

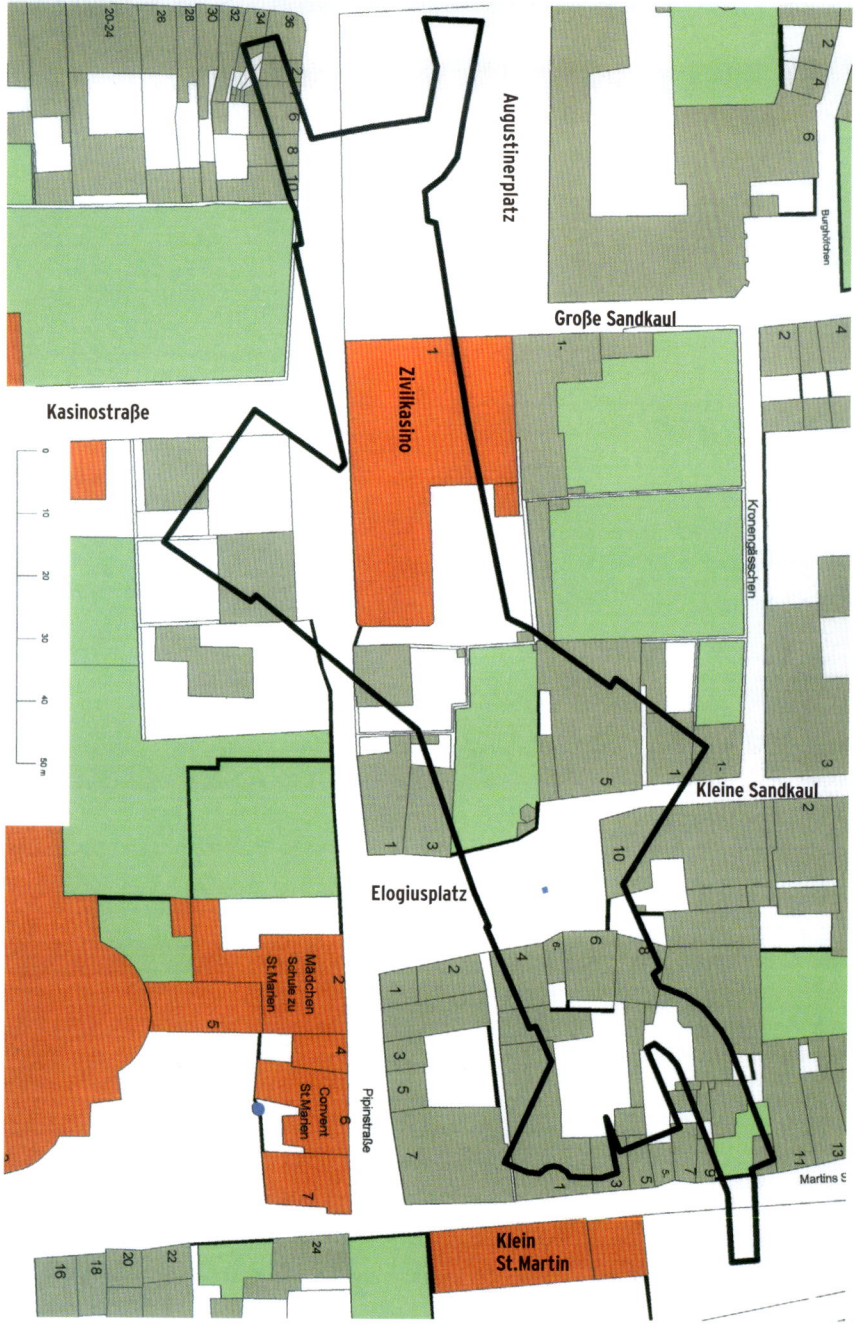

Plan der Baugrube „Haltestelle Heumarkt" auf der Grundlage des preußischen Urkatasters von 1836/37

Mittelalterliche Sandgewinnung – Legende oder Wirklichkeit?

Der Legende nach wurde im Südosten der antiken Stadt in nachrömischer Zeit auf einer Fläche von rund 1 Hektar bis in die Jahre um 1100 Sand für Baumaßnahmen abgebaut. Als Beleg für diese These wurden die Straßennamen „Große Sandkaule", „Kleine Sandkaule" und „Sandbahn" angeführt. Archäologisch lässt sich eine solche Materialentnahmegrube jedoch nicht nachweisen. Der Abbau von Sand hätte alle älteren Besiedlungsreste unweigerlich zerstört. Römische, karolingisch-ottonische und hochmittelalterliche Befunde – etwa vom Grundstück des ehemaligen Stadthauses (heute Hotel Intercontinental) und von den Ausgrabungen am Quatermarkt – bezeugen hingegen eine kontinuierliche Besiedlung des Quartiers.

am dichtesten besiedelte. Innerhalb des Pfarrgebiets lebten zudem viele einflussreiche Familien der Kölner Oberschicht. Der Pfarrsprengel reichte im Osten bis zur Martinstraße, die im Mittelalter „Bovenmuren" hieß, da sie über der rheinseitigen römischen Stadtmauer verlief. Im Westen reichte die Pfarre bis zur Hohe Straße, im Norden an die Straße Obenmarspforten und im Süden bis zur Pipinstraße. Mit dem Händlerviertel am Rheinufer war der Pfarrbezirk zunächst nur durch zwei Treppen auf Höhe der Pipinstraße verbunden. Erst im 16. Jahrhundert wurde die Bolzengasse von der Ecke Steinweg bis zum Heumarkt verlängert. Karren und Kutschen mussten bis dahin einen Umweg in Kauf nehmen, entweder über das nördlich liegende Marstor oder das alte römische Stadttor auf östlich von St. Maria im Kapitol.

Die Schreinsurkunden im Albansviertel setzen im 12. Jahrhundert ein. Schon früh waren die Grundstücke entlang der Pipinstraße, am Elogiusplatz, im Burghöfchen, der Großen und Kleinen Sandkaule sowie den übrigen Altstraßen im Viertel dicht bebaut. Gegen Ende des 15. Jahrhunderts gab es im Pfarrgebiet 209 Häuser. Bis zum Ende des 19. Jahrhunderts soll die Zahl nahezu unverändert geblieben sein. Sie erhöhte sich von 221 im Jahre 1811 auf 550 im Jahre 1900. Obwohl in der Pfarrei viele vornehme Kölner Geschlechter teils umfänglichen Besitz hatten, etwa die Hardefust, Mommersloch, Kleingedank, Gir, Hirzelin und Overstolz, prägten vor allem Handwerker das Gesicht des Stadtviertels. Die Gewandschneider hatten sich seit dem 13. Jahrhundert vor allem Bovenmuren niedergelassen. Nicht ohne Grund hieß der südliche Teil der Straße zeitweilig „Unter Nadelmacher". Zwischen dem 13. und 15. Jahrhundert ist dort auch ein Haus „Zur Nadel" überliefert. Außerdem sind den Schreinsurkunden Hinweise auf Messer- und Goldschmiede, Weber aller Art, Lederschneider, Fassbinder und Schildermaler zu entnehmen. Urkundlich nachgewiesen sind mindestens fünf Backhäuser, drei Tavernen und zwei Badestuben.

In der Nordostecke des Elogiusplatz stand spätestens seit 1172 die Salvatorkapelle. Sie soll im Erdgeschoss eines zweigschossigen Hauses gelegen haben, dessen Obergeschoss über einen seitlichen Anbau zu erreichen war. Die Wohnung wird als „schönes Haus mit Küche und Kammern" beschrieben, das zu Unterrichtszwecken genutzt wurde. Der berühmteste Schüler des Hauses war der Kölner Stadtchronist Hermann von Weinsberg. Anfang des 15. Jahrhunderts wurde die Kapelle Elogius, dem Schutzpatron der im Viertel ansässigen Schmiede, geweiht. 1794 wurde die Elogiuskapelle dann einem aus Brabant geflüchteten Nonnenkonvent überlassen. 1802 hat man das Gebäude geschlossen und später zu einem

Der Gürzenich (Darstellung aus dem 19. Jahrhundert)

St. Maria im Kapitol von Osten (Stich aus dem 18. Jahrhundert)

Der Gürzenich – das städtische Tanz- und Spielhaus

Der Kölner Gürzenich wurde 1447 nach siebenjähriger Bautätigkeit vollendet, so die Koelhoff'sche Chronik. Seit 1437 hatte der Rat der Stadt Köln mehrere Häuser aufgekauft, um die Bauten abreißen zu lassen und ein ausreichend großes Grundstück für den Bau eines repräsentativen Festhauses in bester Lage zur Verfügung zu haben. Mit rund 53 mal 22 Meter Grundfläche war der Gürzenich der einzige mittelalterliche Profanbau in Köln, dessen Größe an die Dimensionen der großen Stifts- und Pfarrkirchen heranreichte.

Das neue Tanzhaus wurde nach dem bei Düren beheimateten Adelsgeschlecht von Gürzenich benannt, denen eines der abgerissenen Anwesen gehörte. Die Gesamtbaukosten beliefen sich auf gewaltige 80 000 Gulden, offenbar viel mehr als vom Rat ursprünglich veranschlagt. Schuld an den hohen Baukosten war unter anderem der unsichere Baugrund. Erst in knapp 7 Meter Tiefe wurde der tragfähige Boden in dem alten zum Rhein abfallenden Hanggelände angetroffen. Den mittelalterlichen Bauherren waren die römischen Geländeaufschüttungen offensichtlich nicht bekannt.

Wohnhaus umgebaut (Elogiusplatz 6). Das Haus fiel – wie die ganze Bebauung am Elogiusplatz – dem Ost-West-Durchbruch Ende der 1930er Jahre zum Opfer.

Das Damenstift St. Maria im Kapitol

Der südliche Arm der Baugrube reicht bis zur Immunität der mittelalterlichen Stiftskirche St. Maria im Kapitol. Das Grundstück hatte eine Ausdehnung von rund 165 mal 100 bis 125 Meter. Es reichte bis zur Pipinstraße und dem Elogiusplatz im Norden, dem Lichhof im Osten, der Straße Hinter-Sankt-Marien und Am-Sankt-Marien-Platz und der Stephanstraße im Süden sowie der Hohe Straße im Westen.

St. Maria im Kapitol, deren Wurzeln bis in die späte Merowingerzeit zurückreichen, zählt zu den wichtigsten kirchlichen Zentren der Kölner Altstadt. Die Gründung des Konvents geht wahrscheinlich auf das Episkopat des Kölner Erzbischofs Brun (953–965) zurück, der eine dort ansässige Klostergemeinschaft nach St. Andreas verlegte und stattdessen bei der bestehenden Marienkirche ein Frauenkloster einrichten ließ. Die aus dem französischen Remiremont angesiedelten Nonnen lebten nach den reformierten Regeln des Benediktinerordens. Der Erzbischof ließ aus diesem Anlass eine neue Kirche errichten, von der Reste im Westbau von St. Maria im Kapitol erhalten sind.

Nach 1040 errichten die Äbtissin Ida und Erzbischof Hermann einen Neubau, dessen Kreuzaltar 1049 in Anwesenheit von Papst, Kaiser und allen führenden Reichsbischöfen geweiht wurde. 1065 erfolgte die Schlussweihe der prachtvollen dreischiffigen Basilika mit Dreiturmanlage und östlicher Dreikonchenanlage über einer Hallenkrypta. Im 12. Jahrhundert wurde das bestehende Nonnenkloster in ein Damenstift umgewandelt, in dem Kanonikerinnen meist niederen Adels lebten. Spätestens seit 1189 nannte sich die Kirche „St. Maria in Capitolio".

1802 wurde die Anlage säkularisiert. Das Gelände des ehemaligen Damenstifts wurde der Pfarrkirche Klein St. Martin zugeschlagen. Durch die Auflösung des Stiftes kam es zu städtebaulichen Veränderungen im Viertel. Zwischen dem stiftischen Äbtissinenhaus des 18. Jahrhunderts und dem Westflügel des

Klein St. Martin (um 1900)

Kreuzgangs wurde die Kasinostraße trassiert, die eine direkte Verbindung zwischen Pipinstraße und Stefanstraße schuf. Die preußische Katasteraufnahme von 1836/37 zeigt die damals in Planung befindliche Straße.

Die alte Pfarrkirche Klein St. Martin

Der nordöstliche Treppenausgang der zukünftigen Haltestelle „Heumarkt" erfasst das Grundstück der ehemaligen Pfarrkirche Klein St. Martin. Bei archäologischen Untersuchungen wurden ungezählte Knochen mittelalterlicher und frühneuzeitlicher Gräber des Kirchfriedhofs zutage gefördert, der 1254 in den Schreinsbüchern **cimiterium b. Martini minoris** genannt wurde. Die westliche Friedhofsmauer gründete auf der zum Rhein gerichteten römischen Stadtmauer, ebenso wie der noch heute stehende spätgotische Kirchturm von Klein St. Martin.

Klein St. Martin wurde urkundlich 1080 erstmals erwähnt. Die Gründung könnte aufgrund des Patroziniums des hl. Martin bis in die späte Merowinger- oder Karolingerzeit zurückreichen. Um die Mitte des 11. Jahrhunderts wurde Klein St. Martin mit den Pfarrrechten ausgestattet, nachdem anlässlich des Neubaus der Stiftskirche St. Maria im Kapitol die bisherige Pfarre St. Peter und Paul zur Kapelle herabgestuft wurde. Als Pfarrkirche ist Klein St. Martin urkundlich erst 1172 bezeugt. Die Kirche gehörte zu den wohlhabendsten Pfarreien im Kölner Stadtgebiet, da sie nicht nur die Immunität des Damenstifts St. Maria im Kapitol umfasste, sondern auch den Süden der Rheinstadt mit dem Heumarkt und reichen Kaufmannshäusern im Osten der Rheinstadt. Bald nach Mitte des 12. Jahrhunderts wurde der bestehende Kirchenbau von Klein St. Martin durch eine dreischiffige Basilika mit apsidialem Ostabschluss ersetzt. Nachdem die Pfarrei zwischen 1460 und 1486 angrenzende Grundstücke erwerben konnte, wurde der Kirchenbau bis 1490 um eine südlich vorgesetzte Sakristei erweitert.

Nach der Säkularisation wurde Klein St. Martin 1803 aufgehoben. Den Pfarrgottesdienst verlegte man nach St. Maria im Kapitol. Das spätgotische Kirchengebäude wurde 1805 verkauft und seit 1814 als Salzmagazin verwendet, andere Gebäude wurden zu Dienstwohnungen umgebaut, oder als Knabenschule genutzt. 1820 begann man über einen Abriss der baufälligen Kirche nachzudenken. 1824 wurden Kirche und Friedhofsfläche versteigert, das südlich anschließende Pfarrhaus verkauft und bis auf den noch heute stehenden Westturm niedergelegt.

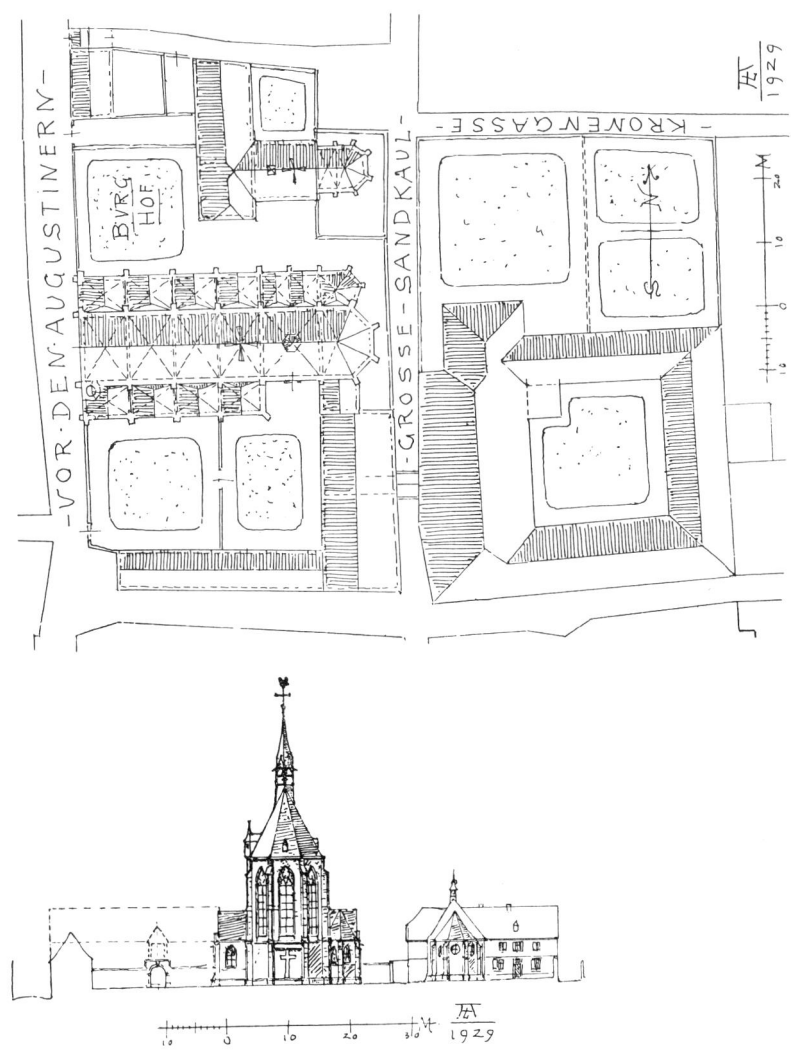

Lageplan des Augustinerklosters (oben) und Rekonstruktion der Ostseite

Das Kloster der Augustinereremiten

Seit dem 13. Jahrhundert gründeten die jüngeren Bettelorden zahlreiche Klöster, darunter Dominikaner, Franziskaner oder Minoriten und Augustinereremiten. Der Orden der Augustinereremiten war erst 1256 auf päpstliche Initiative in Italien gegründet worden und breitete sich seit den 1260er Jahren über Süddeutschland nach Norden aus.

Die Kirche der Augustinereremiten war die einzige Sakralgründung gotischer Zeit im Osten der römischen Altstadt. Neugründungen waren nur dort möglich, wo es ausreichend große Leergrundstücke gab. Im flächig besiedelten Osten der Stadt waren unbebaute Parzellen seit langem Mangelware. Auch die kirchliche Ausgestaltung war dort spätestens im 12. Jahrhundert abgeschlossen.

Das Grundstück an der Pipinstraße verdankten die Augustinereremiten einer Schenkung des Constantin von Lyskirchen, der ihnen ein „Haus gegenüber dem Obstgarten der Stiftsdamen von St. Maria im Kapitol" überlassen hatte. Der Orden war bis dahin im Bezirk Niederich, heute zwischen Breslauer Platz und Unter Krahnenbäumen, ansässig. Das neue Grundstück grenzte im Norden an den Burggrafenhof, in dem seit dem frühen 11. Jahrhundert der Burggraf (prefectus urbis) als oberster Beamter des Kölner Erzbischofs seinen Wohn- und Amtssitz hatte. 1264 zog die Klostergemeinschaft in den Südosten der Stadt, wo sie rasch an Einfluss gewann, denn schon 1277 erhielt sie die Erlaubnis des Kölner Erzbischofs Siegfrid von Westerburg zu predigen und die Beichte abzunehmen. Offensichtlich kam die Gemeinschaft bald in den Besitz weiterer Grundstücke. 1280 begann man mit dem Bau einer neuen Kirche und neuer Konventsgebäude. Der Altbesitz des Ordens in Niederich wurde 1285 verkauft.

Der Kirchenbau des späten 13. Jahrhunderts wurde 1395 grundlegend erneuert. Bis zum 16. Jahrhundert wurden Kapellen angebaut, die vornehme Kölner Familien gestiftet hatten, um dort ihre Familienmitglieder beizusetzen. Eine Rekonstruktion des 19. Jahrhunderts stellt die Klosterkirche als einschiffiges Langhaus dar, an das auf der Nordseite sieben und auf der Südseite sechs Kapellen angebaut waren. Die Kirche war rund 45 Meter lang und 10 Meter breit. Nordöstlich der Kirche stand eine 1404 vollendete Sakristei, südlich des Kirchenchors, parallel zur Großen Sandkaule, das 28 mal 12 Meter große Kapitelhaus. Zwischen Kirche und Kapitelhaus lag ein Kreuzgang, der durch einen schmalen Bau parallel zur Pipinstraße nach Süden und durch die Klostermauer im Westen zur Hohe Straße begrenzt wurde.

Nach Streitigkeiten mit dem Kölner Rat mussten die Augustinereremiten 1345 große Teile ihres Grundbesitzes, soweit er nicht innerhalb der Klostermauern lag, verkaufen. Trotzdem konnte der Orden seinen Grundbesitz seit dem 15. Jahrhundert östlich der Großen Sandkaule ausdehnen. Dort stand ein 45 mal 19 Meter großes Konventgebäude, an das nach Osten der so genannte zweite Kreuzgang anschloss. Das Gebäude beherbergte in seinem Untergeschoss einen großen säulengestützten Speisesaal. Darüber lagen der Schlafsaal (Dormitorium) mit Zellen für 150 Brüder und die Bücherei. Nördlich an das Konventgebäude schlossen Kraut-, Obst- und Weingärten des Klosters an, die bis zur Kronengasse reichten. Die klösterliche Brauerei ist am Elogiusplatz bezeugt. Im 17. Jahrhundert reichte das Klostergelände im Osten bis zum Elogiusplatz, im Westen bis zur Hohe Straße, im Süden bis zur Pipinstraße, im Norden bis zur Kronengasse und dem Burghof. In seiner Blütezeit hatte es eine Größe von über 6000 Quadratmeter. Die durch ihr Grundstück verlaufende Straße Große Sankaule konnten die Augustinereremiten mit Sondergenehmigungen des Rates zeitweilig für den Durchgangsverkehr sperren. Außerdem durften sie einen brückenartigen Übergang und einen unterirdischen Stollen errichten.

Seit dem Einmarsch im Jahr 1794 litt das Kloster unter Einquartierungen und Enteignungen der Besatzer. In den alten Wohn- und Wirtschaftsbauten der östlichen Klosterteile wurden Pferdeställe, Arbeits- und Speicherräume für die Besatzung eingerichtet. Das Refektorium diente als Waffenraum und Exerzierhalle. Im Konventsgebäude war seit 1799 eine Militärapotheke untergebracht. Am 22. August 1802 wurde das Kloster aufgehoben. Kirche und Klostergebäude wurden 1807 abgerissen.

Die Kapelle St. Nikolaus

Unmittelbar nördlich des Klostergrundstücks stand auf der Parzelle des Burggrafen die Nikolauskapelle, die 1250 vom Kölner Erzbischof Konrad von Hochstaden geweiht worden sein soll. Der Besitz der Kirche war mit dem stets vom Hochadel besetzten Amt des Burggrafen (prefectus urbis) verbunden. 1279 fielen Amt und Kirche an den Erzbischof zurück, der in dem ehemaligen Gebäude des Burggrafen seit spätestens 1336 Inklusen unterbrachte. Besitz und Einkommen der Inklusen waren lange Zeit bescheiden, erst 1492 gelangten die dort ansässigen Augustinerinnen in den Besitz des ehemaligen Burggrafenhofs und mehrerer Grundstücke, die der Gemeinschaft ein besseres Einkommen ermöglichten. 1802 wurde das Konvent aufgehoben.

Städtebauliche Neuordnungen im 19. und 20. Jahrhundert

Die engen Sträßchen des Albansviertels genügten den verkehrlichen Anforderungen seit dem frühen 19. Jahrhundert immer weniger. Die mittelalterlichen Straßen und Gassen des Viertels wurden daher nach der Säkularisation vielfach aufgeweitet und durch neu trassierte Straßen ergänzt.

Das preußische Urkataster (1836/37) weist die Pipinstraße noch als schmale Straße aus, die in West-Ost-Richtung zur Rheinstadt hinführte. Erst das Vorkriegskataster der 1930er Jahre zeigt die Straße um einige Meter nach Norden aufgeweitet. Der Augustinerplatz entstand nach dem Abriss des Augustinerklosters 1806. Die Fläche wurde zunächst „Place Napoléon" genannt und mit Baumreihen bepflanzt.

Zivilkasino am Augustinerplatz um 1880 (Foto J. H. Schoenscheidt)

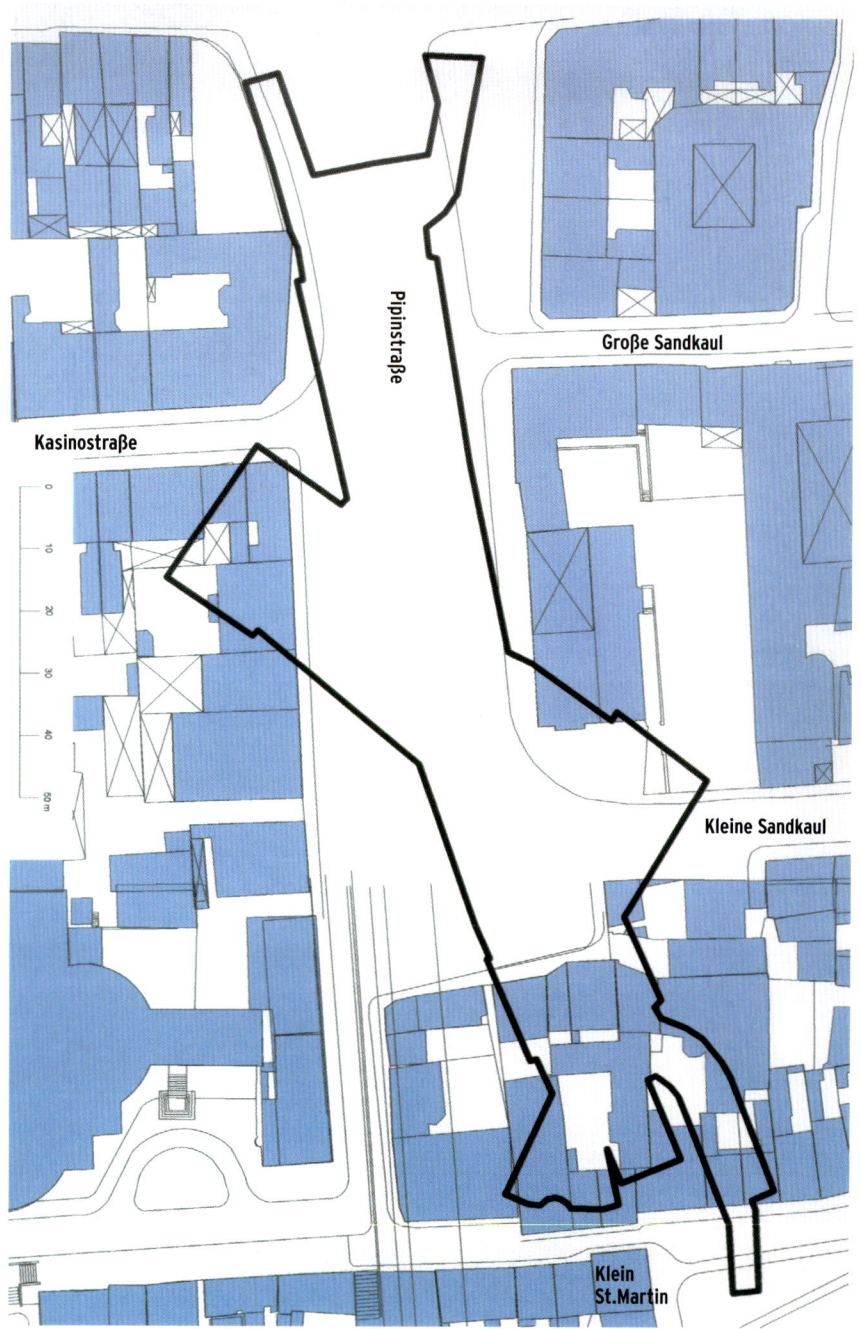

Baugrube „Haltestelle Heumarkt" auf der Plangrundlage des Vorkriegskatasters (1930er Jahre)

Die Kölner Ost-West-Achse in der nationalsozialistischen Stadtplanung

1829 beantragte die Kasino-Gesellschaft, im Osten des Augustinerplatzes ein Kasino errichten zu dürfen. Den Auftrag zum Bau des Kasinos erhielt der Berliner Architekt und Schinkelschüler J. H. Stark. Nach der Grundsteinlegung am 15. April 1831 wurde das dreigeschossige, 50 mal 30 Meter große Gebäude am 26. Dezember 1832 feierlich eingeweiht. Bis 1900 wurde das Gebäude mehrfach umgebaut. Zwischen 1918/19 und 1925 beherbergte das Haus englische Besatzungssoldaten. Nach der Rückgabe fanden 1925 unter Leitung von E. Fabricius Umbauten statt. 1939 wurde das im klassizistischen Baustil errichtete Gebäude dem Kahlschlag für die geplante West-Ost-Trasse geopfert.

Die Kasinostraße wurde zwischen 1836 und 1849 auf dem Boden des ehemaligen Abteigeländes St. Maria im Kapitol angelegt. Sie verbindet die Stephanstraße mit der Pipinstraße und dem Augustinerplatz. 1840/41 wurde die Marspfortengasse neu trassiert. Die Augustinerstraße entstand seit 1939 im Zuge von Abbrucharbeiten für den Ost-West-Durchbruch. Das Vorkriegskataster der 1930er Jahre zeigt die heutige Straßenfläche noch bebaut. Nach der Machtübernahme durch die Nationalsozialisten begannen deren Beauftragte seit 1937 mit den Planungen für einen 60 Meter breiten Ost-West-Durchbruch vom Rudolfplatz bis zum Heumarkt. Die Achse sollte nach Westen über die Aachener Straße und im Osten in Richtung Olpener Straße verlängert werden. 1938 begann der Abbruch. 1941 wurden die Pläne zu Gunsten einer monumentaleren Grundgestaltung überarbeitet. Die Neuplanung sah nun vor, eine 160 Meter breite und 500 Meter lange Platzanlage vom Ansatz des Ost-West-Durchbruchs bis zum – geplanten – Bahnhof am Aachener Tor einzurichten. Auch der Rudolfplatz und die dort stehende alte Oper sollten der Neuplanung anheim fallen. Eine weitere platzartige Erweiterung war am Schnittpunkt des Ost-West- und des Nord-Süd-Durchbruchs (heutige Nord-Süd-Fahrt) vorgesehen. Nach dem Ausbruch des Zweiten Weltkriegs wurden die Abbrucharbeiten unterbrochen. In veränderter Form wurde die West-Ost-Schneise dann beim Wiederaufbau nach 1945 städtebaulich umgesetzt.

Der Mehrzweckschacht auf dem Waidmarkt

Auf dem Waidmarkt wird ein so genannter „Mehrzweckschacht" für die Nord-Süd Stadtbahn errichtet. Der Name Waidmarkt kam erst im Spätmittelalter auf, vorher wurde der Platz vor dem alten römischen Südtor zumeist der Severinstraße zugerechnet, die südlich der Hohe Pforte „Breite Straße" (lata platea) genannt wurde. Hier nahm in römischer Zeit die wichtige Fernstraße nach Bonn ihren Ausgangspunkt, und hier hatte sich eine bedeutende Vorstadt, ein suburbium, gebildet, in der Wohn- und Gewerbebesiedlung gleichermaßen vertreten waren. Vor der mittelalterlichen Kirche St. Georg, noch heute das prägende Gebäude auf der Ostseite des Waidmarkts, spielten sich zu Zeiten des Erzbischofs Anno II. (1056-1075) dramatische Szenen ab.

Ein Erzbischof nimmt Rache

Ungeheuerliches war in diesen Apriltagen des Jahres 1074 geschehen – die Kölner Bürger hatten sich eines „ruchlosen Verbrechens" schuldig gemacht, sie hatten sich gegen ihren Herrn erhoben, den Erzbischof, „den frömmsten Mann, der je an den Rhein gekommen ist". Seit dem Jahre 1056 amtierte Anno, der Zweite dieses Namens, der frühere Hofkaplan Kaiser Heinrichs III., als Erzbischof von Köln.

Neben der geistlichen übte er auch die weltliche Gewalt in der Stadt aus. Köln war damals „als schönste Stadt bekannt, die es je gab im deutschen Land", wie der unbekannte Verfasser des Annolieds reimte, eines um 1085 in frühmittelhochdeutscher Sprache verfassten Gedichts.

Über die Vorgänge des Jahres 1074 sind wir durch einen Zeitgenossen, den Chronisten und Mönch Lampert von Hersfeld, informiert. Lampert hat den Aufstand der Bürger gegen Erzbischof Anno II. minutiös geschildert: „Der Erzbischof feierte das Osterfest des Jahres 1074 in Köln, und bei ihm war der Bischof von Münster. Als nun die Osterfeiertage beinahe vorüber waren und dieser sich anschickte abzureisen, erhielten diejenigen, welche sich um das Haus des Erzbischofs sorgten, den Befehl, ein geeignetes Schiff für seine Rückreise zu besorgen. Nachdem alle eingehend gemustert und besichtigt waren, beschlagnahmten sie ein Schiff, das einem gewissen sehr reichen Kaufmann gehörte, welches ihnen für diesen Zweck geeignet schien, ließen die Waren, die es geladen hatte, ausladen und befahlen, es unverzüglich im Dienste des Erzbischofs segelfertig zu machen. Als das die Knechte, die das Schiff zu bewachen hatten, verweigerten, drohten sie mit Gewalt, wenn diese nicht sofort ihre Befehle ausführten. Jene eilten, so rasch sie konnten, zu dem Schiffseigner, meldeten

Die Pfarrkirche St. Jakob (links) und die Stiftskirche St. Georg (Zeichnung, zweite Hälfte 17. Jahrhundert)

die Sache und fragten, was zu tun sei. Dieser hatte einen erwachsenen Sohn, der nicht weniger durch Kühnheit als durch Körperkräfte ausgezeichnet und sowohl wegen verwandtschaftlicher Beziehungen als auch wegen seiner Verdienste bei den vornehmsten Einwohnern der Stadt im höchsten Maße beliebt und anerkannt war. Dieser sammelte seine Knechte und junge Leute aus der Stadt, so viele er in aller Hast zu seinem Beistand zusammenraffen konnte, begab sich in fliegender Eile zu dem Schiff und verjagte gewaltsam die Diener des Erzbischofs, die energisch auf der Beschlagnahmung des Schiffs bestanden."

Aus einem Handgemenge, das infolge der Beschlagnahmung des Schiffes ausgelöst wurde, entwickelte sich plötzlich ein Aufstand der gesamten Bürgerschaft gegen den Erzbischof. Der war, wie Lampert schreibt, „zwar ein Mann, den Tugenden jeder Art schmückten und dessen Rechtschaffenheit in Sachen des Reiches und der Kirche Gottes erprobt war. Aber bei so vielen Vorzügen zeigte sich ein Fehler wie ein kleines Mal am schönsten Körper, nämlich, dass er seine Zunge nicht zügeln konnte, wenn sein Zorn entbrannt war, sondern gegen jeden ohne Ansehen der Person Scheltworte und die beißendsten Beschimpfungen schleuderte." Die Bürger, die Anno oft durch seine Überheblichkeit und Strenge gekränkt hatte, „an Zahl überlegen, gut ausgestattet mit Geld und Waffen, hielten es für unwürdig, dass man ihren Mut geringer erachten könnte, indem sie weibisch duldeten, wenn der Erzbischof so lange mit tyrannischem Dünkel über sie herrschte – die vornehmsten Einwohner berieten törichte Pläne, das zügellose gemeine Volk forderte begierig Neuerungen und rief in der ganzen Stadt zu den Waffen". Man wollte den Erzbischof nicht nur aus der Stadt werfen, sondern ihn, „wenn sich die Gelegenheit ergebe, durch alle Foltern niedermetzeln".

Anno ließ sich durch die in der Stadt umgehenden Gerüchte nicht beeindrucken. „Es war der Gedächtnistag des hl. Märtyrers Georg, der in diesem Jahr auf den Mittwoch der Osterwoche fiel, der 24. April. Der Erzbischof, der die Messe in St. Georg gefeiert hatte, predigte vor der Bevölkerung und beschwor seine Zuhörer in einer Vorahnung, ohne doch das drohende Unheil zu kennen, dass die Stadt in die Gewalt des Teufels geraten sei und demnächst untergehen werde, wenn sie sich nicht beeilten, den Zorn Gottes durch Buße abzuwenden."

Diese Predigt nutzte bekanntlich nichts – die Bürger waren so aufgebracht, dass Anno schließlich nach Neuss flüchten musste. Vier Tage später erschien er indessen mit großem Aufgebot vor der Stadt. „Als man im ganzen Land gehört hatte, dass die Kölner ihren Erzbischof mit Schimpf und Schande aus der Stadt

Erzbischof Anno II. als Kirchengründer (Darstellung aus dem 12. Jahrhundert)

gejagt hätten, entsetzte sich alles Volk über die unerhörte Tat, das abscheuliche Verbrechen. Tausende von Menschen strömten, schneller als man es sagen kann, herbei, und keiner im waffenfähigen Alter verweigerte den gottgefälligen Kriegsdienst, sie würden für ihn kämpfen und notfalls bereitwillig den Tod erleiden. Wenn die Kölner den Erzbischof bei seiner Ankunft nicht unverzüglich aufnähmen und ihm nach seinem Ermessen für die Kränkung Genugtuung leisteten, würden sie entweder Feuer hineinschleudern und die Bevölkerung mit der Stadt verbrennen lassen oder die Mauern zertrümmern und ihn über Berge von Erschlagenen auf seinen Bischofsstuhl zurückführen."

Angesichts der erzbischöflichen Übermacht brach der Aufstand in sich zusammen, der Stadtgemeinde lieferte sich Anno auf Gnade und Ungnade aus.

„Von großem Schrecken erschüttert, schickten sie ihm Friedensboten entgegen, durch welche sie sich schuldig bekannten und bereit erklärten, jede Strafe auf sich zu nehmen, wenn ihr Leben geschont werde. Der Erzbischof erwiderte, er werde den Reuigen Vergebung nicht versagen. Darauf lud er nach der Feier des Hochamts zu St. Georg alle diejenigen, die ihn vertrieben, die Kölner Kirche durch Mord befleckt, das Haus des hl. Petrus angegriffen und die Rechte der Kirche durch barbarische Taten verletzt hatten, durch bischöflichen Bann zur Genugtuung vor. Alsbald zogen sie barfuß mit wollenen Kleidern auf dem bloßen Leibe heran, nachdem sie mit Mühe und Not von denen, die den Erzbischof umgaben, freies Geleit erhalten hatten."

Anno befahl nun den Bürgern, sich am nächsten Tag am Dom einzufinden, um nach den kanonischen Vorschriften Buße auf sich zu nehmen. Zugleich konnte er mit viel Mühe durchsetzen, dass die Leute vom Land, die sich ihm angeschlossen hatten, „jeder für sich in Frieden heimkehrten". Der Erzbischof befürchtete mit Recht, dass es nach der Übergabe der Stadt zu Gewalttaten kommen könnte, dass die Landleute „teils aus Erbitterung über das begangene Unrecht, teils aus Beutegier allzu grausam gegen die Bevölkerung wüten könnten". Anno ritt daher erst am nächsten Tag in die Stadt ein – da waren Hunderte der wohlhabendsten Bürger bereits aus der Stadt geflüchtet. Als sich niemand bei ihm einstellte, „um Vorschläge für irgendeine Art von Genugtuung zu machen", begannen die Lehnsleute des Erzbischofs – angeblich ohne dessen Wissen – „das Werk der gerechten Rache". Ein blutiges Strafgericht setzte ein. „Erbittert über diese Schmach, drangen sie in die Häuser ein, plünderten die Besitztümer, streckten die nieder, die ihnen begegneten." Der Kaufmannssohn, der das Volk zum Aufstand angestachelt hatte, wurde geblendet. „Und so wurde die Stadt, kurz zuvor noch die volkreichste und der Vorort aller gallischen Städte, plötzlich fast völlig zur Einöde gemacht, und wo bisher deren Straßen die dicht gedrängten Fußgänger kaum fassen konnten, zeigt sich nun selten ein Mensch – Schweigen und Schrecken beherrschen alle früheren Stätten der Lust und Genüsse." So beendet Lampert seinen Bericht über den Aufstand.

St. Georg – Annos Gründung

Die alte Stiftskirche St. Georg wird im Text mehrfach erwähnt – kein Wunder, denn Anno gründete die Kirche. St. Georg gehört zu den zwölf romanischen Kirchen Kölns, keine andere Kirche wirkt auf den ersten Blick allerdings so archaisch wie sie. Dieser Eindruck ist auf den wuchtigen Westbau zurückzuführen, der fast an einen Wehrturm erinnert. 1059 wurde auf Veranlassung Annos mit dem Bau der Kirche

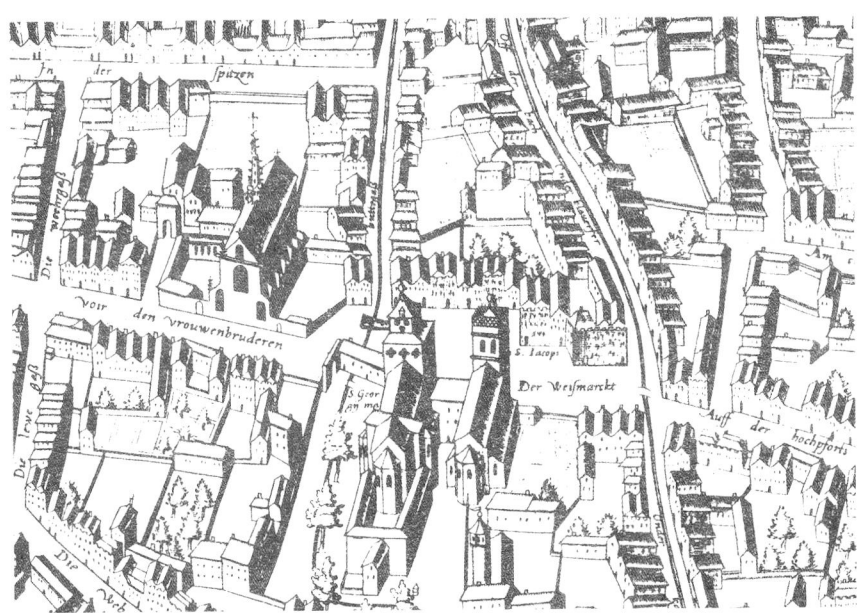

Waidmarkt mit St. Jakob und St. Georg (Mercatorplan 1570/71)

begonnen, wenige Meter von der römischen Stadtmauer und vom Südtor entfernt. Ausgrabungsbefunde der Jahre 1928-1930 lassen den Schluss zu, dass man das abfallende Geländerelief vor Baubeginn durch Aufschüttungen angeglichen und so eine ebene Fläche geschaffen hat. Für die Anlage des Westchores war eine 2,5 Meter tiefe Fundamentgrube in den römischen Straßendamm gegraben worden. Anhand von Ausgrabungsbefunden rekonstruierte der Archäologe und frühere Direktor des Römisch-Germanischen Museums, Otto Doppelfeld, im Jahre 1950 den dreischiffigen Grundriss einer frühchristlichen Kirche unter St. Georg, in der er das oratorium des hl. Caesarius vermutete. Eine Kapelle des hl. Caesarius wird indessen in schriftlichen Quellen erst im 16. Jahrhundert erwähnt. Von der These eines Vorgängerbaues ist man mittlerweile wieder abgerückt – auch weil in der Vita Annonis (abgeschlossen um das Jahr 1105), die ansonsten als sehr zuverlässige Quelle gilt, kein Vorgängerbau der Stiftskirche erwähnt wird.

Ursprünglich flach gedeckt, erhielt die Kirche St. Georg in der Mitte des 12. Jahrhunderts ein Gewölbe, zu dessen Stütze zwei auffällige Pfeiler zwischen die Säulenreihen eingesetzt werden mussten. Im Osten enden die drei Schiffe hinter dem Querhaus in ebenso vielen Apsiden. Bei der Anlage des 11. Jahrhunderts handelte es sich um eine doppelchörige Säulenbasilika von etwa 45 Meter Länge. Der Westchor war den archäologischen Untersuchungen zufolge ein nach außen gerundeter, innen rechteckig ausgebildeter Raum mit drei großen Rundbogennischen. Nach Umbauten in der Mitte des 12. Jahrhunderts wurde der alte Westchor um 1180 durch einen repräsentativen Monumentalbau mit 3,5 Meter starken Mauern ersetzt. Bereits der ältere Westchor war auf der Trasse der römischen Straße gegründet worden und hatte etwa die Hälfte der Straße versperrt. Der

Archäologische Ausgrabungen in der römischen Vorstadt südlich von St. Georg (1956/57)

Neubau nahm die Trasse vollständig in Anspruch. Die ungewöhnliche Mauerstärke lässt vermuten, dass hier ein wesentlich höherer Turm geplant war, der jedoch nie gebaut wurde. Nachdem auch ein später erbauter barocker Helmaufsatz, der - fast so hoch wie der Turm selbst - im Kriege zerstört wurde, erscheint der Westbau nun so niedrig und geduckt wie nie zuvor.

Man betritt die Kirche übrigens durch das nördliche Seitenschiff. Die hier angrenzende Vorhalle stellt den Rest eines Verbindungsgangs dar, der einst zu der benachbarten, im 19. Jahrhundert abgebrochenen Pfarrkirche St. Jakob führte. Deren Gemeinde war von der Nähe zu den Stiftsherren gar nicht begeistert, konnte sich aber gegen den Bau des Ganges nicht wehren. Über dem Hochaltar von St. Georg hängt eine Nachbildung des berühmten Georgs-Kruzifixus aus dem Jahr 1067, das zu den eindrucksvollsten Bildwerken des Gekreuzigten gehört - das Original ist im Museum Schnütgen zu sehen. Herausragend ist auch das Gabelkruzifix aus der Zeit um 1380, das - in Blickrichtung genau gegenüberliegend - Ausdruck spätmittelalterlicher Frömmigkeit ist. Der Beweinungsaltar, mit Kreuztragung und Auferstehung Christi auf den Flügeln, wird Bartholomäus Bruyn d. Jüngeren zugeschrieben.

In der Kirche und ihrem direkten Umfeld wurden zahlreiche Begräbnisstätten angelegt: Steinplattengräber, Sandsteinsarkophage, gemauerte Gräber und einfache Erdgräber. Alle Gräber waren in West-Ost- oder Ost-West-Richtung angelegt. Man fand in ihnen keine Beigaben, und viele waren durch jüngere Erdeingriffe beeinträchtigt. Grab- und Sarkophagformen lassen aber darauf schließen, dass sie aus dem Hochmittelalter stammen.

Den Immunitätsbezirk des Chorherrenstifts St. Georg betrat man über ein rundbogiges Tor auf der Südseite des Platzes. In der Längsachse östlich des Chores schlossen die Stiftsgebäude in Form einer hufeisenförmigen Anlage an, die – wie man auf dem 1752 gefertigten Reinhardt-Plan erkennen kann – von unbebautem Garten- oder Friedhofsgelände umgeben war. Das spätromanische Probsteigebäude auf der Nordostseite, die so genannte Annoburg in der heutigen Georgstraße 7, wurde 1843 abgebrochen. Das 1251 erstmals erwähnte Hospital des Stifts befand sich auf der gegenüberliegenden Seite des Waidmarkts, im Bereich des ehemaligen Polizeipräsidiums.

Die Kirche von St. Georg ist in der frühen Neuzeit mehrfach erneuert und umgebaut worden. Im Zuge der Säkularisation wurde auch der Georgsstift im Jahre 1802 aufgehoben, die Kirche übergaben die französischen Behörden der Pfarrgemeinde St. Jakob, und seitdem ist St. Georg eine katholische Pfarrkirche. 1945 durch Luftangriffe weitgehend zerstört, wurde die gesamte Anlage bis 1964 wieder aufgebaut.

Der Duffesbach – neben dem Rhein die Lebensader Kölns

Am römischen Südtor im Bereich der Hohe Pforte begann die römische Landstraße nach Bonn – vermutlich über eine Brücke überquerte man in römischer Zeit zunächst den Duffesbach, dessen römischer Name nicht überliefert ist. Die südliche Stadtmauer der Colonia Claudia Ara Agrippinensium, der Römerstadt, verlief nämlich parallel zum Duffesbach. Nur hier passten die Römer die Stadtgrenze den natürlichen Gegebenheiten an, weil die steilen Uferhänge im Bereich des Baches schon einen gewissen Schutz boten, während ansonsten die Stadtmauer der fast quadratischen Anlage der Stadt folgte. Nach dem Bau der großartigen Eifelwasserleitung wurde das Wasser des Duffesbachs teilweise sogar in den Aquädukt eingespeist. Überspitzt formuliert: Das reine Quellwasser des im Vorgebirge entspringenden Baches und die alte Rheininsel gaben den Ausschlag, das oppidum Ubiorum, den Vorläufer der römischen Stadt, an exakt jener Stelle anzulegen, an der sich die alte Kölner Innenstadt noch heute befindet.

Auch für die mittelalterliche Wirtschaftsmetropole Köln war der Duffesbach ungleichlich wichtig, lieferte er doch den Handwerkern im Südwesten der Stadt das „Fließwasser" – Löher, Weißgerber, Walker und Färber gehörten zu den Branchen, denen das Kölner Textil- und Ledergewerbe seinen internationalen Ruf verdankte. Der Duffesbach – oder Hürther Bach, wie er außerhalb der Stadt genannt wurde – ist in Köln zumeist in der Namensform „die Bäche" bekannt. Kaum jemand weiß indessen, dass es sich dabei nur um einen Bach handelt. Der Bach, der die mittelalterliche Stadtmauer an der Bachpforte, zwischen Pantaleonspforte und Weyertor gelegen, unterquerte, wurde und wird zunächst Weidenbach, dann Rothgerberbach, dann Blaubach, dann Mühlenbach – daher auch der Name „An der Malzmühle" – genannt, ehe er im Bereich des Filzengrabens in den Rhein mündete.

Namen wie Rothgerberbach und Blaubach erinnern noch heute an bestimmte Tätigkeiten im Bereich der „Bäche". Von alters her war der Kölner Rat bestrebt, den ungehemmten Zufluss des Bachwassers sicherzustellen. Seit dem 14. Jahrhundert gab es eine eigene städtische Behörde, die „Bachmeister", die dafür Sorge zu tragen hatten, dass das Wasser nicht außerhalb Kölns abgeleitet wurde. Bis zu seiner Mündung in den Rhein durchfloss der Bach nämlich mehrere Grundherrschaften: die Herrlichkeit Hürth, die Herrlichkeit Mülheim – die nach ihren Besitzern, den „Deutschherren", auch Herrenmülheim oder Hermülheim, genannt wurde –, Efferen sowie die dem Abt von St. Pantaleon gehörende Herrlichkeit Sülz. Gegenüber diesen Anrainern, mit denen es ständige Reibereien über die Wassernutzung gab, behauptete der Rat beharrlich, der Bach sei kein öffentliches, sondern ein durch künstliche Mittel im Fluss gehaltenes Gewässer, dessen Quellen Eigentum der Stadt seien. Im Jahre 1321 musste gar der Heilige Stuhl in Auseinandersetzungen mit den Deutschherren, dem Deutschen Ritterorden, eingreifen. Von Papst Johannes XXII. bestellte Schiedsrichter gestatteten den Anwohnern in Hermülheim, Bachwasser von Samstag- bis Sonntagmittag auf ihre Besitzungen zu leiten. Mit dem Herrn von Hürth, der den Bach oft und gern anzapfte, einigte man sich mehrfach – so etwa im Jahre 1558: Zu „Haushaltungs-Bedürfnissen" dürfe er das Wasser nutzen. Zwei Jahre später kam es jedoch zu einem regelrechten „Wasserkrieg", nachdem die Bauern das Bachwasser auch an Wochentagen abgeleitet hatten – die Kölner Handwerker saßen buchstäblich auf „dem Trockenen". Nach langjährigen, teils gewalttätigen, teils juristischen Auseinandersetzungen einigten sich 1617 die freie Reichsstadt und der Herr von Hürth dahin gehend, dass der Gerichtsstand bei künftigen Streitigkeiten im Gebiet des Erzstiftes Köln liegen sollte. Den hürthischen Untertanen war es fürderhin wieder gestattet, am Wochenende Bachwasser auf ihre Äcker und Wiesen zu leiten.

Mit der im 19. Jahrhundert einsetzenden Industrialisierung verlor der Bach schließlich seine wichtige Rolle für das Kölner Gewerbe. Und so scheint es nur konsequent zu sein, dass heute vom Duffesbach im gesamten Stadtgebiet nichts mehr zu sehen ist – neben der Berrenrather Straße verschwindet er auf Höhe des Militärrings in die unterirdische Kanalisation.

Die römische Fernstraße nach Bonn

An der Hohe Pforte, dem römischen Südtor, nahm die römische Fernstraße nach Bonn ihren Ausgangspunkt. Obwohl der Rhein als Schifffahrtsstraße natürlich der wichtigste Transportweg für Mensch und Material war, legten die Römer größten Wert auf ein systematisch ausgebautes Straßennetz, durch das Köln mit dem Westen und Süden verbunden wurde. „Fest ausgebaute Straßen", schreibt der Historiker Werner Eck im ersten Band der „Geschichte der Stadt Köln", „sind stets und überall als sehr konkrete Voraussetzung für die römische Herrschaft angesehen worden, aber auch als ihr Symbol." Die Rheintalstraße, die von Köln über Bonn nach Mainz ins größte Militärlager Obergermaniens führte, ist wahrscheinlich schon im 1. Jahrhundert n. Chr. gebaut worden. Und es ist ziemlich sicher, dass das römische Militär am Bau dieser ersten Straße beteiligt war.

Der alte Straßenkörper ist bei Erdarbeiten im Bereich des Waidmarkts mehrfach angeschnitten worden, die Straße verlief auf der Ostseite in der Fluchtlinie der Severinstraße. Durch wiederholte Instandsetzung wurde sie im Laufe der Jahrhunderte um etwa 4 Meter erhöht. Bei Ausgrabungen unter dem Westwerk von St. Georg konnte ein Ost-West-Schnitt durch den Straßendamm angelegt werden, der Einblicke in die Schichtenfolge und die Ausbauphasen der Straße zwischen dem 1. und 4. Jahrhundert erlaubte. Die älteste Straße war demnach in den anstehenden Lehm planiert. Sie war 3,6 Meter breit, auf beiden Seiten hatte man bis zu 1,6 Meter breite und 0,5 Meter tiefe Spitzgräben sowie eine Art von „Gehwegen" angelegt. Der ebene und kaum wasserdurchlässige Lehmkörper, den man aufgrund von Keramikfunden in die Zeit des Augustus (27 v. Chr. bis 14 n. Chr.) datiert, war wohl bald

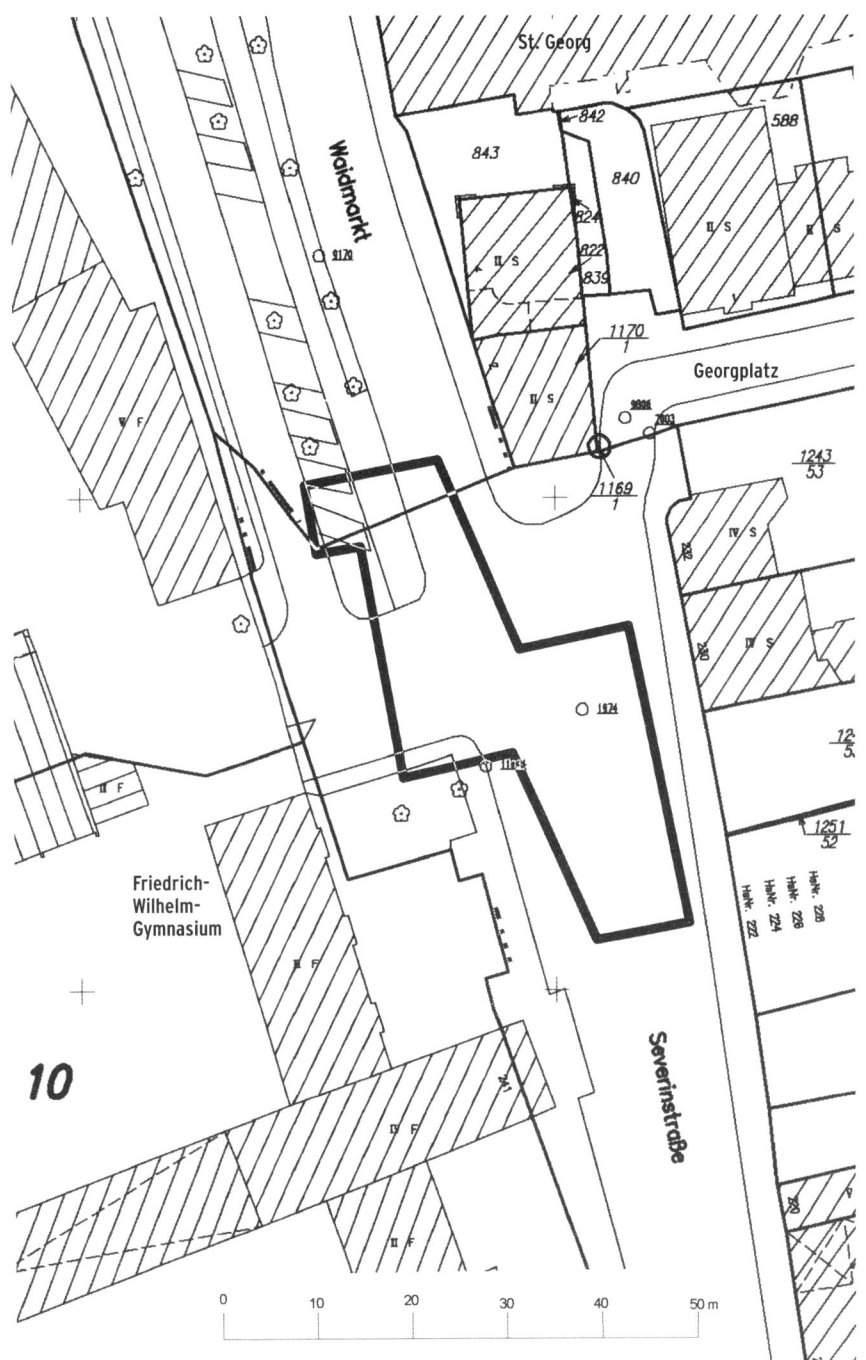

Plan der Baugrube auf dem Waidmarkt

von schlammigen Nutzschichten bedeckt, denn schon in dieser Phase versuchten die Erbauer, den Untergrund durch eingerammte und quer liegende Hölzer in der Art eines Knüppeldamms zu stabilisieren. Später wurden hölzerne Wasserleitungen in den Spitzgräben verlegt, die Trasse auf 4,6 Meter verbreitert, und die „Bürgersteige" sicherte man mit steinernen Randfassungen.

In der zweiten Hälfte des 1. Jahrhunderts wurde der Straßendamm mit Bauschutt befestigt und mit Kies geschottert, um einen ebenen und wasserdurchlässigen Straßenkörper zu schaffen. Die Trasse dieser zweiten großen Bauperiode war nun 7 Meter breit. Auf dem östlichen „Gehweg", so fanden die Archäologen heraus, war zu dieser Zeit ein Haus aus Holz und Flechtwerk errichtet worden, das jedoch bald abgebrannt war. Die Überreste wurden planiert und mit einer neuen Straßenschicht abgedeckt. Seither war der Fahrdamm zur Mitte hin stark gewölbt, so dass nicht versickerndes Oberflächenwasser in die Straßengräben ablief, die man mit Bauschutt verfüllt hatte. Weitere Ausbauarbeiten wurden im 2. und frühen 3. Jahrhundert n. Chr. vorgenommen.

Im späten 3. und 4. Jahrhundert hat man dann die Fernstraße zu einem kiesgeschotterten Fahrdamm von nun 7,6 Meter Breite ausgebaut. Sie war durch eine leichte „Einsattelung" im Zentrum in zwei Fahrbahnen geteilt. Die etwa 3 Meter breiten „Gehwege" waren möglicherweise mit Steinplatten befestigt worden. Sie wurden an der Fundstelle zudem von Brüstungsmauern begrenzt, hinter denen in einem Abstand von etwa 3 Metern die Pfeiler einer Portikus, einer Halle, standen. Diese Pfeiler waren 3,6 Meter von den Fassaden der Häuser entfernt, die den Straßenrand säumten. Man nimmt daher an, dass die beiden Häuserfronten etwa 100 römische Fuß, das heißt 30 Meter, auseinander lagen.

Reste der römischen Straße sind auch vor dem Haus Waidmarkt 8 gefunden worden, wo man im Jahre 1932 bei der Verlegung einer Wasserleitung schon in etwa 1 Meter Tiefe unter der heutigen Straßendecke auf Kies- und Ziegelbruchlagen (im Wechsel mit schlammigen Nutzschichten) stieß. Der relativ gute Zustand des erhaltenen Straßenkörpers in dieser oberflächennahen Schicht wird darauf zurückgeführt, dass der Waidmarkt im Frühmittelalter nicht überbaut wurde. Weitere Kiesschichten der antiken Fernstraße wurden vor dem Hauptportal des Friedrich-Wilhelm-Gymnasiums freigelegt.

Der Mehrzweckschacht „Waidmarkt"

Die Baustelle des Mehrzweckschachts liegt südlich des mittelalterlichen Immunitätsbezirks von St. Georg, zwischen der heutigen Pfarrkirche, dem Friedrich-Wilhelm-Gymnasium und dem Historischem Archiv der Stadt Köln. Die Baugrube misst zwischen den Schlitzwänden genau 52 Meter in Nord-Süd-Richtung, rund 27 Meter in Ost-West-Richtung, ihre Sohle wird etwa 29 Meter unter der heutigen Straßenfläche liegen.

Wann die platzartige Erweiterung der römischen Fernstraße durchgeführt wurde, ist nicht bekannt. Vermutlich hat man im Zuge der mittelalterlichen Wiederbesiedlung der südlichen Vorstadt – noch vor der zweiten Stadterweiterung von 1106 – auf eine unmittelbar an die Straße anschließende Bebauung verzichtet. Spätestens aber als Erzbischof Anno II. das Stift St. Georg gründete, wird westlich davon eine ausreichende Freifläche existiert haben, denn schon das Westwerk des Gründungsbaus aus dem 11. Jahrhundert nahm große Teile der antiken Straße ein. Vielleicht ist der Waidmarkt durch die Anschüttungen im Vorfeld des Kirchenbaus entstanden.

Eine frühe Gewerbeansiedlung

Besiedelt war der Bereich des Waidmarkts schon vor 50 n. Chr., dem Jahr, in dem Kaiser Claudius das oppidum Ubiorum zur römischen Kolonie erhob. Westlich und östlich der römischen Fernstraße nach Bonn wurden bereits in der ersten Hälfte des 1. Jahrhunderts n. Chr. mehrere Töpfereien mit Holz- und Fachwerkhäusern errichtet. Das Gebiet war als Gewerbestandort besonders geeignet, da es über den Duffesbach und eine Altrinne des Rheins im Bereich des Waidmarkts mit Wasser versorgt wurde, zudem konnte das Brauchwasser relativ einfach entsorgt werden. Die günstige Lage an der Fernstraße ermöglichte zum einen eine problemlose Anlieferung von Rohstoffen und erleichterte zum anderen den Absatz der Produkte.

Allein im Umfeld des Waidmarkts sind Ausschnitte von mindestens vier Töpfereien ausgegraben worden. Die Brennöfen befanden sich teilweise in unmittelbarer Nähe der Straße auf unbebauten Flächen zwischen Holz- und Fachwerkhäusern. So wurden 1953 bei Ausschachtungsarbeiten für den Neubau des Polizeipräsidiums am Waidmarkt 1 im östlichen Teil der Baugrube zwei Töpferöfen und zwei Tonschlämmgruben freigelegt. Die Fundstelle lag etwa 50 Meter westlich der römischen Fernstraße. Von einem Ofen waren nur geringe Reste erhalten, der zweite bestand aus lehmbeschichteten Ziegeln, er war in den gewachsenen Lehmboden eingebaut worden und wurde von einer römischen Mauer überlagert. Der Feuerungsraum war inklusive Heizkanal fast 1,5 Meter lang, Höhe und Breite betrugen

Glasofen vom Waidmarkt, um 100 n. Chr.

rund einen halben Meter. Durch schmale Röhren war der Feuerungsraum mit dem darüber liegenden Brennraum verbunden, der wiederum eine Fläche von etwa 1,15 mal 1,7 Meter aufwies. Der Ofen war mit lehmigem Schutt und Scherben von Gefäßkeramik aus der ersten Hälfte des 1. Jahrhunderts n. Chr. verfüllt. Die Kleinfunde deuten darauf hin, dass hier Lampen und glattwandige Ware, wie Ein- und Zweihenkelkrüge, Kannen und Honigtöpfe, hergestellt wurden.

Eine weitere Fundstelle von Gewerbeobjekten liegt in der Severinstraße 249-255, wo man 1955 bei Erdarbeiten in der Aula des Friedrich-Wilhelm-Gymnasiums einen Töpferofen anschnitt, der etwa 6 Meter unter der heutigen Straße lag. Er war aus Ziegeln gemauert, die mit Lehmschichten verputzt waren. Unter dem Haus Georgstraße 20 wurden 1960 Reste eines Ofens gefunden, dessen aus Lehm aufgebaute Kuppel vier Rauchabzüge aufwies, und in der Brennkammer standen mehrere rauhwandige Becher aus der Mitte des 1. Jahrhunderts n. Chr. In der Georgstraße 5a/b stieß man bei Erdarbeiten auf eine mit Töpfereiabfällen gefüllte Grube, die ursprünglich zur Aufbereitung von Ton gedient hatte, in zweiter Verwendung dann zur Entsorgung von Abfällen einer nahe gelegenen Töpferei benutzt wurde. Auf eine weitere Töpferei weist wahrscheinlich eine Grube hin, die 1968 im östlichen Bereich des Grundstücks des Historischen Archivs der Stadt Köln (Severinstraße 222-228) freigelegt wurde. Sie enthielt Holzkohle, Tonklumpen und Keramikscherben.

Im Umkreis dieser Fundstellen sind Reste von Holz- und Fachwerkhäusern gefunden worden, die ebenfalls aus der Zeit vor der Gründung der Kolonie stammen. Es handelt sich, so die Archäologen, um Spuren von Häusern mit Holzpfostenkonstruktionen, Schwellbalkenriegeln, Ständerkonstruktionen auf Schwellbalken oder Steinfundamenten mit aufgehenden Fachwerkkonstruktionen sowie Stampflehm im Gefach. Bei den bruchstückhaft erhaltenen Befunden geht man von Resten einer Straßenrandbebauung aus. Zur Größe der frühen Häuser in der südlichen Vorstadt lassen sich keine Aussagen machen.

Die Töpfereien vor dem Südtor sind wahrscheinlich um das Jahr 60 n. Chr. kurz aufgegeben worden. In dieser Zeit entstand im Westen der CCAA ein ausgedehntes Gewerbegebiet mit großen Töpfereien, in denen verschiedene Warengattungen nach industriellen Maßstäben hergestellt wurden.

Bei den Ausgrabungen in St. Georg wurden im westlichen Teil des Grundstücks auch mehrere Mauerstücke freigelegt, die der schon mehrfach erwähnte Archäologe Otto Doppelfeld einem annähernd quadratischen Bau von 10 mal 10,5 Meter Seitenlänge zuordnete. Es handelte sich um Mauern aus mörtelgebundener Grauwacke und möglicherweise Kalksteinen von etwas mehr als einem halben Meter Stärke. Doppelfeld vermutete, dass dieser älteste Steinbau im Bereich des Waidmarkts ein gallo-römischer Tempel gewesen sein könnte, der bis zum 4. Jahrhundert mehrfach um- und ausgebaut wurde. Diese Deutung hat man mittlerweile aufgegeben, aufgrund des nur ausschnitthaft ausgegrabenen Befunds ist bislang keine neue Deutung gewagt worden.

Gräber aus der ersten Hälfte des 1. Jahrhunderts n. Chr.

Als 1958 ein Erweiterungsbau für das Polizeipräsidium gebaut wurde, entdeckte man bei Ausschachtungsarbeiten die Reste eines römischen Pfeilergrabmals, das zu den monumentalen Grabdenkmälern der vor- und frühclaudischen Zeit gehört. Die Fundstelle befand sich

Fundament eines römischen Pfeilergrabmals des frühen
1. Jahrhunderts, Ecke Blaubach/Waidmarkt

in der ehemaligen Weißbüttengasse, etwa 70 Meter westlich der römischen Straße. Ein rechteckiger, fast quadratischer Fundamentsockel aus Kalksteinblöcken (3,3 mal 3,4 Meter, 1 Meter Höhe) lag über einer so genannten Stickung aus Grauwackebruch, die im gewachsenen Lehmboden gegründet war. Vom Pfeilergrabmal waren Reste des Skulpturenschmucks erhalten. Auf der Südseite wurden zwei Urnengräber gefunden, mit Gefäßkeramik der ersten Hälfte des 1. Jahrhunderts n. Chr. Datiert hat man das Grab aufgrund dessen in das 4. oder 5. Jahrzehnt des 1. Jahrhunderts n. Chr. Vermutlich beim Ausbau der südlichen Vorstadt, spätestens aber im 2. Jahrhundert n. Chr., ist das Grabmal wohl aufgegeben worden. Eine in Ost-West-Richtung verlaufende Grauwackemauer, die über der Außenmauer des Grabmals gründete, weist darauf hin, dass das Grundstück überbaut wurde.

Auch im Bereich Blaubach/Weißbüttengasse sind Reste mindestens eines weiteren Grabmals entdeckt worden. Der Kunsthistoriker Joseph Klinkenberg hat überliefert, dass man hier „einander zugewandte Porträtköpfe eines Ehepaares nebst den Resten der einander gereichten Hände" gefunden habe. Am Weidenbach soll zudem ein im Profil gehaltener Kopf eines jungen Mädchens aus weißem Marmor gefunden worden sein.

Reste römischer Grabdenkmäler des 1. Jahrhunderts n. Chr. wurden bereits 1843 beim Abbruch des Propsteigebäudes von St. Georg geborgen, der schon erwähnten Annoburg auf der Nordostseite der Kirche. Klinkenberg erwähnt ein Grabmonument des Lardarius und seiner Frau Julia Tatta sowie eine weitere fragmentierte Grabinschrift. Von diesem Fundort stammen im Übrigen zwei schlanke Glasgefäße (Phiolen) mit ausnehmend schöner Verzierung, nämlich in Emailfarben aufgemalte Skorpione und zwei Fische.

Auf dem Grundstück Waidmarkt 18 stieß man im Jahre 1963 bei Baggerarbeiten unmittelbar östlich der Fernstraße auf ein rauhwandiges Gefäß, eine Urne mit Leichenbrand, die leider zerstört wurde. Es dürfte sich aufgrund der Lage am ehesten um ein Urnengrab des 1. Jahrhunderts n. Chr. gehandelt haben.

Das südliche suburbium der römischen Kolonie

Der innere Ausbau der CCAA war am Ende des 1. Jahrhunderts weitgehend abgeschlossen. Wohl unter Federführung der römischen Verwaltung wurde nun auch der Ausbau der Vorstädte vorangetrieben. Die Holz- und Fachwerkhäuser hat man an der Wende zum 2. Jahrhundert sukzessive durch Steinbauten ersetzt – Steinbebauung lässt sich im gesamten Untersuchungsgebiet nachweisen. Man vermutet, dass es sich um eingeschossige Gebäude gehandelt hat. Spätestens seit dem frühen 2. Jahrhundert n. Chr. war das südliche **suburbium** von einem Straßenraster erschlossen, vergleichbar dem der westlichen Vorstadt.

Etwa 100 Meter östlich der Fernstraße verlief fast parallel eine zweite Straße, die 1940, bei Ausgrabungen anlässlich des Baus eines Luftschutzraums, auf dem Georgsplatz nachgewiesen wurde. Sie war mit einer 25 Zentimeter starken Schotterung aus Kies und Basalt befestigt, deren Oberkante etwa 3,25 Meter unter der Platzfläche lag. Unter der Schotterung fand man festgestampfte schwarze Erde. Die nördliche Fortsetzung der Trasse wurde 1985 auf dem Grundstück Georgstraße 7 gefunden, dort ist zugleich eine die Straße flankierende Säulenhalle, eine Portikus, freigelegt worden. Eine weitere Nord-Süd-Trasse soll im Bereich Follerstraße/Mathiasstraße angeschnitten worden sein, was heute indessen nicht mehr nachzuprüfen ist.

Dagegen sind mindestens zwei West-Ost-Achsen im **suburbium** bekannt. Hinweise auf eine offensichtlich parallel zur Stadtmauer verlaufende Straße erbrachten 1929 Ausgrabungen im heutigen Kreuzungsbereich der Nord-Süd-Fahrt und des Blaubachs – ehemals Blaubach 45/49. An der Nordseite des Grundstücks kam in etwa 4 Meter Tiefe eine starke Kieslage zutage, die man als Straßenkörper ansieht. Eine zweite Ost-West-Achse verlief in Höhe von Georgstraße und Großer Witschgasse – in den Jahren 1928/29 wurden hier am Georgplatz 10 anlässlich der Erweiterung eines Schulgebäudes römische Kiesschüttungen eines Straßendamms freigelegt. Zudem sollen Reste einer Ost-West-Straße auch bei der Anlage des Luftschutzkellers auf dem Georgplatz angetroffen worden sein. Dort wurde 1940

Römische Bestattungsarten

Die römische Sitte, die Toten außerhalb der Siedlungen beizusetzen, ist bereits im 5. Jahrhundert v. Chr. im „Zwölftafelgesetz" kodifiziert worden. Das hatte zur Folge, dass allerorten Nekropolen zu beiden Seiten der Fernstraßen entstanden. In den römischen Provinzen sind als Bestattungsarten das Körpergrab und – vor allem in der frühen und mittleren Kaiserzeit – das Brandgrab nachgewiesen. Im letzteren Fall wurde der Verstorbene auf einem Scheiterhaufen zunächst verbrannt, der Leichenbrand dann aufgesammelt und in eine Urne gegeben. Gräber, in denen neben dem Leichenbrand auch Reste des Scheiterhaufens niedergelegt wurden, heißen in der Fachsprache „Brandschüttungs- oder Brandschuttgräber". Wenn Leichenbrand und Reste des Scheiterhaufens vermischt eingegeben wurden, spricht man von einem „Brandgrubengrab". Ein reines Urnengrab ist eine Brandbestattung, bei welcher nur der aufgelesene Leichenbrand deponiert wird. Urnen bestanden allgemein aus Keramik, Glas, Metall oder Stein, steinerne Leichenbrandbehältnisse heißen auch „Ossuarien". Verstorbene Säuglinge oder Kinder wurden indessen nicht auf den Nekropolen beigesetzt, sondern an separierten Orten, oft auch inmitten von Siedlungen.

Seit dem 4. Jahrhundert n. Chr. ist das Körpergrab die vorherrschende Bestattungsart. Als einfaches Körpergrab gilt ein Grab, in das der Leichnam ohne Behältnis oder Einbauten niedergelegt wurde. Leichenbehältnisse wurden aus Holz, Metall oder Stein hergestellt – mit einem Deckel versehen, werden sie als „Sarg" bezeichnet. Größere, üppig verzierte und aus Stein gefertigte Särge nennt man „Sarkophage". Um die Reise ins Reich der Toten zu erleichtern, wurden den Toten Beigaben ins Grab gelegt: Speisen und Getränke, Geschirr, Werkzeuge, Lampen, oft auch Münzen als Fährgeld.

in beiden Profilen der Baugrube – 3,6 bzw. 2,85 Meter unter der Platzoberfläche – eine Lage aus dicht zusammengefügtem Kies und Basalten sowie eine Lage Basalte über festgestampfter schwarzer Erde freigelegt. Die Unterschiede in Höhe und Material deuten möglicherweise auf einen mehrphasigen Befund hin. Vielleicht setzte sich die Straße westlich der Fernstraße auf Höhe der ehemaligen Weißbüttengasse fort. Diese Gasse, die etwa an der Grundstücksgrenze zwischen dem ehemaligen Polizeipräsidium und dem Friedrich-Wilhelm-Gymnasium verlief, ist seit dem 13. Jahrhundert nachweisbar, nach dem Zweiten Weltkrieg wurde sie aufgegeben.

Zur Infrastruktur der Vorstadt zählten auch zahlreiche Ent- und Versorgungsleitungen, die als Hausanschlüsse dienten. Im Norden des Waidmarkts wurde zudem bereits im späten 19. Jahrhundert ein in Nord-Süd-Richtung angelegter Kanal aus großen Tuffsteinquadern freigelegt, der aufgrund des natürlichen Geländereliefs Abwässer in südliche Richtung – vielleicht in die Niederung südlich von St. Georg – entsorgt haben könnte. Der Kanal nutzte das Gefälle vom römischen Südtor zur Vorstadt. Dieses Gefälle wird schon dadurch belegt, dass die Straßen innerhalb der Stadtmauer mehr als 2,5 Meter über dem Straßendamm im Norden des Waidmarkts lagen.

Die Ausgrabungen im *suburbium* haben ergeben, dass man für das 2. und 3. Jahrhundert n. Chr. von einer zumeist hoch stehenden Wohnarchitektur und einem urbanen Charakter der Vorstadt ausgehen kann. Unter St. Georg, aber auch südlich und nördlich davon, säumten Säulenhallen die Fernstraße. Auf der rückseitigen Front dieser Bebauung, die bis zu der östlich verlaufenden Parallelstraße reichte, wurde ebenfalls eine Portikus nachgewiesen. Bei Ausschachtungsarbeiten auf dem Grundstück des Polizeipräsidiums fand man 1953 Reste eines hypokaustierten Raumes, also eines Raumes, der mit einer „Fußbodenheizung" ausgestattet war, wobei durch Kanäle oder Hohlziegel erhitzte Luft in den Stein- oder Ziegelfußboden geleitet wurde. Südöstlich der Apsis von St. Georg kam 1995 ein von Tuffmauern mit Ziegelsteinbruch gefasstes Wasserbecken ans Tageslicht, das wohl in einem Wohnhaus gestanden hat. Die beckenseitigen Wände waren mit Ziegelplatten verkleidet, der Boden mit einem Estrich aus Ziegelmehlmörtel verputzt. Reste eines Wasserbeckens wurden auch in der Georgstraße 7 gefunden, erhalten war eine Fundamentplatte aus Tegulae, die in ein Bett aus grobem Mörtel gesetzt war. Auf dem Nachbargrundstück (Georgstraße 5a/b) fand man schon 1924 Reste eines Mosaiks, und von mehreren Ausgrabungen in der südlichen Vorstadt sind Reste von Wandmalereien bekannt.

Einige dieser Häuser waren zudem unterkellert. Unter dem Polizeipräsidium und unter der Georgstraße 7 fand man in Teilen erhaltene Steinkeller. Ein Tuffsteinkeller in der Georgstraße war sogar fast bis zum Scheitel des Tonnengewölbes erhalten und mit Lichtschacht und halbrunder Nische ausgestattet.

Auch die Estrichhöhen der römischen Häuser zeichnen im Übrigen das natürliche Geländerelief im Untersuchungsgebiet nach – ohne sich in Einzelheiten zu verlieren. Es ergab sich auf einer Strecke von etwa 110 Metern zwischen nördlichem Waidmarkt und südlicher Grundstücksgrenze des ehemaligen Polizeipräsidiums ein Gefälle von über 1,5 Meter.

Alle bekannten Töpfereien in diesem Bezirk wurden spätestens in der Mitte des 1. Jahrhunderts n. Chr. aufgegeben. Doch auch danach waren bis zum 3. Jahrhundert Gewerbebetriebe in der südlichen Vorstadt ansässig. In das späte 1. Jahrhundert n. Chr. werden zwei vermutlich als Glasöfen dienende Anlagen datiert. Sollte diese Bewertung zutreffend sein, so wurde unmittelbar südlich der Hohe Pforte zumindest bis zum letzten Viertel des 1. nachchristlichen Jahrhunderts Glas verarbeitet. Hinweise auf einen Glasofen aus geschichteten Ziegeln ergaben auch die Untersuchungen im Bereich des heutigen Hotels Mercur.

Beginn, Entwicklung und Ende der römischen Besiedlung in der südlichen Vorstadt sind bislang noch nicht auf breiter Quellenbasis untersucht worden. Die Periodeneinteilung, die Otto Doppelfeld anhand der Ausgrabungsergebnisse unter St. Georg erarbeitet hat, stellt daher, trotz aller Unwägbarkeiten, bis auf Weiteres eine Art von „Leitchronologie" für das suburbium dar.

Relativ genau konnte Doppelfeld nur eine Periode datieren: Periode III, für die sich als terminus ante quem die Jahre 259/60 ergaben. Ein Gebäude dieser Periode fiel nämlich einem Schadensfeuer zum Opfer, das eine mächtige Brandschicht gebildet hat. Die Katastrophe, die sich damals ereignet hat, scheint große Teile der Vorstadt getroffen zu haben, denn eine Brandschuttschicht ließ sich mehrfach nachweisen. Sollte sich eine großflächige Ausdehnung dieser Brandschicht und deren einheitliche Datierung bestätigen, könnte sie auf die fränkischen Einfälle in die Provinz Niedergermanien 256/57 oder die Belagerung Kölns durch den Gegenkaiser Postumus im Jahre 258 zurückzuführen sein.

Nicht geklärt ist bis heute die Frage, ob die Vorstadt im 4. Jahrhundert noch besiedelt war. Aus spätrömischer Zeit sind nämlich nur wenige Funde existent – darunter das Bruchstück einer Rädchensigillata. Doppelfeld jedenfalls mutmaßte, dass dieser Bereich im Verlauf des 4. Jahrhunderts „fränkischen Zerstörungen" zum Opfer gefallen sei.

Gräber des 4. Jahrhunderts

Im Laufe des 2. und 3. Jahrhunderts wurden im Untersuchungsgebiet keine Grabstellen angelegt. Ein Grabstein des 2./3. Jahrhunderts, der östlich der Severinstraße 112 gefunden wurde, lag in so genanntem „gestörtem Boden", das heißt, der Stein ist offensichtlich verlagert worden. Aus spätrömischer Zeit sind aber mindestens zwei Bestattungsplätze bekannt, die etwa 60 bzw. 70 Meter von der Fernstraße entfernt lagen.

So wurden 1956 bei Erdarbeiten im Süden des Grundstücks des ehemaligen Polizeipräsidiums zwei Grabstellen freigelegt. Ein in West-Ost-Richtung ausgerichteter Tuffsteinsarkophag überlagerte eine ältere römische Mauer. Der mächtige Sarkophag, der fast 3 Meter unter der Geländeoberkante gefunden wurde, enthielt Reste eines Skeletts auf einer Kalkschicht. An seiner Ostseite standen sechs Gefäße, darunter eine qualitätvolle Doppelgesichtsflasche aus grünlichem Glas sowie ein rauwandiger Henkeltopf. Zudem enthielt das Grab ein Spiegelfragment. An der Nordseite des Sarkophags stieß man auf eine Skelettbestattung, die bei den Baggerarbeiten allerdings fast vollständig zerstört wurde. Von den Beigaben waren ein Glas- und sieben Keramikgefäße erhalten. Beide Gräber werden in die Jahre um 300 n. Chr. datiert.

Etwa 150 Meter südlich dieser Fundstelle wurden 1951 auf dem Grundstück Kleine Spitzengasse 10–14 bei Erdarbeiten für einen Neubau zwei in West-Ost-Richtung angelegte Gräber aus den Jahren um 300 oder aus der ersten Hälfte des 4. Jahrhunderts entdeckt. Bauarbeiter „untersuchten" die Gräber vor dem Eintreffen der Archäologen des Römisch-Germanischen Museums. Die Beigaben sind insofern unvollständig überliefert. Das eine etwa 4 Meter tiefe Grab enthielt einen Holzsarg, das zweite einen nicht näher beschriebenen Sarkophag aus Tuffstein. Im ersten lagen zwei Henkelkrüge und ein Tonbecher sowie farblose Glasscherben, während dem zweiten Grab ein Tontopf mit Deckel entnommen wurde.

1995 wurden bei Untersuchungen südlich von St. Georg Reste eines gut erhaltenen Grabes freigelegt. Das Skelett darin war vom Becken bis zu den Unterschenkeln in situ erhalten. Die Grabsohle lag über einer römischen Kalkschicht sowie einer mit Brandschutt verfüllten Grube. Aus der Grabgrube stammen Tierknochen, bei denen es sich um Reste von Speisebeigaben handeln könnte. Die Grabstelle lässt sich allerdings nicht datieren. Aufgrund ihrer Nord-Süd-Ausrichtung gehörte sie mit großer Wahrscheinlichkeit nicht zum mittelalterlichen Kirchfriedhof von St. Georg.

Der Waidmarkt im Mittelalter

Im Bereich der römischen Vorstadt sind bislang keine Funde gemacht worden, die aus dem frühen Mittelalter stammen. In der Follerstraße, 200 Meter östlich des Waidmarkts, wurde immerhin eine spätantike oder merowingerzeitliche Glasscherbe eines Spitzbechers als Einzelfund registriert. Die mittelalterliche Vorstadt Oversburg ist – wie im folgenden Kapitel ausführlicher dargestellt werden wird – erstmals in einer Urkunde des Erzbischofs Wichfried aus dem Jahre 948 erwähnt. Möglicherweise wurde der Waidmarkt damals als platzartige Erweiterung der antiken Fernstraße eingerichtet.

Über Jahrhunderte hinweg gehörte die alte Pfarrkirche St. Jakob zum Erscheinungsbild des Waidmarkts. Etwa 1060, noch bevor die Stiftskirche St. Georg fertig gestellt war, ließ Erzbischof Anno II. in unmittelbarer nördlicher Nachbarschaft des Stifts eine dem hl. Jakob geweihte Kapelle errichten. 1172 wurde St. Jakob als eigenständige Pfarre von St. Georg getrennt und die Kapelle zur Pfarrkirche erhoben. Vermutlich erst in dieser Zeit hat man St. Jakob dann zu einer basilikalen Anlage mit zwei Seitenschiffen ausgebaut. Ursprünglich handelte es sich um eine einschiffige Kirche mit halbrunder Apsis, wie 1953 bei Ausgrabungen festgestellt werden konnte. Nach Aussage des Grabungsberichts gründeten die Fundamente 1,7 Meter unter der heutigen Straßenoberfläche. Zwischen 1534 und 1548 wurde die Pfarrkirche nahezu vollständig erneuert. Hermann von Weinsberg, selbst Kirchmeister von St. Jakob, hat hierüber eine ausführliche Schilderung hinterlassen. Daher ist auch bekannt, dass 1540, als man Ausschachtungen für die Fundamente des neuen Turmes durchführte, in einer Tiefe von etwa 3,5 Meter halbvermoderte Pfähle zutage kamen. Diese wiederum entsprachen ungefähr jenen, die man 1930 im Westbau von St. Georg in entsprechender Tiefe gefunden hatte. Wahrscheinlich gehörten die Hölzer zur römischen Straße, vielleicht hatte man sie aber auch zur Stabilisierung des mittelalterlichen Baugrunds, womöglich als Pfahlrost, eingesetzt. Nach der Säkularisation und der Übernahme der Stiftskirche durch die Pfarrgemeinde wurde St. Jakob 1825 niedergelegt.

Reste einer hochmittelalterlichen Besiedlung des Waidmarkts fand man auf drei Grundstücken, so etwa 1956 bei Ausschachtungen für den Neubau eines Altenheims am Georgsplatz. In einer Grube lagen zwei Tuffhandquader ohne Mörtelbindung übereinander, die Verfüllung über den Tuffhandquadern enthielt Pingsdorfer Keramik. Archäologische Untersuchungen auf dem Grundstück Löwengasse 11 erbrachten 1973 neben römischen Befunden mindestens zwei Gruben, die Kugeltöpfe und in einem Fall auch Pingsdorfer Keramik ent-

Der Waidmarkt mit St. Georg um 1795

halten haben. Nicht weit davon entfernt, auf dem Grundstück des heutigen Hotel Mercur auf der Severinstraße 199/Kleine Spitzengasse, wurden spätmittelalterlich-frühneuzeitliche Mauern sowie zwei gut erhaltene Töpferöfen des 16. Jahrhunderts freigelegt. Eine Grube auf der Ostseite des Grundstücks enthielt ebenfalls Pingsdorfer Ware. Sie war neben einer Tuffsteinmauer eines hochmittelalterlichen Kellers angelegt worden, dessen Wände aus Tuffsteinen und einigen Grauwacken bestanden. In Fundberichten, die sich auf mehrere Grundstücke des Untersuchungsgebiets beziehen, sind auch Reste der spätmittelalterlich-frühneuzeitlichen Straßenrandbebauung sowie Gruben und Latrinen dokumentiert.

Die schriftliche Überlieferung zur Geschichte des Waidmarkts setzt mit den Schreinsbüchern des Bezirks Oversburg im 12. Jahrhundert ein. Seit dem 13. Jahrhundert sind auch in den Nebenstraßen der heutigen Severinstraße Häuser nachgewiesen. Es waren vornehmlich Bürgerhäuser, hofartige Anwesen der Geschlechter, wie in Köln die reichen und führenden Familien genannt wurden. Dazu kamen seit dem 13. Jahrhundert auch klösterliche Einrichtungen, die in dichter Reihung beiderseits der Severinstraße errichtet wurden.

Im späten Mittelalter war der Waidmarkt in erster Linie ein Umschlagplatz für das Färbermittel Waid, das von den benachbarten Färbereien am Duffesbach benötigt wurde. Der Markt wurde überwiegend von Bauern und Zwischenhändlern aus dem Umland besucht. Zwei Marktmeister, die von den Wollwebern gewählt wurden, überwachten die Marktregeln. Käufer waren vornehmlich Kölner Färber und Fernkaufleute, die den Farbstoff exportierten. Die Zwischenhändler des Waids waren seit der ersten Hälfte des 14. Jahrhunderts Mitglieder der Waidmengerzunft, die zu den vornehmsten gewerblich-politischen Korporationen der Stadt gehörte. Diese wurden in Köln „Ämter" und „Gaffeln" genannt, sie stellten nach einem bestimmten Schlüssel die Ratsherren der freien Reichsstadt Köln. Nachdem im ausgehenden 14. Jahrhundert Indigo und andere Farbstoffe an Bedeutung gewannen,

Der Waidmarkt mit St. Georg um 1910

verlor der Waidmarkt seine Stellung als Umschlagplatz des Waides.

Eine Ansicht des Waidmarkts aus dem Jahre 1840 zeigt das Karmeliterkloster, Bürgerhäuser und den Westchor von St. Georg, davor aber ein Wachthäuschen. Wachthäuschen lassen sich in rheinischen Städten seit der Mitte des 14. Jahrhunderts nachweisen, in Köln sind sie erstmals im Jahre 1384 erwähnt. 1646 werden in den Ratsprotokollen 61 solcher pavillonartiger Bauten genannt, die zur Kontrolle des nächtlichen Verkehrs dienten. Auch das Wacht-

Ein Wachthäuschen auf dem Waidmarkt (Zeichnung aus dem Jahre 1840)

häuschen auf dem Waidmarkt dürfte im 14. Jahrhundert, in der Blütezeit des Handelsplatzes, entstanden sein. Schon im letzten Viertel des 18. Jahrhunderts begann man damit, Wacht- und Kettenhäuschen niederzulegen, in französischer Zeit, als der Waidmarkt „Marché aux Pastels" hieß, wurden dann fast alle Wachthäuschen abgebrochen.

Der Kongress tanzt – Kidnapping auf dem Martinsfeld

Es hatte lange gedauert, bis sich die kriegführenden Mächte auf den Tagungsort Köln geeinigt hatten – doch dann nahm der Friedenskongress ein jähes Ende: Seit Juni 1673 wurde im Karmeliterkloster am Waidmarkt über die Beilegung des Krieges zwischen Frankreich und den Niederlanden verhandelt. Neben den Kriegsparteien waren Bevollmächtigte des Kaisers, der Könige von Spanien, England und Schweden sowie der Kurfürsten von Brandenburg und Köln vertreten. Letzterer, der Kölner Erzbischof und Kurfürst Maximilian Heinrich, nahm oft persönlich an den Verhandlungen teil. Da die Franzosen, die gerade unter Führung ihres Königs die niederländische Festung Maastricht eingenommen hatten, wenig Interesse an einer schnellen Beendigung des Krieges zeigten, zogen sich die Verhandlungen in die Länge. Man stritt über Protokollarisches – ansonsten kassierten die Gesandten ihre Tagegelder und wandten sich angenehmeren Dingen zu. „Bei Trinkgelagen und Lustbarkeiten sind sie öfters anzutreffen als im Kapitelsaal der Karmeliten", notierte ein Augenzeuge. In den letzten Augusttagen des Jahres 1673 folgte der Kongress einer Einladung des Kurfürsten zu einer Jagdpartie nach Brühl, bei der „mehr Wein als Wild vernichtet wurde", wie ein Teilnehmer schrieb. Auch die Bevollmächtigten der Generalstaaten nahmen am bunten Treiben teil, „als wenn ihre Vollmachtgeber bei der ganzen Sache des Kon-

Die Festnahme des kurkölnischen Ministers Wilhelm Egon von Fürstenberg im Jahre 1674 (zeitgenössischer Stich)

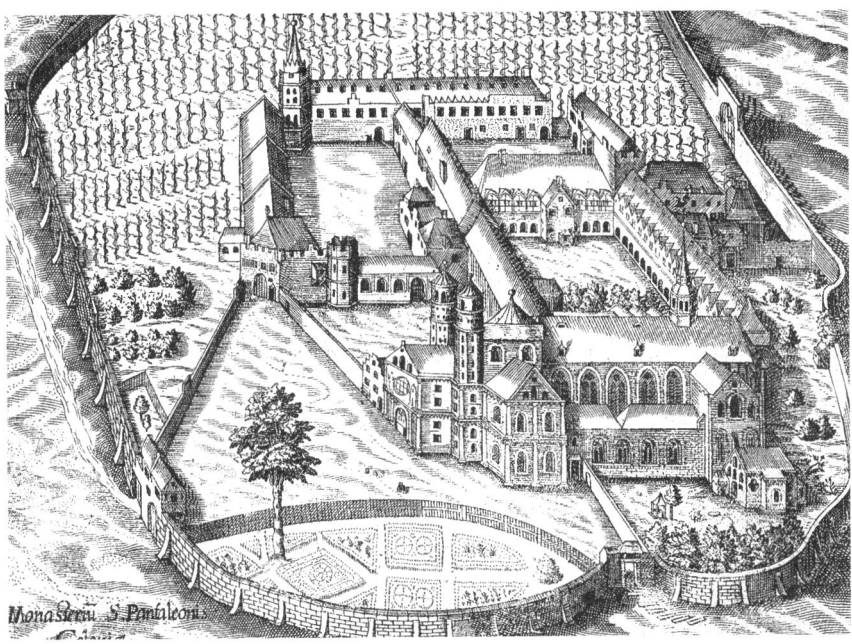

Die Immunität der Benediktinerabtei St. Pantaleon (Darstellung aus dem Jahre 1636)

gresses nicht interessiert sind", meldete der Gesandte Pierre Courtin nach Paris.

Doch dann, am 4. Februar 1674, peitschten Schüsse durch die Weingärten des Martinsfeldes – kaiserliche Agenten nahmen den kurkölnischen Minister Wilhelm Egon von Fürstenberg in der Nähe von St. Pantaleon gefangen und brachten ihn über Bonn schließlich nach Wien, wo man ihn zum Tode verurteilte.

Am kaiserlichen Hof hatte sich Fürstenberg verhasst gemacht, weil er die Bildung eines gegen den Kaiser gerichteten Rheinbundes betrieben hatte – „ihm schrieb man es zu, zwei so bedeutende Reichsstände, den Churfürsten von Cölln und den Bischof von Münster, dem Interesse den deutschen Reiches abwendig gemacht zu haben", heißt es in einer zeitgenössischen Chronik. Zudem wurde in Wien mit zunehmendem Ärger registriert, „wie er so schimpflich und nachteilig in öffentlichen Gesellschaften von seiner Majestät dem Kaiser geredet habe, dass er die kaiserlichen Sachwalter nicht respektiere, dass er wider Ihre Majestät und das Reich gefährliche Anschläge und Pläne schmiede, dass letztlich er die alleinige Ursache des gegenwärtigen Krieges sei" – was so natürlich nicht zutraf. Doch auf Anraten des kaiserlichen Gesandten, des Freiherrn von Isola, beschloss der Wiener Hof, Fürstenberg unschädlich zu machen. Und so lauerten kaiserliche Offiziere am frühen Nachmittag des 4. Februar 1674 dem Minister auf, der als Gesandter am Kongress teilnahm und diplomatische Immunität genoss.

„Als er, seiner Gewohnheit gemäß, nach der Mittagsmahlzeit der in Köln sich aufhaltenden Gräfin von der Mark einen Besuch abgestattet und von dort eine stille und öde Straße zwischen Gärten und Weingärten nach St. Pantaleon eingeschlagen hatte, wurde er aus drei Richtungen zugleich von etwa zehn kaiserlichen Offizieren und Beamten angegriffen", so ein späterer Bericht über das Kidnapping, „einige fielen den Pferden in die Zügel und schossen den Kutscher hinunter, an dessen Stelle sich sogleich einer der Kavaliere setzte. Ein anderer rief Fürstenberg zu, dass er auf kaiserlichen Befehl ihr Gefangener sei, und forderte ihn auf, sich zu ergeben. Fürstenbergs Leute sammelten sich indessen und gaben Feuer auf die Angreifer und verwundeten und töteten einige davon. Fürstenberg sprang daraufhin aus dem Wagen und hoffte in dieser Verwirrung zu entkommen; allein er wurde sogleich umringt und mit aufgezogenen Karabinern gezwungen, wieder seinen Platz im Wagen einzunehmen."

Die Gefangennahme Fürstenbergs auf dem Territorium der freien Reichsstadt Köln erregte in ganz Europa ungeheures Aufsehen. In Paris sprach man von einem „Skandal sondergleichen". Auch der Kölner Rat protestierte am Kaiserhof gegen die Gewalttat. Als der Kaiser, ungeachtet der Vorstellungen des Kölner Kurfürsten, Fürstenberg vor Gericht stellen und zum Tode verurteilen ließ, zogen Kurköln und Frankreich ihre Gesandten aus Köln zurück – der Kongress im Karmeliterkloster am Waidmarkt hatte ein unrühmliches Ende gefunden.

Das Karmeliterkloster am Waidmarkt

Wann das Karmeliterkloster am Waidmarkt gegründet wurde, ist nicht genau zu ermitteln. Im Jahre 1256 wird erstmals eine Straße „Vor den Karmelitern" erwähnt, was bedeutet, dass das Kloster schon einige Zeit bestanden haben muss. Bei dem Gründungsbau handelte es sich um eine Kirche von eher bescheidenen Ausmaßen, die an der Spitzengasse vermutet wird. Erst im letzten Viertel des 13. Jahrhunderts errichteten die Brüder einen großen Kirchenbau, der 1280 geweiht wurde. Bereits 1294 ist

Ehemaliges Karmeliterkloster und preußische Wache (um 1830)

ein Generalstudium der Karmeliter am Waidmarkt belegt, das jedoch nie die Bedeutung der Studienhäuser von Dominikanern und Franziskanern erlangen sollte.

Der „Orden der Brüder der hl. Jungfrau Mariae vom Berg Carmel", so der offizielle Name, ist nach dem im Heiligen Land liegenden Gebirgszug Karmel benannt, wo sich fromme Eremiten niedergelassen hatten, die seit dem 12. Jahrhundert eine lockere Gemeinschaft bildeten. Dieser Gemeinschaft erteilte der Patriarch von Jerusalem zu Beginn des 13. Jahrhunderts eine Ordensregel, die Papst Honorius III. im Jahre 1226 bestätigte. Schon 1238 beschlossen die Karmeliter, auch Niederlassungen in Europa zu gründen – das Kölner Kloster war die älteste Niederlassung des Ordens in Westdeutschland. Nach dem Vorbild von Dominikanern und Franziskanern hatte man inzwischen die Stärkung des gemeinschaftlichen Konventsleben betrieben. Obwohl Weltabgeschiedenheit, Askese und Kontemplation weiterhin die Grundlagen der Gemeinschaft bildeten, öffnete man sich der Seelsorge durch Predigt und Beichte.

Wie Dominikaner und Franziskaner waren die Karmeliter „Mendikanten", das heißt Bettelmönche, die von Almosen und Spenden der Bevölkerung lebten – auf eine angemessene Ausstattung ihres Konvents legten sie dennoch Wert. So schlossen die Stadt und das Kloster im Jahre 1350 einen Vertrag über die Erweiterung der Anlage, die unter anderem den

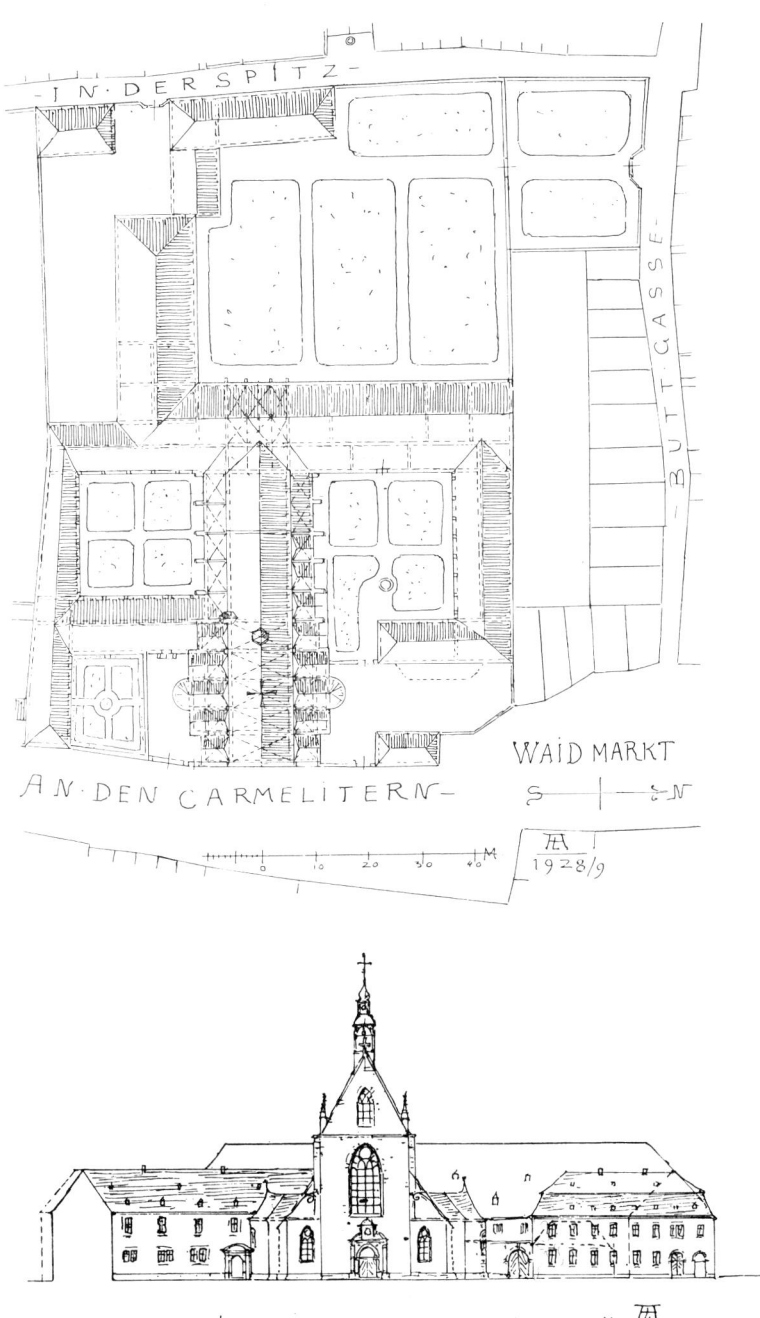

Lageplan und Rekonstruktion der Kirche des Karmeliterklosters

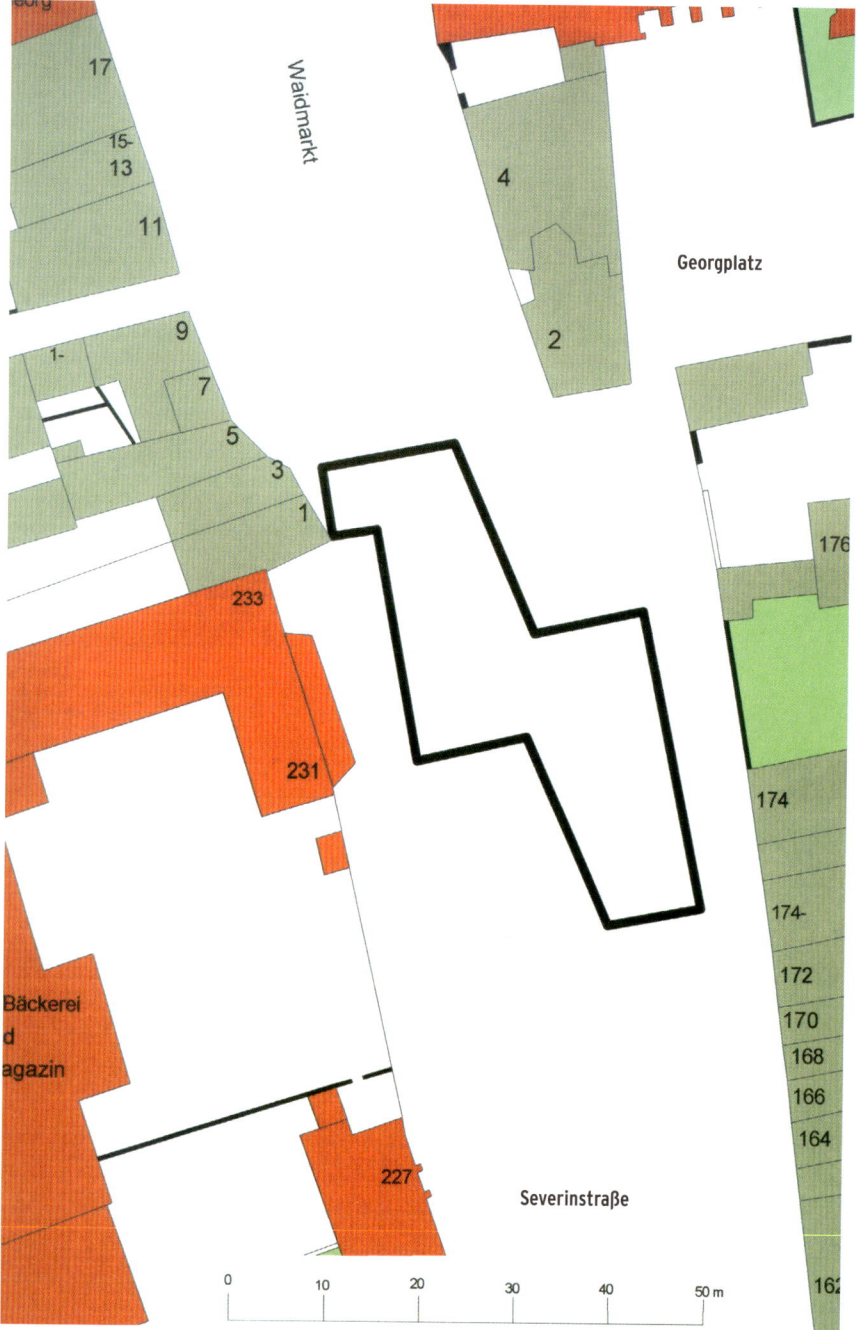

Preußisches Urkataster von 1836/37 und Lageplan des Mehrzweckschachts

Neubau einer Kloake umfasste. Weitere Umbauten erfolgten nach 1360. Die später erweiterte und veränderte Kirche, deren Chor an die Severinstraße beziehungsweise an den Waidmarkt reichte, ist aus der Stadtansicht von Anton Woensam von 1531 bekannt. Nach einer vom Kunsthistoriker Ludwig Arntz vorgenommenen Rekonstruktion handelte es sich um einen dreischiffigen basilikalen Bau von 53 Meter Länge und 23 Meter Breite, umgeben von Gärten sowie Wohn- und Wirtschaftsgebäuden, die seit dem 16. Jahrhundert mehrfach erneuert und um- und ausgebaut wurden. Auch am Kirchenbau wurden bis ins 18. Jahrhundert hinein bauliche Veränderungen vorgenommen.

Ein seit dem 14. Jahrhundert mehrfach erwähnter Brunnen lag im nördlichen Hof des Klostergeländes. Für das Jahr 1470 ist eine Reparatur des Brunnens bezeugt. Auf dem Mercatorplan ist die Anlage nicht dargestellt. Die Ansicht von 1643 zeigt den Brunnen im nördlichen Klosterhof hinter der zweiten Immunitätsmauer. Der von Arntz rekonstruierte Lageplan zeigt, dass die Nordostecke des Klostergrundstücks in die Baugrube des U-Bahnhofs hineinreicht. Ein vorgelagerter rechteckiger Bau, dessen Funktion nicht bekannt ist, liegt ebenfalls innerhalb der Baugrube.

Wie alle geistlichen Institute wurde auch das Karmeliterkloster im Verlauf des Jahres 1802 aufgehoben. Die französische Verwaltung nutzte die Kirche als Fruchtmagazin, und im Südflügel des Klosters wurde eine Primärschule der Pfarre St. Jakob eingerichtet. Wegen drohenden Einsturzes hat man die Kirche indessen schon 1810/11 abgerissen. 1815 ließ die preußische Regierung auf dem Grundstück des früheren Klosters die Karmeliterschule einrichten, die seit 1830 Friedrich-Wilhelm-Gymnasium heißt.

1840/1841 ließ die preußische Militärverwaltung mit dem Einverständnis der Stadt Köln drei Wachtgebäude errichten, eines davon auf dem Waidmarkt. Der klassizistische Bau, dessen Portal heute noch vor dem Friedrich-Wilhelm-Gymnasium steht, wurde nach Plänen des Ingenieurs Schuhberth gebaut. Das Wachtgebäude war für eine 30-köpfige Mannschaft und eine entsprechende Zahl von Arrestanten ausgelegt.

Bauliche Reste der Klosteranlage wurden bereits in den 1920er Jahren bei den Bauarbeiten einer Markthalle und in den 1950er Jahren zerstört, als das Friedrich-Wilhelm-Gymnasium neu errichtet wurde.

Der nördliche Teil der Severinstraße

Noch heute entspricht die moderne östliche Häuserfront der Severinstraße in etwa der östlichen Begrenzung der römischen Fernstraße. Im Bereich des ehemaligen Karmeliterklosters, beziehungsweise des heutigen Friedrich-Wilhelm-Gymnasiums, weist die Severinstraße eine Breite von 28 Meter auf, was ungefähr den rekonstruierten römischen Verhältnissen entspricht. Einen Eindruck von der spätmittelalterlichen Topographie vermitteln Mercatorplan sowie preußisches Urkataster. Das Kataster des Jahres 1948 zeigt eine gegenüber dem preußischen Urkataster von 1836/37 weitgehend unveränderte Straßenführung. An der Bausubstanz sind auch die hohen Kriegsverluste zu sehen. Seit den frühen 1950er Jahren wurden die Trümmergrundstücke sukzessive neu bebaut. Die Ostseite von Waidmarkt und Severinstraße, wo in den 1970er Jahren das Historische Archiv der Stadt Köln entstand, blieb von Veränderungen weitgehend verschont.

Tief greifende Veränderungen erfuhr dagegen die westliche Straßen- und Platzseite.

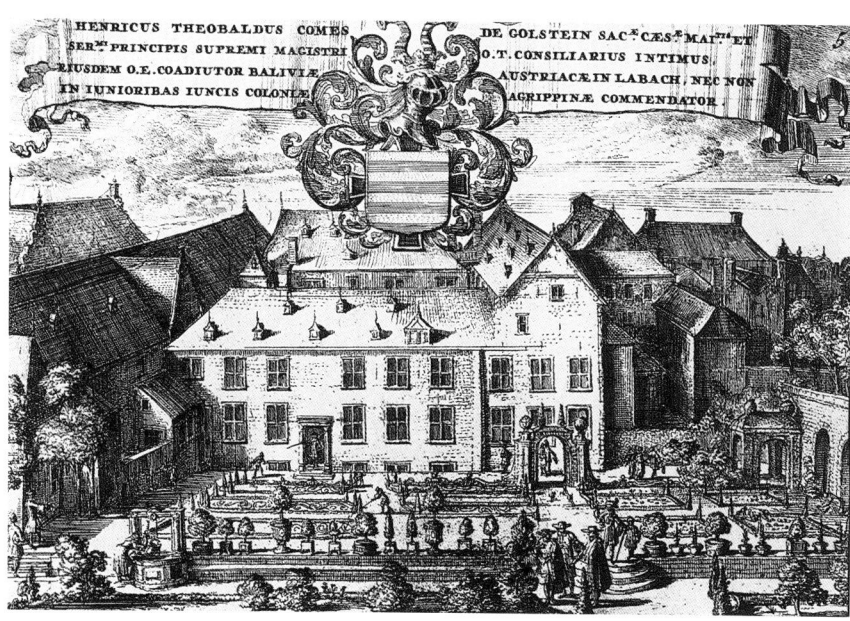

Die Deutschordenskommende Jungen-Biesen (Kupferstich, um 1700)

Weder das ehemalige Polizeipräsidium noch das Friedrich-Wilhelm-Gymnasium orientieren sich an den alten Straßenfluchten. Und ganz aufgegeben wurde die von Westen zur Severinstraße führende Weißbüttengasse.

Deutschordenskommende Jungen-Biesen

Südlich des Karmeliterklosters, auf dem heutigen Grundstück Severinstraße 251, befand sich seit dem 16. Jahrhundert eine Niederlassung des Deutschen Ordens, eine so genannte Kommende. Deren Gründung geht auf den Landkomtur der Ballei Alten-Biesen, Heinrich von Reuschenberg, zurück – daher der Name „Jungen-Biesen" . Reuschenberg hatte 1573 das Haus „Zum Bierbaum" und 1581 den benachbarten Bonner Hof erworben und seit 1582 umgebaut. Das von Besuchern als „stattliche und herrschaftliche Haus" beschriebene Gebäude hatte einen gepflegten Garten „im holländischen Stil mit Laube und gefälligem Ziehbrunnen", der zum Lustwandeln und Spielen einlud. Jungen-Biesen, schrieb einst der frühere Stadtkonservator Hans Vogts, „war eine kleine Abfärbung des höfischen Lebens der großen Welt auf die freie Reichsstadt, die eines Hofes als kulturellen Mittelpunktes entbehrten, deren reiche Bürger aber nach wie vor, ihren Kräften angemessen, das höfische Beispiel nachahmten". 1802 wurde die Kommende säkularisiert und 1804 per Dekret Napoleons zum Dienstgebäude des Direktors des Geniekorps bestimmt. In preußischer Zeit wurde die Anlage als „Militärfruchtmagazin" genutzt, ehe man es der Schulverwaltung überließ, die hier die Dienstwohnung des Direktors des Friedrich-Wilhelm-Gymnasiums einrichtete. 1883 bis 1885 wurde der Bau schließlich niedergelegt.

Die baulichen Reste der preußischen Wache von Westen aus gesehen

Die Haltestelle „Severinstraße" im Schatten des schiefen Turms von Köln

Auf dem Weg in Richtung Süden erreicht die Nord-Süd Stadtbahn die Haltestelle Severinstraße auf Höhe der evangelischen Pfarrkirche St. Johann Baptist. Die Zugänge zur Haltestelle liegen beiderseits der Rampe der 1959 vollendeten Severinsbrücke. Nördlich und südlich der Brückenrampe werden im Zuge des Haltestellenbaus in den nächsten Jahren auf rund 800 Quadratmeter archäologische Ausgrabungen unternommen. Die archäologischen Schichten reichen hier durchschnittlich rund 4,5 Meter tief unter die moderne Straßendecke.

Die architektonisch eher unscheinbare Kirche St. Johann Baptist – der alte Name lautete St. Johannes – gelangte im September 2004 unfreiwillig in den Mittelpunkt der Medien, nachdem der Kirchturm während unterirdischer Leitungsarbeiten in Schieflage geriet und umzustürzen drohte. Anwohner der benachbarten Wohnhäuser mussten für mehrere Tage evakuiert, die Severinsbrücke für Bahnen und Privatverkehr gesperrt werden. Mit Hilfe eines provisorischen Gerüsts aus Stahlstützen wurde der zwischen 1960 und 1963 vom Kölner Architekten Karl Band errichtete Kirchturm stabilisiert. Hohlräume wurden mit Flüssigbeton verfüllt. Der Turm konnte auf diese Weise vor dem Einsturz bewahrt werden. Sogar die renommierte New York Times berichtete über den spektakulären Vorfall.

Hügelgräber am Altweg

Als sich etwa im 5. Jahrtausend v. Chr während der mittleren Jungsteinzeit die ersten Siedler dauerhaft auf der mit fruchtbaren Auenlehmen bedeckten, hochwassersicheren Niederterrasse links des Rheins niederließen, trafen sie eine bewaldete Naturlandschaft an. Im Laufe der Zeit nahm die Siedlungsdichte zu, und die Wälder wurden zu Gunsten landwirtschaftlicher Nutzflächen zurückgedrängt.

Kleine Siedlungen und Einzelhöfe lagen inmitten ihres Wirtschaftslands in Abständen von wenigen 100 Metern. Bei dieser Art der Besiedlung blieb es bis zur späten Bronze- und frühen Eisenzeit. Die Zeit zwischen etwa 1000 und 500 v. Chr. wird auch als „Niederrheinische Grabhügelkultur" bezeichnet, benannt nach den in Gruppen angelegten Grabhügeln. Die meisten Grabhügel, die zwischen 10 und 20 Meter im Durchmesser maßen und wenige Meter hoch waren, sind durch Beackerung oder Überbauung längst zerstört worden. Nur unter Wald können sich die Aufschüttungen erhalten, so wie beispielsweise im Rechtsrheinischen auf dem Gelände des Kölner Ostfriedhofs. Unter einem solchen Hügel verbergen sich eines oder mehrere Brandgräber mit Urne

Plan der beiden Baugruben für die Haltestelle „Severinstraße"

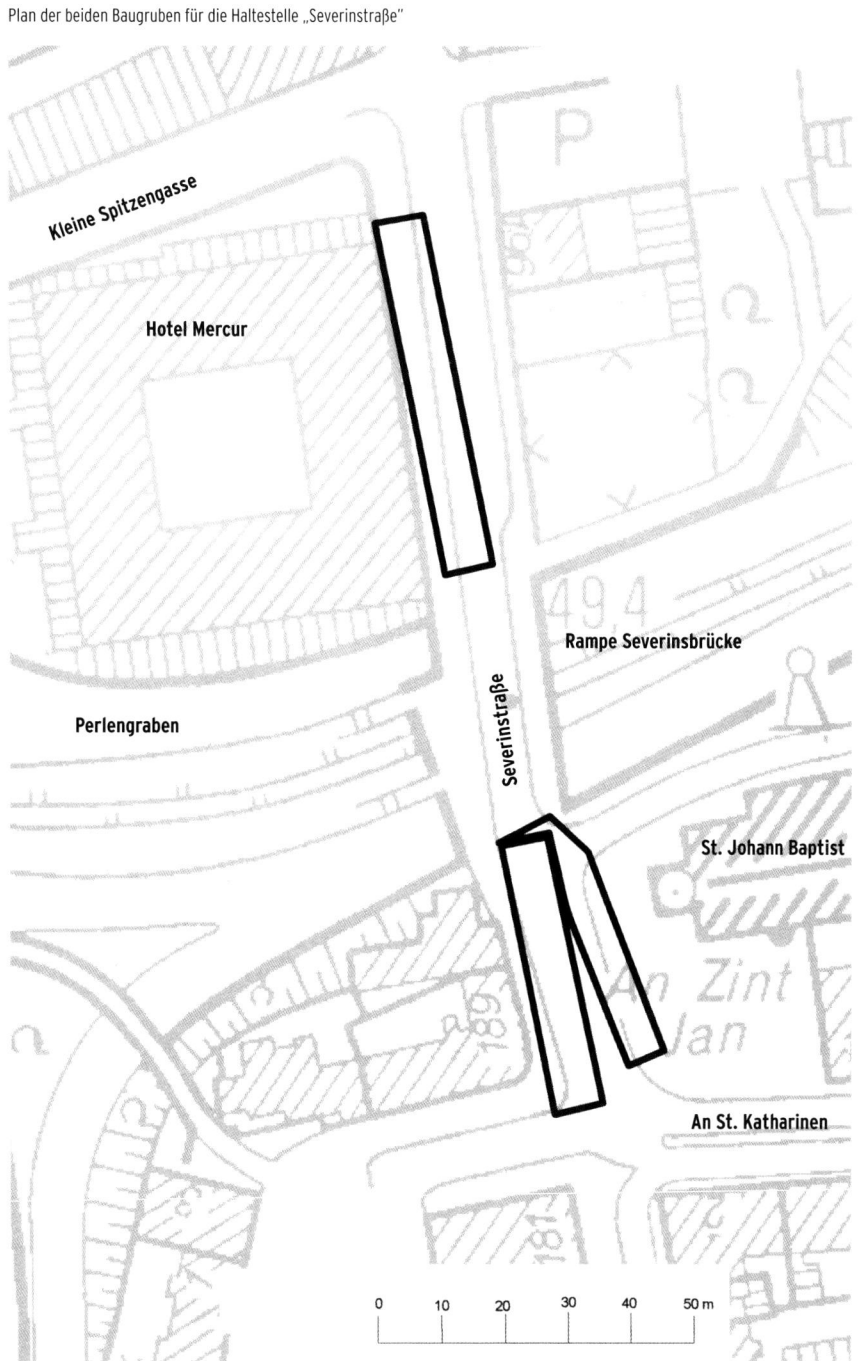

und Beigefäßen. Zur Ausstattung der Toten gehörten Geräte oder Waffen aus Feuerstein, denn in der metallarmen niederrheinischen Landschaft blieben die alten, seit der Steinzeit genutzten Werkstoffe noch lange Zeit in Nutzung.

Auf Reste eines metallzeitlichen Hügelgrabs weist eine 1928 östlich von St. Johann Baptist ausgegrabene 6 Zentimeter lange Feuersteinklinge hin. Weiter südlich sind entlang der Severinstraße mehrere urgeschichtliche Fundstellen bekannt, die auf frühe Gräber zurückzuführen sind. Die Fundplätze reihen sich entlang der Fernstraße in Richtung Süden, deren Wurzeln zumindest bis in die vorrömischen Metallzeiten (Bronze-/Eisenzeit) zurückreichen. Auch auf dem rechten Rheinufer gab es mit dem Mauspfad eine vorgeschichtliche Wegführung, die man sich am ehesten als einen stark frequentierten Trampelpfad vorstellen muss.

Die römische Besiedlung südlich der CCAA

Entlang der über Jahrhunderte hinweg instand gehaltenen römischen Fernstraße in Richtung Süden, die das Baugelände für die Haltestelle Severinstraße auf der gesamten Länge von Nord nach Süd durchquert, entwickelte sich seit dem frühen 1. Jahrhundert eine mit Gewerbebetrieben durchsetzte Vorstadt. Die römische Vorstadt, die nach Süden bis auf Höhe der Kirche St. Johann Baptist rund 400 Meter südlich des Stadttors an der Hohen Pforte reichte, bestand ohne erkennbare Unterbrechung bis zum 3. Jahrhundert. Vermutlich infolge der Unruhen im Reich während der zweiten Jahrhunderthälfte wurden die römischen Häuser und Werkstätten in der Vorstadt aufgegeben und später nicht wieder aufgebaut.

Obwohl wieder verwendbares Steinmaterial der aufgelassenen Gebäude rasch einer zweiten Verwendung zugeführt wurde und die wenig widerstandsfähigen Lehmmauern bald der Verwitterung zum Opfer fielen, war die ehemalige Bebauung im 4. Jahrhundert oberirdisch gewiss noch sichtbar. Inmitten der römischen Ruinen wurden seit den Jahren um 300 n. Chr. Gräber angelegt. Die Bestattungen sind Teil des römischen Friedhofs entlang der Fernstraße in Richtung Süden, die bis auf Höhe des Kölner Stadtteils Bayenthal reichen.

Auch im Umfeld der geplanten Baustelle Severinstraße wurden römische Gräber gefunden. An St. Katharinen und in der Spielmannsgasse hat man im 19. Jahrhundert bei Erdarbeiten mehrfach römische Gräber mit Gefäßbeigaben freigelegt, die Fundumstände

Gefäßkeramik aus Gräbern der Niederrheinischen Grabhügelkultur im Römisch-Germanischen Museum Köln

aber nicht dokumentiert. In der Kleinen Spitzengasse 10-14 wurden 1951 bei Ausschachtungen zwei westost gerichtete Gräber des frühen 4. Jahrhunderts aufgedeckt. Neben einem Erdgrab mit Gefäßbeigabe wurde ein aus Tuffstein gearbeiteter Sarkophag ausgegraben, der zwei Henkelkrüge, einen Firnisbecher und farblose Glasscherben enthielt. 1960 kam bei Erdarbeiten für den Neubau des Turmes von St. Johann Baptist in 3 Meter Tiefe eine mindestens 5,3 mal 5,6 Meter große und 1,3 Meter mächtige Fundamentplatte aus Gussmauerwerk zutage. Die Ausgräber sahen darin Reste eines monumentalen Turm- oder Pfeilergrabmals des 1. Jahrhunderts. Von der rekonstruierten römischen Straßenmitte liegt das Fundament gut 20 Meter entfernt. Ähnlich monumentale Grabmäler wurden in der näheren Umgebung an der Ecke Waidmarkt/Blaubach und auf dem Grundstück Severinstraße 77-79 aufgedeckt. Berühmt ist das mehr als 15 Meter hohe Grabdenkmal des römischen Veteranen Lucius Poblicius vom Chlodwigplatz, an dessen Dimensionen der Grabrest bei St. Johann Baptist allerdings nicht heranreicht.

Frühmittelalterliche Äcker und Wiesen

Archäologische Funde des 5. bis 10. Jahrhunderts sind aus der Umgebung der geplanten Haltestelle nicht bekannt. Die schriftliche Überlieferung des 11. Jahrhunderts erwähnt den frühmittelalterlichen Vorgänger St. Johannes als Eigenkirche des Severinstifts. Die Textpassage bezieht sich auf eine ältere Urkunde des Jahres 948, in welcher der Kölner Erzbischof Wichfried (924-953) die Grenzen des Severinsstifts festgelegt hat. Das landwirtschaftlich genutzte Gelände scheint bis auf dieses vermutlich bescheidene Kirchlein und verstreute Hofanlagen, von denen bislang allerdings keine archäologischen Spuren entdeckt wurden, unbebaut gewesen zu sein. Vielleicht gehen die Ursprünge des um St. Maria Lyskirchen gelegenen alten Fischerdörfchens Nothusen, das 1067 erstmals in den Quellen auftaucht, bis in das frühe Mittelalter zurück. Auch von der frühmittelalterlichen Vorgängerkirche St. Johannes ist nichts erhalten. Aus der Gründungszeit der Kirche stammt allein ein aus Kalkstein gearbeiteter Grabstein mit Stangenkreuz, der im romanischen Kirchturm als Spolie vermauert war. Der verschollene Stein gehörte wohl zu einem Grab des Kirchfriedhofs, der rund 300 Jahre später in den Schreinsbüchern Erwähnung fand.

Das mittelalterliche Suburbium Oversburg und die Stadtbefestigung von 1106

Die mittelalterliche Besiedlung südlich der römischen Stadtmauer gewann im 11. Jahrhundert an Bedeutung. Die systematische mittelalterliche Erschließung und Aufsiedlung des in den zeitgenössischen Schriftquellen *Burgum superius* (Oversburg) genannten Areals war mit der Gründung der Stiftskirche St. Georg und der benachbarten Pfarrkirche St. Jakob eng verknüpft. Es hat den Anschein, als hätten die Bauaktivitäten des Kölner Erzbischofs Anno II. (1056-1075) am Waidmarkt wesentlich zur Erschließung und Neuordnung der südlichen Vorstadt beigetragen. Aus der alten Ortsbezeichnung wurde später der Name „Airsbach" abgeleitet.

Aus dem 11. und 12. Jahrhundert sind bislang nur wenige Funde und Befunde bekannt. Die mittelalterliche Aufsiedlung auf dem Boden der ehemaligen römischen Vorstadt nahm offenbar einige Zeit in Anspruch. Die Vogelschau des Arnold Mercator von 1571 spiegelt eine fast lückenlose Straßenrandbebauung entlang der Fernstraße in Richtung Süden wider, die sich aus Bürgerhäusern, Höfen des

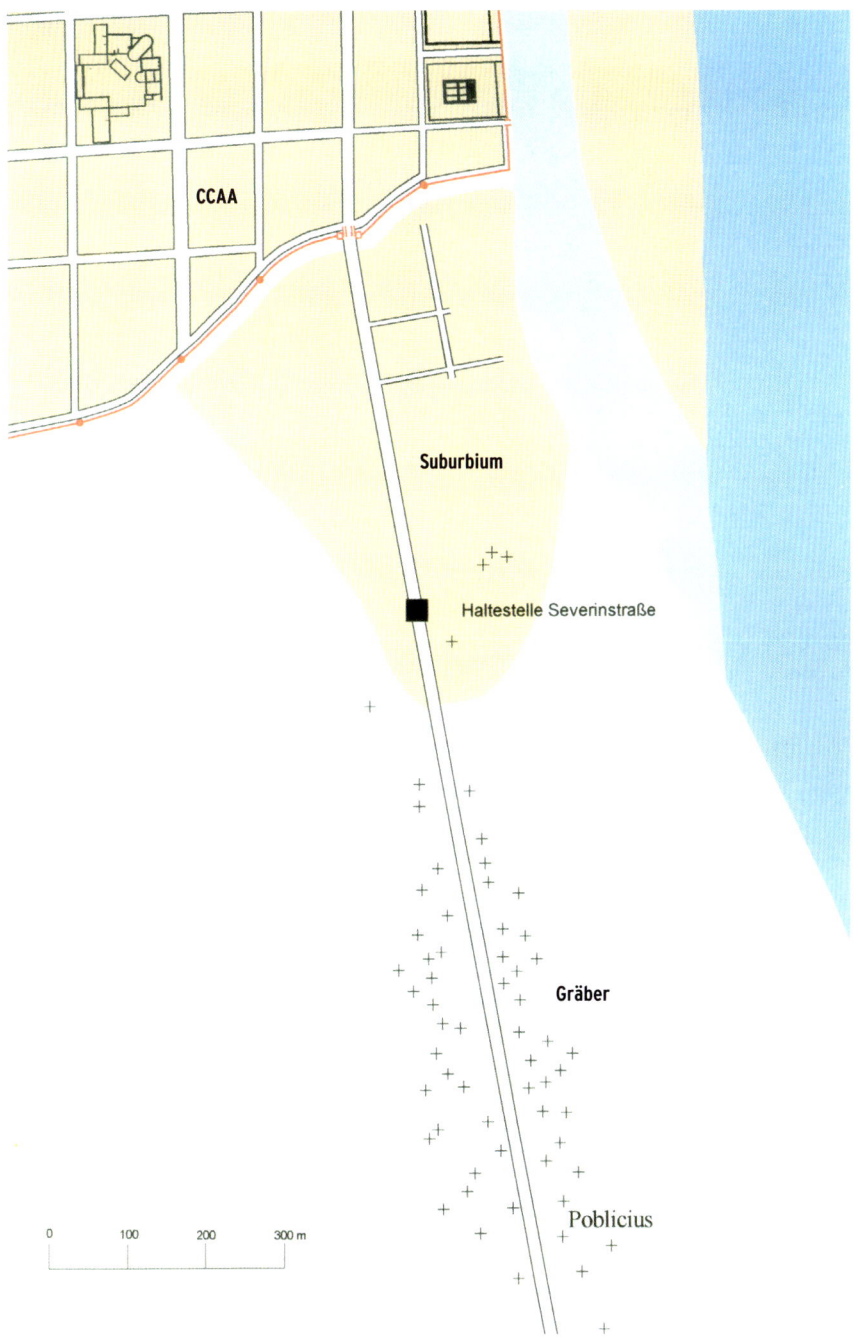

Lage der Baugrube für die Haltestelle „Severinstraße" innerhalb des römischen Suburbiums

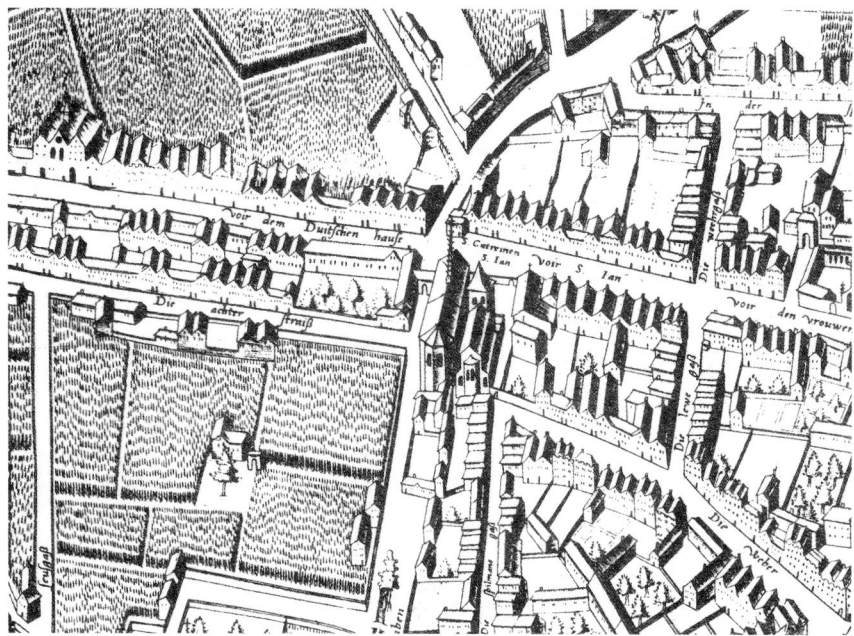

Die Pfarrkirche St. Johann Baptist auf dem Mercatorplan (1570/71)

kölnischen Patriziats und kirchlichen Einrichtungen zusammensetzte. Nur in den hinteren Grundstücksbereichen sind größere unbebaute Flächen zu erkennen. „Normale" Wohn- und Handwerkerhäuser bestanden nach Aussage der Schreinsbücher bis zum 15./16. Jahrhundert aus Holzkonstruktionen oder Fachwerk. Auf der Westseite der Severinstraße stand die Altbebauung bis zum Zweiten Weltkrieg um einige Meter weiter östlich, als dies heute der Fall ist. Hier liegen die Keller und Fundamente der Häuser unter der modernen Straße und innerhalb der geplanten Baugruben für die Haltestelle Severinstraße.

Der Name Severinstraße, der auf das Jahr 1812 zurückgeht, bezeichnet die alte Ausfahrtstraße Richtung Süden zwischen Hohe Pforte im Norden und Severinstorburg im Süden. Dieser gut 1 Kilometer lange Straßenabschnitt – auch **Lata platea**, also große oder breite Straße genannt – trug im Mittelalter abschnittsweise verschiedene Namen. Auf Höhe der zukünftigen Haltestelle, zwischen der Achse Kleine Spitzengasse/Löwengasse und der Straße An St. Katharinen, hieß die alte Fernstraße bei Mercator **Voir s. Ian**, das heißt vor St. Johannes. In einer Nennung der Jahre 1233/35 wird die **platea s. Johannis** erwähnt. Südlich davon bezog man sich auf den Deutschherrenhof und nannte die Fernstraße „Voir dem Duitschen hause", oder – so eine Bezeichnung des Jahres 1220 – **fratres dom. Theutonicum**. Bei den Ausgrabungen auf dem Grundstück des Hotels Mercur wurde 1986 eine Grube mit Pingsdorfer Ware untersucht. Außerdem wurde ein aus Tuffhandquadern gemauerter Keller eines Hauses wohl des 12. Jahrhunderts freigelegt. Beide Befunde gehen auf die Reste der hochmittelalterlichen Bebauung entlang der Altstraße zurück.

Unmittelbar nördlich der alten Johanneskirche zweigt die Spielmannsgasse ab, die bereits 1205/14 die Bezeichnung „In Spilemansgazzin" trägt. Möglicherweise waren hier Mimen, fahrende Sänger und Musikanten untergebracht. Eine andere Interpretation geht davon aus, dass der Straßenname eher auf Angehörige des Weberhandwerks hinweist.

Der Straßenname Löwengasse geht auf ein Haus „Zum (roten) Löwen" (ad rufum Leonem) zurück, das urkundlich 1313 am Abzweig dieser kleinen Seitenstraße in Richtung Osten belegt ist. Die Straße wird schon 1233 in platea Leonis genannt. Das im 15. Jahrhundert erwähnte Haus „Zome roden Lewen" muss dort also spätestens seit dem frühen 13. Jahrhundert, vermutlich schon seit dem frühen 12. Jahrhundert gestanden haben. Vom Grundstück Löwengasse 11 sind zwei Latrinen bekannt, die in den späten 1970er Jahren ausgegraben wurden. Die Eingrabungen lagen im rückwärtigen Hof der Straßenrandbebauung entlang der Severinstraße. Aus der Grubenverfüllung stammen typische keramische Erzeugnisse der Zeit: Reste von Kugeltöpfen und Pingsdorfer Ware.

Die nördlich der Haltestelle nach Westen abzweigende Kleine Spitzengasse hieß 1281 In Spitze, 1362 in Twergassen; das mittelhochdeutsche twer steht für „quer" und kennzeichnet die Kleine Spitzengasse als das, was sie ist: ein kleiner, rechtwinklig verlaufender Zubringer zur Severinstraße.

Latrinen, heimliche Gemächer und Goldgräber

Latrinen sind wie keine andere Quelle Spiegelbild des mittelalterlichen und frühneuzeitlichen Lebens in der Stadt. Die teils mehrere Meter tiefen, schachtartigen Eingrabungen enthalten Haushaltsabfälle aller Art, darunter Keramikgeschirr, Glasgefäße, Speisereste in Form von Tierknochen, Fischresten oder auch pflanzlichen Spuren (archäobotanische Reste). Kloaken und Latrinen, in den Quellen auch als „heimliches Gemach" oder camera secreta bezeichnet, lagen meist in den Hinterhöfen der Grundstücke, in kleinen Anbauten oder isolierten Häuschen. Mittelalterlichen Baubestimmungen folgend, mussten bei der Errichtung der Kloaken bestimmte Mindestabstände zu Nachbarbauten eingehalten werden. Die Fäkalien und Abfälle wurden in einem unterirdischen, eingewölbten, meist ummauerten Behälter gesammelt, in den eine enge schachtartige Zuleitung führte, um Geruchsbelästigungen zu vermeiden.

Da das Fassungsvermögen der Latrinen nach einigen Jahren, manchmal aber auch erst nach Jahrzehnten, erschöpft war, mussten von Zeit zu Zeit Kloakenreiniger ihre Dienste verrichten. Die Kloakenreiniger, die in den Schriftquellen auch „Goldgräber" oder „Schyssenfeger" genannt werden, waren in Köln dem Scharfrichter unterstellt und gehörten zur untersten sozialen Stufe der Stadtgesellschaft. Die Goldgräber verrichteten ihre Arbeit unter unvorstellbaren Geruchsbelästigungen in der Nacht, indem sie die Latrinen ausschöpften. Nicht wenige kamen bei der gefährlichen Arbeit ums Leben, da sie mangels ausreichender Sauerstoffzufuhr in den unterirdischen Latrinen erstickten. Nach vollbrachter Arbeit mussten die fest verschlossenen Holzfässer auf genau festgelegten Wegen durch die nächtliche Stadt transportiert werden, um entweder im Rhein oder auf eigens angelegten Feldern vor der Stadt verkippt zu werden: Gewiss eine höchst unangenehme Arbeit! Bezahlt wurde man in Abhängigkeit von der Menge der entsorgten Fäkalien, die von einem Amtmeister geschätzt wurde.

Mittelalterliche Latrine am Filzengraben während der Ausgrabung 2003

Gefäßkeramik der Zeit um 1500 aus einer Latrine am Filzengraben

Die Stadterweiterung von 1106

Im Frühjahr 1106 eskalierte der seit langem schwelende Konflikt zwischen Kaiser Heinrich IV. und seinem Sohn Heinrich V. Der junge König verbündete sich mit Angehörigen des alten Adels gegen seinen Vater, der mit seiner papstkritischen Politik den Unwillen seiner Gegner heraufbeschworen hatte. Heinrich IV. ging einem offen ausgetragenen Konflikt mit seinem Sohn anfangs aus dem Weg und zog sich im Herbst 1105 in das durch die antiken Stadtmauern gut gesicherte Köln zurück. Die Kölner Bevölkerung war ihm wohlgesinnt, da seine lange Friedenspolitik wesentlich zum Aufbau ungestörter Handelsverbindungen und zu wachsendem Wohlstand der Städte beigetragen hatte. Von Köln aus schrieb der alte Kaiser seinem Paten, dem Abt Hugo von Cluny: „Nachdem mein Sohn alle geschworenen Eide hintangesetzt und der Vegessenheit übergeben [hat – Einf. des Aut.] (...), ist er so sehr von Uns geschieden, daß er (...) sich anstrengt, Uns des Reiches und des Lebens zu berauben (...) O Schmerz! Während Wir von Tag zu Tag erwarteten, daß er (...) sich bessere, hat er nicht angestanden, (...) Uns von Stadt zu Stadt zu verfolgen und nach Kräften in all Unser Besitztum einzubrechen. So sind wir nach Köln gekommen."

„Goldgräber" in einer Darstellung der Mendel'schen Zwölfbrüderstiftung Nürnberg (15. Jahrhundert)

Heinrich IV. und seine Söhne

Heinrich IV. (1050-1106), Sohn des Salierkaisers Heinrich III., wurde 1054 vom Kölner Erzbischof Hermann zum König gekrönt. Nach dem frühen Tod des Vaters 1056 führte seine Mutter, Kaiserin Agnes, für den nicht einmal sechs Jahre alten Sohn die Herrschaft aus. Agnes wurde von den Reichsfürsten unter der Führung des Kölner Erzbischofs Anno II. entmachtet, der seit 1062 alleiniger Reichsverweser und Erzieher des jungen Königs war. Seit 1063 musste er sich diese Aufgabe mit dem Bremer Bischof Adalbert I. teilen, der rasch großen Einfluss auf den jungen Salier hatte. Anno II. ließ den norddeutschen Konkurrenten 1066 verbannen, konnte seinen Einfluss auf Heinrich dennoch nicht wiederherstellen. Seit 1066 führte der junge König die Herrschaft selbstständig. Da Heinrich den sozialen Aufstieg der Ministerialen und des Stadtbürgertums förderte, brachte er die alten Reichsfürsten gegen sich auf, die um ihre Pfründe fürchteten. Berühmt wurde Heinrich IV. vor allem 1077 durch den „Gang nach Canossa", nachdem ihn Papst Gregor VII. infolge des Investiturstreits exkommuniziert und ihm die Ausübung der Regierungsgewalt in Italien und Deutschland untersagt hatte. Nach der Buße in Canossa wurde der Bann gelöst, und Heinrich konnte die Regierungsgeschäfte offiziell wieder aufnehmen. 1080 ließ Heinrich den Papst absetzen und wurde 1084 in Rom zum Kaiser gekrönt. Papst Gregor VII. starb 1085 in seinem Exil in Salerno.

Die letzten Lebensjahre des Kaisers waren von Auseinandersetzungen zwischen ihm und seinen beiden Söhnen bestimmt, die sich mit der papstfreundlichen Fürstenopposition verbanden. Der ältere, Konrad, wurde 1087 in Aachen zum König gekrönt. Nach der Krönung zum König von Italien 1093 stellte Konrad sich gegen seinen Vater und nahm Verbindung zu Papst Urban II. auf. Auf einer Reichsversammlung 1098 in Mainz setzte Heinrich IV. Konrad ab und bestimmte seinen jüngeren Sohn Heinrich V. (1086-1125) zu seinem Nachfolger. 1099 wurde dieser in Aachen zum König gekrönt. Heinrich V. verpflichtete sich gegenüber seinem misstrauischen Vater, sich niemals gegen dessen Willen in die Reichsgeschäfte einzumischen. Sein Erzieher Bischof Konrad von Utrecht bereitete ihn zielgerichtet auf die künftigen Aufgaben vor. Aus Sorge über die zunehmende Entfremdung zwischen dem Königtum und dem (alten) Adel und über die Politik seines Vaters, die niedere soziale Schichten begünstigte, schloss sich Heinrich V. nach dem Tod Konrads 1101 einer bayerischen Adelsopposition an. Daraus entwickelte sich ein bis nach Sachsen reichender Aufstand, der vom Papst unterstützt wurde. Nach dem Tod seines Vaters übernahm Heinrich V. die Herrschaft und führte den von seinem Vater eingeschlagenen Weg fort, zum Ärger der Fürsten und des Papstes.

Wenig später verließ Heinrich Köln und zog mit seinen Truppen rheinaufwärts. Auf dem Weg nach Mainz wurde er von seinem Sohn gefangen genommen und sah sich gezwungen, diesem die Reichsinsignien zu überlassen und die Herrschaft abzutreten. Einige Wochen später – wahrscheinlich im Februar 1106 – konnte er aus seinem Gefängnis auf der Burg Böckelheim an der Nahe entkommen, rettete sich nach Köln und zog von dort nach Lüttich. Der amtierende Kölner Erzbischof Friedrich I. (1100-1131) schlug sich nach dem Abzug des alten Kaisers auf die Seite des Sohnes. Heinrich V. feierte den Palmsonntag in der Stadt und verfolgte den Kaiser. Am 22. März 1106 trafen beide Heere im belgischen Visé an der Maas aufeinander. Der Kampf endete mit einer empfindlichen Niederlage Heinrichs V., der

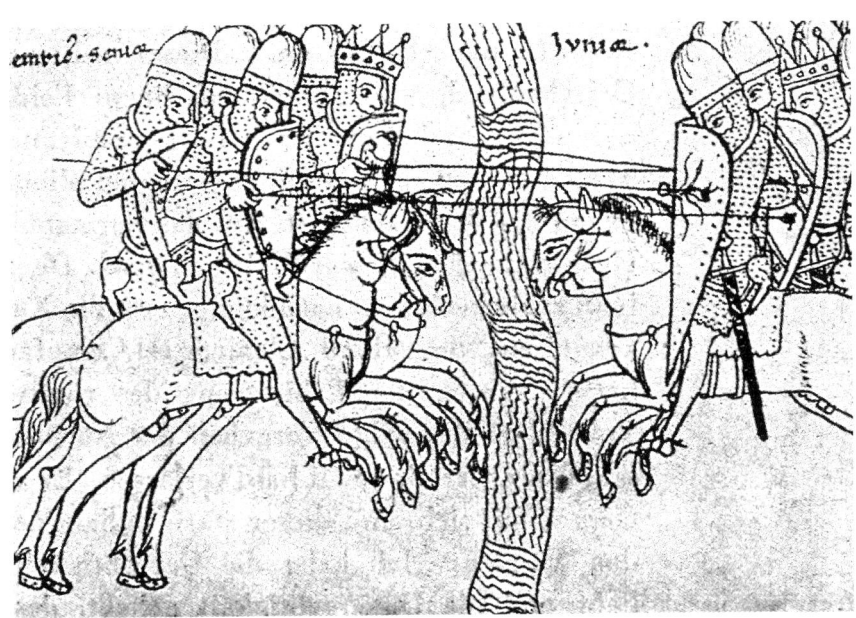

Die Kämpfe zwischen Kaiser Heinrich IV. und seinem Sohn Heinrich V. (Darstellung aus dem 12. Jahrhundert)

seine Truppen zurückziehen musste. Auf dem Rückweg wurde ihm von den Kölner Bürgern der Zutritt zur Stadt verweigert; wo er ursprünglich das Osterfest feiern wollte. Erzbischof Friedrich musste aus der Stadt fliehen.

Heinrich IV. feierte das Osterfest in der mit Köln freundschaftlich verbundenen Stadt Lüttich. Im April 1106 zog er nach Köln. Er traf dort spätestens am 16. April des Jahres ein. „Die Kölner Bürger versprachen ihm unter Eid, ihm die Stadt zu bewahren, und danach begannen sie so, wie sie von ihm angeleitet worden waren, sich drinnen und draußen auf trefflichste zu schützen", so die Hildesheimer Annalen. Die gegen den Willen des abwesenden Erzbischofs gebauten Verteidigungsanlagen umschlossen nun auch die Vorstädte, die einige Jahrzehnte zuvor entlang der wichtigen Ausfallstraßen entstanden waren. Die Bezirke Niederich im Norden, Airsbach (Overich oder Oversburg) im Süden und Westerich, das im Wesentlichen mit dem Immunitätsbereich von St. Aposteln gleichzusetzen ist, hatten sich zu blühenden Vierteln entwickelt, die es zu schützen galt. Das städtische Terrain wurde so von 125 auf mehr als 200 Hektar vergrößert.

Im Juli 1106 überschritt Heinrich V. mit angeblich 20.000 Mann den Rhein und „drang mit gewaltigem Ansturm auf Köln ein, das gleichsam als Haupt unter den übrigen Städten hervorragte". Die Stadt wurde von den Angreifern umschlossen, doch konnten die königlichen Truppen gegen die soliden Festigungswerke der Kölner nichts ausrichten. In den Hildesheimer Annalen heißt es: „Die Kölner aber hielten als gute Ritter unerschrocken stand, widersetzten sich tapfer und ganz entschieden, kämpften, wie man es vorher niemals gesehen hatte." Unterstützung fanden Heinrich IV. und die Kölner Bürger in einem mit kriegserfahrenen Söldnern besetzten Kontingent unter dem Oberkommando des Herzogs Heinrich von Limburg. Mehrfach sollen die königlichen Truppen gegen Köln angerannt sein, doch litten sie bald unter Nachschubmangel, Krankheiten und der sommerlichen Hitze. Schiffe, die Versorgungsmaterial für die Belagerer herbeischaffen sollten, wurden von den Kölnern und ihren Verbündeten abgefangen. Nach drei oder vier Wochen brach Heinrich V. die Belagerung erfolglos ab und zog sich nach Aachen zurück.

Überraschend starb Heinrich IV. am 7. August 1106 in Lüttich. Die rechtlichen Grundlagen der Kölner, gegen Heinrich V. vorzugehen, waren damit aufgehoben, da Heinrich V. als Rechtsnachfolger einen legitimen Anspruch auf den Thron hatte. Trotzdem unterwarfen sich Kölner und Lütticher nicht sofort dem Thronfolger, der den Kölnern vermutlich auch wegen des militärischen Misserfolges noch zürnte. Erneut sammelte er seine Truppen, befahl allen Städten am Rhein, ihn mit Schiffen zu unterstützen, und schloss die Stadt in einem Belagerungsring ein. Nur durch Vermittlung Herzog Bertholds II. von Zähringen konnten sich die Kölner gegen eine Buße von 5 000 Mark Silber aus der Belagerung lösen. Der von Heinrich IV. aus der Stadt vertriebene Erzbischof Friedrich I. kehrte nach der Aussöhnung zwischen Stadt und König nach Köln zurück.

Die städtische Festung des Jahres 1106

Vom Festungsbau des Jahres 1106 ist im Stadtbild seit langem nichts mehr zu sehen. Die letzten Reste der Anlagen wurden in der zweiten Hälfte des 19. Jahrhunderts abgerissen. Das Meiste aber hatte man schon im Mittelalter dem Erdboden gleichgemacht. Der Verlauf der

Der Stadtgraben von 1106 während der Ausgrabung nahe St. Johann Baptist (2004)

Der Stadtgraben von 1106 im archäologischen Befund

Bis zum Sommer 2004 waren nur vier Grabenabschnitte archäologisch untersucht worden. Auf dem Eckgrundstück Domstraße/Unter Krahnenbäumen wurde die Grabenanlage des nördlichen Vororts Niederich untersucht. Der hier in West-Ost-Richtung verlaufende Spitzgraben war knapp 5 Meter tief erhalten, lag aber unter 2 Meter starken modernen Aufschüttungen, sodass die Grabenspitze bis 7 Meter unter die heutige Straßenoberfläche reichte. Über der Grabenspitze lag eine 55 Zentimeter dicke schwarz-schlickige Verfüllschicht, die sich im Laufe der rund 90-jährigen Nutzung des Grabens (1106 bis ca. 1200) gebildet hatte. Der Graben war an dieser Stelle ursprünglich 12 Meter breit, konnte aber nur teilweise innerhalb der Baugrube freigelegt werden.

Wenige Meter weiter östlich wurde der Stadtgraben bei Neubauarbeiten auf dem Grundstück der Ursulinenschule Unter Krahnenbäumen angeschnitten. Die Oberkante des mit schwarz-humoser Erde verfüllten Grabens reichte bis 1 Meter unter die moderne Straßenoberfläche. Die südliche Grabenböschung fiel in einem Gefälle von 45 Grad ab. Die Grabenspitze dürfte knapp 7 Meter unter der modernen Straße liegen, konnte innerhalb der Untersuchungsfläche aber nicht freigelegt werden. Nachdem die „neue" Stadtbefestigung auf Höhe der Kölner Ringe fertig gestellt war, gab man den alten Graben auf. Er wurde verfüllt und in die Auffüllung ein Aducht, also ein Abwasserkanal, aus Unkeler Basaltsäulen gelegt. Der Kanal taucht 1343 in den schriftlichen Quellen auf und wurde bis in das 19. Jahrhundert hinein genutzt.

Auf dem Grundstück Gereonstraße 1-3/Ecke Kattenbug wurde der in Nord-Süd-Richtung verlaufende Stadtgraben auf 35 Meter Länge verfolgt. Bis in eine Tiefe von 4,5 Meter unter der modernen Straße hat man die Grabenspitze nicht erreicht.

In der Benesisstraße 24-32/Mittelstraße 19 wurde 1994 ein Teilstück des Stadtgrabens der westlichen Vorstadt dokumentiert. Er war auch hier mehr als 10 Meter breit und setzte sich nach Westen außerhalb der Untersuchungsfläche unter der Benesisstraße fort. Die Grabensohle wurde nicht erreicht.

Der erste Aufschluss im Stadtgraben der südlichen Vorstadt Oversburg geht auf die Leitungsarbeiten für die Nord-Süd Stadtbahn zurück. Südwestlich der Kirche St. Johann Baptist und unter den unterirdisch erhaltenen Resten der ehemaligen Katharinenkirche wurde eine 10 mal 10 Meter große Fläche archäologisch untersucht. Die Baugrube lag genau über dem Graben von 1106. In den Profilen des Schachtbauwerks zeichnete sich die dunkelbraune erdige Verfüllung des hier noch etwa 5 Meter tiefen Spitzgrabens ab. Die Grabenwände fielen in einem Böschungswinkel von 45 Grad ab.

Befestigungen lässt sich daher nur noch anhand der Straßennamen nachzeichnen.

Die Befestigung der südlichen Vorstadt Oversburg und des am Rheinufer gelegenen 1067 erstmals genannten Nothausen (Nothusen/Noithusen) führte von der Neckelspforte (Nächelskaule) am Rheinufer über den Katharinengraben, die Johannispforte und den Perlengraben zur Pantaleons-, Bach- oder auch Weissfrauenpforte am Blaubach. Dort traf die „neue" Befestigung auf die römische Stadtmauer. Die Stadtbefestigung des Jahres 1106 bestand – sieht man von den zwölf oder 13 über die Anlage verteilten Torbauten ab – aus einem Erdwall mit feldseitig vorgelagertem Graben. Gemauerte Abschnitte sind auf Höhe der

Straßen Kattenbug und Benesispfuhl in einer Urkunde des Jahres 1235 genannt. Tuffsteinmauern, die für den Festungsabschnitt am Maria-Ablass-Platz und in der Eintrachtstraße bezeugt sind, dürften jüngeren Ursprungs und auf Immunitätsmauern von St. Ursula zurückzuführen sein. Am Katharinengraben sind Wall und Graben ausdrücklich in den Schreinsbüchern erwähnt: 1175/91 hieß es *dom. et ar. secus Valum vetus* und 1185/1205 *dom. iuxta [vete]rem Vallem*.

Die archäologischen Untersuchungen zeigen, dass es sich bei dem Stadtgraben von 1106 um einen etwa 12 Meter breiten und 5,5 Meter tiefen Spitzgraben handelte. Auf der Stadtinnenseite hat man den Grabenaushub zu einem ungefähr 5 Meter hohen Wall angeschüttet. Auf der Wallkrone muss zudem eine hölzerne Palisade mit Wehrgang errichtet worden sein, wie sie etwa für die hochmittelalterliche Stadtbefestigung von Frankfurt/Oder archäologisch nachgewiesen ist. Setzt man ein etwa 4 Meter hohes Holzhindernis voraus, so ergäbe sich für den Erdwall mit hölzerner Palisade eine Gesamthöhe von etwa 9 Meter.

Der Wall wurde nach der Aufgabe des Grabens eingeebnet, die Erde in den Graben geworfen und verdichtet. Wall und Graben nahmen zusammen einen ca. 25 Meter breiten Geländestreifen ein. Das preußische Urkataster der Jahre 1836/37 zeichnet den Verlauf der alten Stadtbefestigung nach. Sie führte in gerader Linie mittig vom Grundstück der alten Johannispforte in östliche Richtung zur Nächelspforte am Rhein. Die rekonstruierte Gesamtbreite von Wall und Graben entspricht genau der Breite der Straßenführungen und Altparzellen zwischen An St. Katharinen/Katarinengraben sowie dem Katharinengässchen (Breite 25 Meter) beziehungsweise dem Perlengraben (Breite 23 Meter), die im Preußischen Urkataster eingezeichnet sind.

War die Stadtbefestigung ein Werk weniger Wochen?

Folgt man den Schriftquellen, standen für den Bau der ca. 3 200 Meter langen Wall- und Grabenanlagen zwischen Ende April und Ende Juni 1106 sechs bis acht Wochen zur Verfügung. In diesem knapp bemessenen Zeitraum galt es, den Graben auszuheben, zu einem Wall abzuschütten und diesen mit einer hölzernen Palisade zu sichern. Angesichts der gewaltigen Erdmassen, die mit traditionellen Arbeitsgeräten wie Hacken, Schaufeln, Karren und Körben bewegt werden mussten, und der zum Palisadenbau erforderlichen Holzmengen eine gewaltige Aufgabe.

War ein solches Bauwerk innerhalb einer so kurzen Zeitspanne zu realisieren? Bei einer durchschnittlichen Breite von 12 Meter und einer Tiefe von 5 Meter ergibt sich für den Graben ein Volumen von 60 Kubikmeter Erdaushub je laufenden Meter, das heißt bei einer Grabengesamtlänge von 3 200 Meter, ein Erdaushub von insgesamt 192 000 Kubikmeter. Untersuchungen haben gezeigt, dass ein Mensch mit traditionellen Arbeitsgeräten in der Lage war, rund 0,5 Kubikmeter Erde je Stunde zu bewegen. Ausgehend von einer zehnstündigen Arbeitsleistung je Arbeiter würde dies ein Tagesvolumen von 5 Kubikmeter bzw. 38.400 Arbeitstage ergeben. Um Wall und Graben in etwa 30 bis 40 Tagen herzustellen, waren also mindestens 1 000 bis 1 300 Arbeitskräfte im Einsatz. Der Arbeitsaufwand für den Bau einer hölzernen Palisade ist hierbei nicht berücksichtigt, doch dürften diese Aufwendungen zumindest teilweise parallel verlaufen sein. Zunächst sicherten vermutlich hölzerne Provisorien die strategisch wichtigen Straßenzugänge. Später wurden sie durch repräsentative steinerne Torbauten ersetzt. Von der Eigelsteinpforte (*portam, que dici-*

Die Würfelpforte

Von der Würfelpforte, die im Dezember 1872 als letztes obertägig erhaltenes Bauwerk der Festungsanlage von 1106 abgerissen wurde, sind Fotografien und ein Grundriss überliefert. Sie zeigen einen aus Tuffsteinen errichteten zweigeschossigen Torbau von 7,5 Meter Breite und 9 Meter Tiefe. Durch das Bauwerk führte eine knapp 4 Meter breite Tordurchfahrt. Andere Torbauten, darunter die Ehrenpforte, hatten zwei Tordurchfahrten.

Die Würfelpforte, oder auch Woirpilzporze (porta balisteria), verdankt ihren Namen dem Schotten Theodoricus Balistarius (Wurfschütze), der den Bau 1238 als Erbe erhielt. Spätestens 1468 ist in der alten Toranlage die Brauerei „auf Rome" urkundlich belegt. Dabei blieb es lange Zeit. 1841 erwarb Wilhelm Scheben (1812-1895), Sohn eines Kölner Branntweinbrenners und seit 1873 Abgeordneter im Preußischen Landtag, das Anwesen und unterhielt darin ein Gasthaus mit Brauerei. Scheben war humanistisch gebildet und hatte großes Interesse an der Geschichte seines Hauses, das er auch auf die anderen Torburgen der Kölner Stadtbefestigung übertrug und in dem 1895 erschienenen Buch „Die ehemaligen Thorburgen des alten Köln – die Zeit ihrer Entstehung, ihre Lage, ihre Geschichte und ihr Abbruch" veröffentlicht hat. Ende der 1860er Jahre stand das Haus „auf Rome" dem Ausbau der Straße Unter Sachsenhausen im Wege. Nach langen Verhandlungen mit der Stadt sah sich Scheben 1872 gezwungen, das Haus zu verkaufen, das noch im Dezember desselben Jahres abgerissen wurde.

Letztes Relikt der Festungsanlage von 1106: die Würfelpforte (Foto 1872)

tur Eigelis) wissen wir, dass sie im Jahre 1134 vollendet wurde. Da Köln im 12. Jahrhundert 10 000 bis 12 000 Einwohner hatte und die Quellen davon berichten, dass für den Bau der Festung zusätzliche Arbeitskräfte aus dem Umland angeworben wurden, erscheinen die oben genannten Zahlen durchaus realistisch.

Die Johannispforte

Die hölzernen Toranlagen der Stadtbefestigung des Jahres 1106 wurden in den folgenden Jahrzehnten in Stein neu ausgebaut. An den Ausfahrtstraßen entstanden zwölf oder 13 steinerne Torburgen. Die meisten Anlagen wurden bereits im Mittelalter wieder abgerissen, nachdem die große staufische Stadtmauer auf Höhe der Kölner Ringe die ältere Befestigung ersetzt hatte. Stadtansichten des späten 16. Jahrhunderts zeigen Torburgen an der Bachstraße bei St. Pantaleon, der Ehrenstraße auf Höhe Alte Wallgasse und die Würfelpforte im Bereich Unter Sachsenhausen/ Höhe Maria-Ablass-Platz.

Im Rahmen der archäologischen Untersuchungen an der künftigen Haltestelle Severinstraße bietet sich erstmals die Möglichkeit, eine der alten Toranlagen des frühen 12. Jahrhunderts archäologisch zu untersuchen, denn die Fundamente der Johannispforte ragen um einige Meter in die südliche Arbeitsfläche hinein. Die Johannispforte – manchmal auch Cathrynenpforte genannt – war die alte Torburg an der südlichen Ausfahrtstraße. Sie verdankt ihren Namen der unmittelbar nordöstlich stehenden Pfarrkirche St. Johannes. Das preußische Urkataster von 1836/37 zeigt, dass nahe der Ecke Severinstraße/Perlengraben zwei Grundstücke 5 Meter tief in die Flucht der alten Severinstraße hineinragten. Genau von der Mitte dieser beiden Grundstücke ausgehend verlief die alte Parzellengrenze nach Osten zur Nächelspforte am Rhein.

Bereits Wilhelm Scheben hat in seinem Buch von 1895 darauf hingewiesen, dass dort die alte Torburg stand „(...) und zwar an der Stelle, woselbst sich noch heute das vorspringende Haus Nr. 189, alte Nr. 6991, oder das ehemalige Backhaus ‚zum Treppchen' befindet. Dieses Thor, welches in Urkunden bald als porta Sti. Joannis, bald als porta vetus und als antiqua porta Sti. Severini vorkommt, im Munde des Volkes aber einfach Johannispforte hiess, war zwischen dieses Backhaus und die gegenüber gelegene, ebenfalls weit gegen die jetzige Baufluchtlinie vorspringende, ehemalige ‚Schröpf- und Badestube', alte Nr. 458, spätere Nr. 116, im Jahre 1797 von dem Badstuber und Schröpfer Wilhelm Weibershausen bewohnt, eingezwängt und bildete auf diese Weise die Grenze des damaligen, ca. vier Fuss höher wie die Severinstrasse liegenden sogen. St. Johannis-Höfchen, engte aber an dieser Stelle in südlicher Richtung die Severinstrasse derart ein, dass dieser drei Meter breite Thorweg nur von einem Fuhrwerk zu passieren war und deshalb fortwährend Verkehrsstörungen vorkamen. Bei dem gewaltigen Verkehr auf der Severinstrasse wurde dieser Uebelstand immer fühlbarer, und da dieselbe bekanntlich Staatsstrasse ist, auch der Oberbau des Thores längst abgebrochen war, so trat die Königliche Regierung im Jahre 1836 mit dem damaligen Eigenthümer des jetzigen Hauses Nr. 189, dem Bäckermeister Anton Rath, wegen Zurücksetzung desselben in Unterhandlung, in Folge dessen der noch jetzt bei diesem Hause bestehende Winkel um 10-12 Fuss verkürzt, und die gegenwärtig auf der westlichen Hälfte der Severinstrasse bei den Häusern Nr. 185, 187 und 189 bestehende Baufluchtlinie festgestellt wurde."

Die Schreinsbücher erwähnen gegenüber St. Katharina seit dem 14. Jahrhundert ein dom. carnificium und ein Backhaus. Die Fleischhalle vor St. Katharina wurde 1642 verkauft. Pläne aus den 1830er Jahren zeigen, dass die Parzelle zu Beginn des 19. Jahrhunderts in drei Häuser aufgeteilt war. Das südliche Haus „Krone" an der Ecke zum Perlengraben war die Fleischhalle, daran schlossen nach Norden ein nicht benanntes Haus und schließlich das in den Quellen genannte Backhaus an.

Scheben berichtet weiter: „Fast zu gleicher Zeit wurde auch die eben erwähnte ehemalige Schröpf- und Badstube, alte Nr. 458, spätere Nr. 116, damals Eigenthum des Kleinkrämers in Gewürzen Joseph Wingen, niedergelegt. Dieses Haus lag in der noch heute bestehenden Baufluchtlinie der ehemaligen Commende ad sanctum Catharinam, alte Nr. 460, gegenwärtig Severinstrasse Nr. 162, nordwestliche Ecke des Catharinengrabens und der Severinstrasse, wie der des ehemaligen St. Laurentius-Hospitals, genannt ‚zur weiten Thüre', alte Nr. 457, gegenwärtig Severinstrasse 172, welche Eckhäuser noch heute bedeutend gegen die St. Johanniskirche wie die nebenan liegenden Häuser Nr. 164-170 vorspringen und gleichsam die westlichen Grenzen des ehemaligen ‚St. Johannis-Höfchen', wie man den Vorplatz vor der St. Johanniskirche früher nannte, bezeichnen."

Hoch- und spätmittelalterliche Schriftquellen nennen die Johannispforte bis in die zweite Hälfte des 15. Jahrhunderts hinein mehrfach. Die jüngste Erwähnung datiert in das Jahr 1463. In den gut 100 Jahre jüngeren Stadtansichten von Hogenberg und Mercator ist die Toranlage zwar nicht mehr abgebildet, doch der Bau taucht in einem 1702 edierten Stadtplan wieder auf. Auch Wilhelm Scheben spricht in seinem Buch von einem „späten" Abriss des Tores: „Wann der Ueberbau dieses Thores beseitigt wurde, vermochten wir nicht genau festzustellen. Der Abbruch scheint jedoch kurz vor die französische Zeit, nämlich in die Jahre 1770-1780 zu fallen." Nach Scheben wurde der Abbruch des Oberbaus zwischen 1740 und 1780 durchgeführt, während die letzten Reste des Torbaus erst anlässlich der Verbreiterung der Straße 1836 beseitigt wurden. Zur Bestätigung seiner Thesen verwies Scheben auf ein 1782 veröffentlichtes Papier, in dem es heißt: „die nun abgebrochene Johannispforte". Ferdinand Wallraf (1748-1824) sah Anfang des 19. Jahrhunderts noch Reste des Tores. In seinen überwiegend 1803 verfassten und 1818 herausgegebenen „Beiträgen zur Geschichte der Stadt Köln" schreibt Wallraf: „Neben der St. Johanniskirche, wo die Gassenenge dort beim Backhause vorkommt, war darin die neue Hochpforte oder auch die so genannte Johannispforte angebracht, deren zirkelförmig zielende Bogenreste von Quadern heute noch sichtbar sind." Offenbar waren zu Beginn des 19. Jahrhunderts noch Ansätze des alten Torbogens im westlich anschließenden Nachbarhaus erhalten.

Der „alte" Stadtgraben wird verfüllt

Die Stadterweiterung von 1106 erwies sich schon bald als nicht ausreichend bemessen, da der wirtschaftliche Aufschwung Kölns im 12. Jahrhundert immens war. 1154 lagen dem Kölner Rat Pläne für eine neue Stadterweiterung bis auf Höhe der Kölner Ringe vor. Kurze Zeit nachdem die Bauarbeiten an der großen staufischen Stadtmauer abgeschlossen waren, wurden die alten Stadtgräben von 1106 verfüllt, so auch im Bereich der Johannispforte.

Westlich der Johannispforte blieben offene Pfühle, wobei es sich um abflusslose Sammelbecken zur Abwasserentsorgung handel-

Die Baugruben der Haltestelle „Severinstraße" auf der Plangrundlage des preußischen Urkatasters von 1836/37

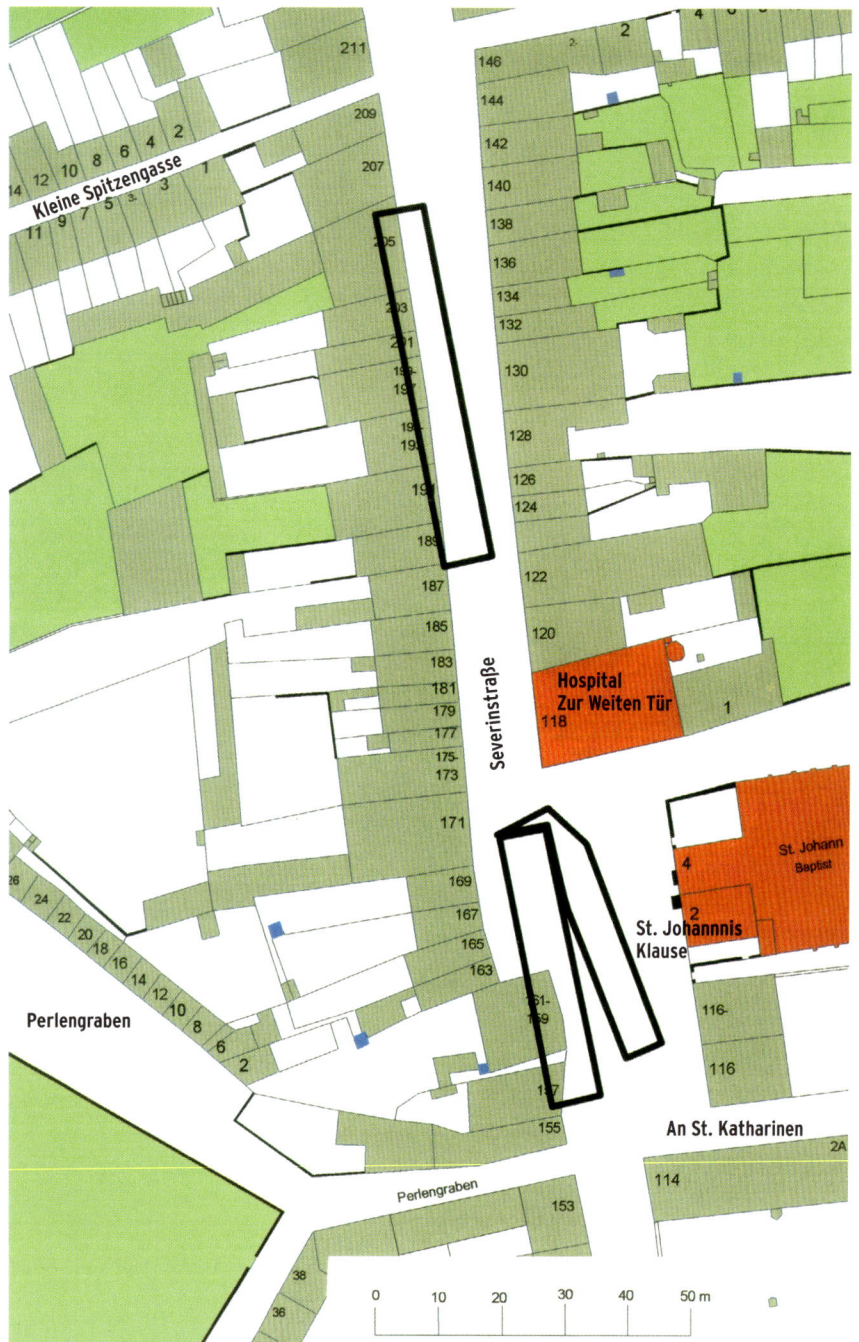

te, in denen das Wasser langsam versickerte. Stadtansichten des späten 16. und 17. Jahrhunderts zeigen den Perlengraben als große offene Gewässerfläche, angeblich die größte im mittelalterlichen Köln. In die Pfühle auf dem Perlengraben wurden die Abwässer der benachbarten Leimsieder und Gerber sowie die Oberflächenwasser der näheren Umgebung eingeleitet. Die Leimmacher hatten das Recht, zwischen Samstag- und Sonntagabend den Hahn bei den „Weißen Frauen" bei St. Pantaleon aufzudrehen und das Wasser durch ihre Werkstätten laufen zu lassen. Hermann von Weinsberg beschrieb den hartnäckigen Schleim und das Leimwasser, das kaum zu entfernen war. Da die Abwasserbecken keinen Abfluss besaßen, kam es vor allem nach starken Niederschlägen zu bedrohlichen Situationen: Am 16. Juni 1596 konnte die Prozession zu Ehren des hl. Jakob den Perlengraben nicht passieren, weil alles überschwemmt war. Bereits 1584 wurde diskutiert, einen Bach durch den Perlengraben zu leiten, doch das Vorhaben wurde nicht ausgeführt. Bis 1827 gab es noch drei große, offene, unregelmäßige Wasserflächen.

Ernst Weyden schildert in seiner Stadtbeschreibung zu Beginn des 19. Jahrhunderts: „Der scharfe Lohgeruch ist aber nicht so angreifend wie der Verwesungsduft, des uns von dem ‚Pälengraben', das ist der Pfahlgraben der ältesten Stadteinfriedung vor Erbauung der großen Stadtmauer, entgegenströmt. Seine Mitte nimmt eine weite stinkende Lache ein, wo die Weißgerber und die berühmten Kölnischen Leimsieder die Häute kälken, die animalischen Urstoffe in Fäulnis übergehen lassen."

1868 wurde die Niederung im alten Stadtgraben trockengelegt, indem man die Abwässer über einen Kanal zum Katharinengraben und von dort in den Rhein leitete.

Der westliche Abschnitt des Grabens An St. Katharinen muss unmittelbar, nachdem die Stadtbefestigung ihre fortifikatorischen Aufgaben verlor, verfüllt worden sein. Die Schreinsurkunden erwähnen vor 1246 einen Baumgarten auf dem alten Graben, wohl im Besitz der Deutschordenkommende. Über dem eingeebneten Wall- und Grabenwerk errichteten die Deutschherren bald nach der Mitte des 13. Jahrhunderts die Katharinenkirche. Ein Ratsbeschluss des Jahres 1353 erlaubte es den Kölner Bürgern, im alten Graben nahe der Kirche Dünger, Erde, Müll und Bauschutt abzuladen, um Geländesenkungen auszugleichen. Vor 1473 wurde auf dem ehemaligen Graben die Elendskirche mit dem zugehörigen Fremdenfriedhof errichtet. Bis dahin diente der Platz als Lager für Baumaterialien und Holz. Der Gründungsbau der Elendskirche wurde zwischen 1763 und 1771 von einem dreischiffigen Saalbau mit eingezogenem Chor abgelöst. Der Mercatorplan von 1571 zeigt den Grabenabschnitt östlich der Kirche unbebaut. 1610/17 veräußerte das Kloster St. Maria Spiegel – genannt Sion – das Gelände längs des Katharinengrabens an Bauwillige. Entlang der Rinzegasse entstanden 44 Giebelhäuser in der Art einer Reihenhaussiedlung.

Die Abwässer östlich der Johannispforte wurden dank des natürlichen Gefälles in den Rhein geleitet. Mercator zeigt in seiner Stadtansicht aus dem Jahre 1571 den Katharinengraben zwischen Elendskirchhof und rheinseitiger Stadtmauer als offenen Wassergraben. Der Abfluss in den Rhein verlief unterirdisch. 1712 beantragten Anwohner aus der Achterstraße beim Deutschen Orden, ihre Abwässer in den Kanal leiten zu dürfen, was jedoch nicht genehmigt wurde. Eigentümer des Kanals war die Stadt, die allerdings die Wartung und Reinigung der öffentlichen Kanäle völlig vernachlässigte. Durch das ka-

Die Pfarrkirche St. Johann Baptist (Kupferstich um 1840)

tastrophale Hochwasser des Jahres 1784 wurde der Uferabschnitt auf Höhe des Katharinengrabens stark in Mitleidenschaft gezogen. Der Kanal zwischen dem Kloster Sion und der Nächelskaule war verstopft und wurde, da die Zubringer weiterhin genutzt wurden, zu einem erheblichen Hygiene- und Krankheitsrisiko. Erst 1799 wurde der Auslauf nach vielen Beschwerden der Anwohner gereinigt und erneuert. Bei diesem neu errichteten Kanal könnte es sich um den eingewölbten Kanal handeln, der 1840 vom Stadtbauamt bei Erdarbeiten freigelegt wurde. Diese Abwasserleitung war den Behörden bis dahin unbekannt. Sie wurde 1864 erneuert und unter dem Straßenpflaster verlegt. Bis dahin verlief der Kanal auf privatem Grund und Boden unter den Gärten der Häuser auf der Südseite des Katharinengrabens entlang.

Die Pfarrkirche des hl. Johannes (St. Johann Baptist)

Die Kirche des hl. Johannes wurde der bereits zitierten Urkunde des Kölner Erzbischof Wichfrieds zufolge in der ersten Hälfte des 10. Jahrhunderts als Eigenkirche des Severinstifts gegründet. 1080 ist St. Johannes als Pfarrkirche bezeugt, ein Hinweis auf die voranschreitende Besiedlung des Geländes südlich der ehemaligen römischen Kolonie. Durch die Stadterweiterung von 1106 wurde die nördlich der Umwallung stehende Kirche, die auch St. Johann an der Pforte hieß, in die umwehrte Stadt einbezogen.

Schon zum Gotteshaus des 10. Jahrhunderts gehörte ein Friedhof, von dem allerdings nur der bereits genannte Grabstein des 9./10. Jahrhunderts bekannt ist. Bei Erdarbeiten wurden immer wieder menschliche Gebeine gefunden. Erstmals erwähnt ist der Kirchfriedhof in einer Schreinsurkunde des Jahres 1280 (cimiterio s. Johannes). Der älteste Kirchenbau – vermutlich eine Saalkirche von bescheidener Größe – wurde in der zweiten Hälfte des 12. Jahrhunderts durch eine dreischiffige Pfeilerbasilika mit Westturm ersetzt. Die Hochaltarweihe nahm der Kölner Erzbischof Philipp von Heinsberg (1167–1191) vor, und die Schlussweihe erfolgte vermutlich 1210. 1346 wurde die staufische Anlage umgebaut und um ein nördliches Seitenschiff erweitert. 1538/39 hat man auf der Südseite ein weiteres Kirchenschiff angefügt, während die westliche Vorhalle der Kirche erst im 17. oder 18. Jahrhundert errichtet wurde. Sie war mit der Johannisklause verbunden, die nach Süden anschloss. Nördlich der Kirchenvorhalle lag ein kleiner Garten, den auch verschiedene Ansichten der Jahre um 1900 zeigen.

Unter der Leitung von Vincenz Statz wurden in den 1860er und 1870er Jahren umfangreiche Restaurierungen am Kirchenbau unternommen. Große Teile des Gotteshauses wurden dann jedoch bei den Fliegerangriffen im Zweiten Weltkrieg zerstört. Erhalten blieben vier Mittelschiffjoche der staufischen Kirche und die Außenmauern des nördlichen Seitenschiffs des 14. Jahrhunderts. Der Wiederaufbau der Kirche fand schließlich zwischen 1960 und 1963 statt, wobei die erhaltenen Bauteile in die neue Kirche integriert wurden.

Die Johannisklause

Der südwestlich an St. Johann Baptist anschließende Bau taucht 1293 erstmals in den Schriftquellen auf. Die Johannisklause wurde über dem einplanierten Wall von 1106 errichtet. Im Volksmund hieß die Klause seit dem 16. Jahrhundert „Zu den vierzehn Nothelfern", da dort angeblich 14 Klosterschwestern gelebt haben sollen. Mit materieller Unterstützung des Kölner Rates, der Ziegelsteine zur Verfügung stellte, hat man 1601 auf dem Platz der hochmittelalterlichen Kapelle einen Neubau errichtet. Dabei soll es sich um ein 6 Meter breites, „schlichtes in bürgerlicher Art gebautes Haus" gehandelt haben, das mit der Vorhalle von St. Johann Baptist verbunden war. Einer Giebelinschrift zufolge wurde die Johannesklause 1711 erneuert.

Nach der Säkularisation wurde die Klause 1802 aufgehoben und fortan als Wohnhaus genutzt, dann jedoch im Zweiten Weltkrieg vollständig zerstört.

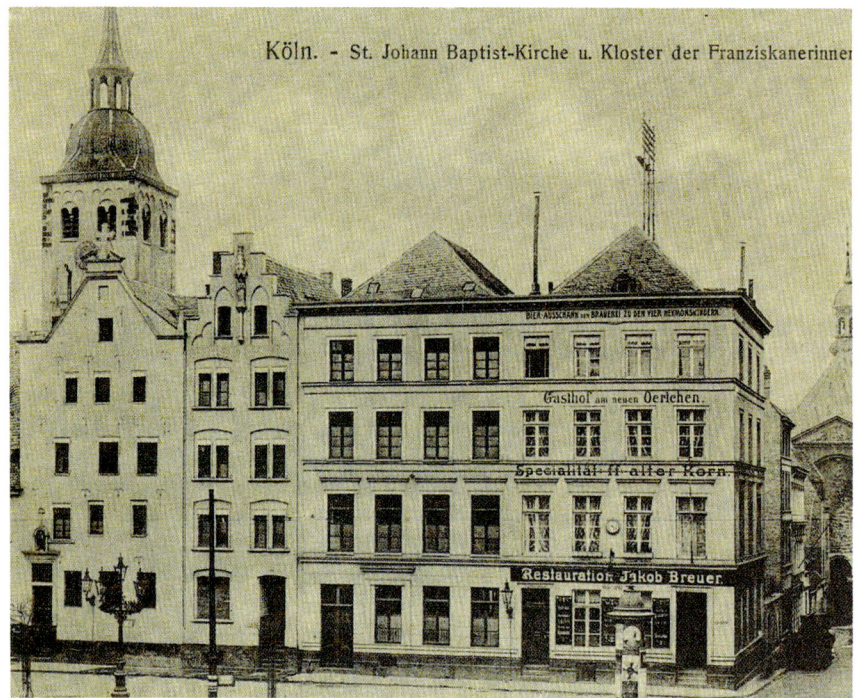

St. Johann Baptist, die Johannisklause und der Gasthof „Am neuen Oertchen" (um 1900)

St. Katharina auf dem Graben und das Deutschordenshaus

1219 wurde das vom Kölner Erzbischof Engelbert von Berg errichtete und der hl. Katharina geweihte Oratorium erstmals erwähnt. Das Kirchlein wurde anscheinend unmittelbar nach dem vorläufigen Abschluss der Bauarbeiten an der „neuen" Stadtmauer errichtet. Der schlichte Bau stand auf dem Grundstück des Deutschherrenhofs. Auf der Rückseite schloss ein ebenfalls vom Deutschorden gestiftetes Hospital an. Das Oratorium mit dem Hospital und die zwischen 1215 und 1221 östlich hiervon errichtete Klosterkirche St. Maria Spiegel, genannt Zu Sion, waren die ersten Gebäude, die im direkten Vorfeld der zu diesem Zeitpunkt aufgelassenen Stadtbefestigung von 1106 entstanden.

1268 errichtete der Orden auf der gegenüberliegenden Straßenseite südlich von St. Johann Baptist einen Neubau, dessen Westfassade bis an die Severinstraße reichte. St. Johannes und St. Katharina trennte ein wenige Meter breiter Durchgang. Die 28 Meter lange und 12 Meter breite Katharinenkirche hatte ein dreischiffiges Langhaus mit einem etwa 9 Meter tiefen Chor. Bei Leitungsverlegungen wurden im Sommer 2004 Fundamente des südlichen Kirchenschiffs freigelegt. Da die Kirche über dem zugeschütteten Graben von 1106 errichtet wurde, gründete man die Fundamentpfeiler bis zu 6 Meter unter dem modernen Straßenniveau. Von der ehemaligen Bauausstattung wurde ein spätromanisches Doppelkapitell des Gründungsbaus gefunden. Das qualitätvolle Kapitell weist Spuren golde-

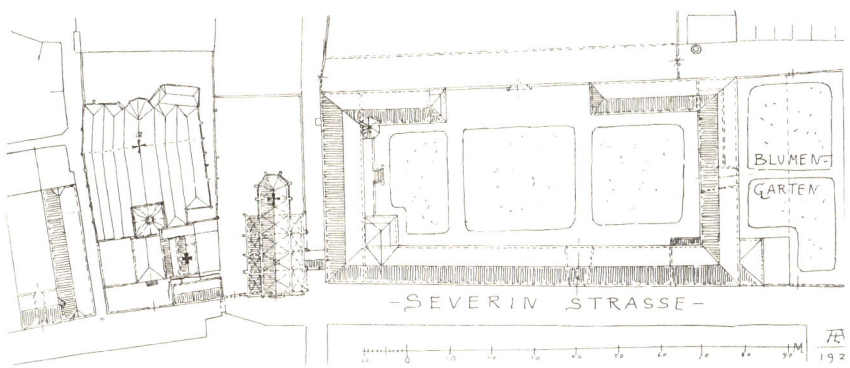

Plan von St. Johann Baptist, St. Katharina und dem Deutschordenshaus

ner Bemalung auf, wie es auch in alten Baubeschreibungen erwähnt wird.

Über den Katharinenbogen, einen brückenartigen Zugang, war die Kirche mit dem Obergeschoss des südlich der Straße An St. Katharinen liegenden Deutschordenshauses **(domus Teuthonica)** verbunden, das vermutlich seit 1218 bestand. Hermann von Weinsberg berichtet 1595 von dem Neubau des im Grundriss L-förmigen Deutschordenshauses

Doppelkapitell der Kirche St. Katharina, zweite Hälfte 13. Jahrhundert (2004)

durch Komtur Heinrich von Reuschenberg, der „in sinem von ihm neue gebauten Dutzenhaus in Coln wonende". Ferdinand Wallraf, der den Bau noch mit eigenen Augen sah, beschreibt ihn als „ungeheure Anlage". Das Gebäude erstreckte sich über eine Länge von ca. 80 Meter entlang der Severinstraße, die hier „Voir dem Duitschen hause" genannt wurde. 1834/35 wurde das Grundstück des Deutschherrenhauses aufgeteilt. Teile der Bebauung wurden noch im selben Jahr abgebrochen und die letzten Mauern 1912 niedergelegt. Hermann Keussen erwähnt für 1269 in seiner „Topographie der Stadt Köln im Mittelalter", dass das Hospital St. Katharina gegenüber dem Deutschordenshaus lag. Zum Katharinenhospital, in dem vor allem erkrankte Pilger und Fremde behandelt worden sein sollen, gehörte auch ein „ellender Kirchhof", den Hermann von Weinsberg erwähnt. Die Ursprünge dieses Friedhofs reichen mindestens bis ins späte 14. Jahrhundert zurück. Die Schreinsbücher nennen den Begräbnisplatz **cimiterium pauperum ad s. Catharinam**. Hier wurden im Sommer 2004 bei archäologischen Untersuchungen unterschiedliche Gräber freigelegt. Der archäologi-

Bestattung (Buckliger) vom Kirchfriedhof St. Katharina (2004)

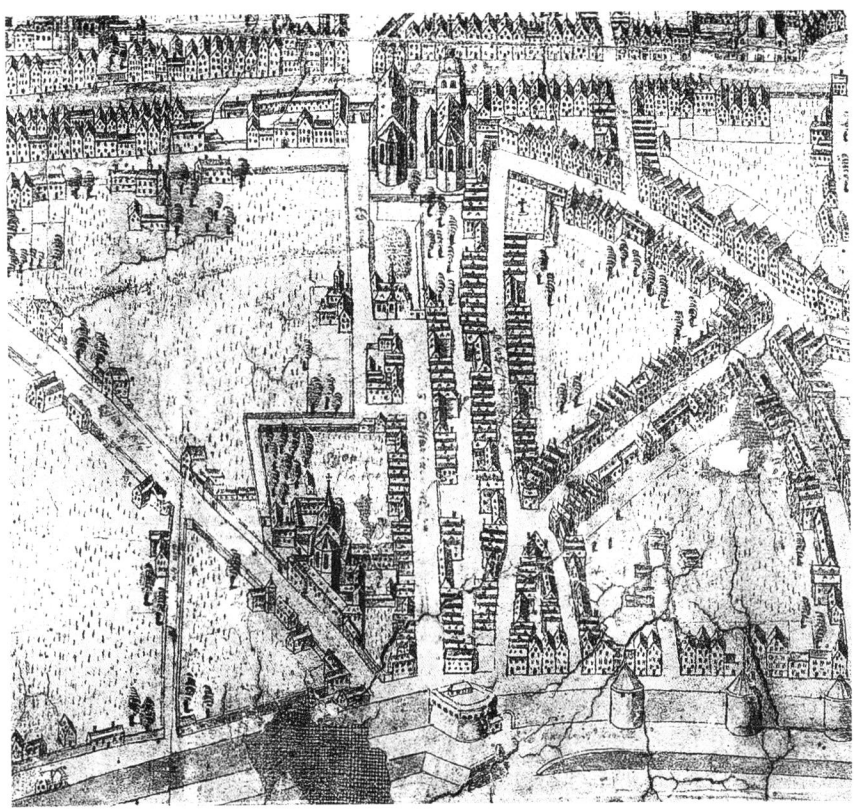

Der Katharinengraben (Ausschnitt aus dem Stadtplan von 1702)

sche Befund scheint die Sonderstellung des Friedhofs zu bestätigen, denn einige Gräber fielen durch Besonderheiten auf, darunter das Grab eines „Buckligen".

Das alte Hospital und das alte Oratorium südlich von An St. Katharinen wurden spätestens im 15. Jahrhundert aufgelassen. Seit 1421 verrichteten die Karmeliter ihren Gottesdienst in der Katharinenkirche. Die von Wilhelm Scheben als „prachtvoll" bezeichnete Kirche wurde 1802 säkularisiert und 1808 abgerissen. Über den Fundamenten der Kirche wurde um 1820 schließlich ein Wohnhaus mit Brauerei im klassizistischen Stil errichtet. Das Haus fiel den Bombardements des Zweiten Weltkriegs zum Opfer und wurde vollständig zerstört.

St. Laurentius und das Hospital „Zur Weiten Tür"

Nördlich von St. Johannes, an der Ecke zur Spielmannsgasse, stand das 1484 errichtete Hospital „zo der weyder Duyr". 1603 wurde in dem Gebäude eine aufwändig ausgestattete, dem hl. Laurentius geweihte Kapelle eingerichtet. Die Bauarbeiten sollen sich über einen längeren Zeitraum erstreckt haben. Im Zuge der Säkularisation wurde das Hospital aufgelöst, 1808 verkauft und seitdem als Salzmagazin genutzt. Das Magazin wurde in der zweiten Hälfte des 19. Jahrhunderts abgerissen und 1879 durch ein neues Pfarrhaus für St. Johann Baptist ersetzt.

Die Haltestelle „Kartäuserhof"

Die Haltestelle „Kartäuserhof" hat von allen neuen U-Bahnhöfen – zumindest auf den ersten Blick hin – den geringsten Bezug zur Römerzeit. Der Name bezieht sich auf die Straße, die vom Kartäuserwall in östlicher Richtung zur Severinstraße führt und dabei die Kartäusergasse quert. Die unübersehbare Häufung des Namens „Kartäuser" weist auf das ehemalige Kloster des Kartäuserordens hin, die „Kartause", die erst im späten Mittelalter in der Nähe, auf dem Martinsfeld, errichtet wurde. In deren Gebäudekomplex befindet sich heute der Sitz des Evangelischen Stadtkirchenverbands. Die Kartause hat diesen Bereich des Severinsviertels über Jahrhunderte hinweg geprägt. Der Haupteingang des ehemaligen Konvents befindet sich in der Kartäusergasse, von dort aus sind es nur ein paar Minuten Fußweg bis zur Severinstraße.

Rätselhafter Tod eines Erzbischofs

Gegründet wurde das Kartäuserkloster im Jahre 1334 vom Kölner Erzbischof Walram von Jülich.

„Er war mittelgroß, sehr großzügig und entgegenkommend, allen gegenüber gab er sich leutselig und bescheiden; ein friedfertiger Mann, der niemanden etwas nachtrug, gegen die Armen war er gütig, voller Verständnis gegenüber Kirchen und Klerus, er lechzte nicht nach dem Gelde seiner Untertanen."

Der Autor der Kölner Bischofschronik beschreibt einen Mann, der sich offensichtlich positiv von seinen Standesgenossen abhob – Walrams Pontifikat stand indessen unter einem eher unglücklichen Stern. Walram, 1304 als dritter Sohn des Grafen Gerhard von Jülich geboren, hatte den Kölner Erzstuhl von 1332 bis 1349 inne. Früh für den geistlichen Stand bestimmt, studierte er in Paris und Orleans kanonisches Recht. Nachdem ihm seine Familie den Eintritt ins Kölner Domkapitel ermöglicht hatte, erhob Papst Johannes XXII. ihn im Januar 1332 zum Erzbischof. Walram wurde rasch in die großen europäischen Auseinandersetzungen des 14. Jahrhunderts hineingezogen, die zwischen Papst und Kaiser sowie zwischen dem englischen und französischen König schwelten. Schon in der Anfangsphase seines Pontifikats – die Zeit, als der Hundertjährige Krieg zwischen England und Frankreich ausbrach – trat er auf die Seite Frankreichs, ohne allerdings seine eingegangenen Bündnisverpflichtungen jemals zu erfüllen. 1337, als König Edward III. von England zum entscheidenden Schlag gegen Frankreich rüstete, galt Walram in den Augen neutraler Beobachter als englischer Bundesgenosse. Geheimnisumwittert ist schließlich der Tod des wankelmütigen

Die Kartause (Stadtansicht von Anton Woensam 1531)

Bischofs: 1349, als die Pest in Europa zu wüten begann und wieder einmal eine große Judenverfolgung einsetzte, die dann auch in Köln schrecklich wütete, begab sich Walram nach Paris, um, wie die Kölner Bischofschronik berichtet, „seiner Kirche die Kosten der Hofhaltung zu ersparen". Dort starb er am 14. August 1349. In Köln wollte man später erfahren haben, dass der französische König den Erzbischof mit eigener Hand erwürgt und den Leichnam aufknüpfen lassen habe, „want er hat zu den Heiligen gesworen, dat he ihn hangen woulde". Walrams Begleiter brachten den Leichnam ihres Herrn nach Köln zurück, wo er im Dom seine letzte Ruhestätte fand.

Die Kölner Kartause

Die Entscheidung des Erzbischofs Walram, den Kartäuserorden nach Köln zu holen, sollte für die Geschicke der Stadt Köln von größter Bedeutung werden. Die Kartause St. Barbara sollte im 16. Jahrhundert wesentlich dazu beitragen, dass Köln und das Rheinland zu einer Bastion des katholischen Glaubens ausgebaut werden konnten.

Als Walram den Kölner Erzstuhl bestiegen hatte, gab es in seiner Diözese noch keine Kartause. Der neue Erzbischof hatte den Orden während seines Studiums in Frankreich kennen gelernt. Beeindruckt von der strengen

Disziplin und der großen Gelehrsamkeit der Kartäuser, wünschte er, in der Geburtsstadt Brunos eine Niederlassung zu errichten. Mit Zustimmung des Domkapitels und des Kölner Rates ließ Walram am 6. Dezember 1334 eine Stiftungsurkunde ausfertigen, in der jährliche Zuschüsse für Klostergebäude und Unterhalt der Mönche in Aussicht gestellt wurden. Als Gelände für das Kloster stellte der Patrizier Konstantin Lyskirchen 5 Morgen auf dem Martinsfeld zur Verfügung: Hier befand sich bereits eine Kapelle, die zu Beginn des 13. Jahrhunderts der hl. Barbara gestiftet worden war. Zum Martinsfeld findet sich übrigens im ersten Bericht über die Klostergründung eine interessante Bemerkung aus einem anderen Kontext: „Dort hörte einst der hl. Severin, Bischof von Köln, den Gesang der Engel, die die Seele des soeben in Tours gestorbenen hl. Martin in den Himmel trugen."

Im Februar 1335 trafen die ersten sechs Kartäusermönche unter Führung des Rektors Johannes von Echternach in Köln ein, sie gingen sofort daran, Klostergebäude, Wirtschaftshäuser und Zellen für die Brüder zu errichten. Schon 1338 waren die ersten Bauarbeiten beendet, die vom Kölner Patriziat zunächst sehr großzügig unterstützt worden waren. Auf diese Gönner waren die Mönche erst recht angewiesen, als Erzbischof Walram in den 1340er Jahren in große finanzielle Bedrängnis geriet und die Gelder, die er den Kartäusern versprochen hatte, nicht auszahlen konnte.

Nach dem Tod des Erzbischofs war auch die materielle Lage des Klosters zeitweise äußerst gespannt – erst einige Jahre später besserten sich die Zustände, vor allem weil das Ansehen der Kartause und ihrer Insassen in Köln ständig stieg. Durch Spenden und Schenkungen vornehmer Familien, deren Söhne ins Kloster eingetreten waren, waren die Mönche imstan-

Der hl. Bruno – der bekannteste Kölner des Mittelalters

Dass Walram die Kartäuser nach Köln berief, hatte einen einfachen Grund: Der Orden war im 11. Jahrhundert vom hl. Bruno gegründet worden, einem Kölner, der der Legende nach dem altkölnischen Geschlecht der von Hartenfaust (Hardevust) entstammte. Dieser große Gottesmann, um 1030 in Köln geboren, hatte die Stiftsschule von St. Kunibert besucht, ehe er sich zum Studium nach Reims begab. In der Mitte seines Lebens zog er sich mit mehreren Gesinnungsgenossen in die Einöde Chartreuse bei Grenoble zurück, um ein frommes Leben als Eremit zu führen. Von dieser ersten Niederlassung, der Grande Chartreuse, erhielt der Orden später seinen Namen. Es war übrigens nicht Brunos Absicht gewesen, eine eigene Klerikergemeinschaft zu gründen, aber allmählich bildeten sich in den ständig wachsenden Gemeinschaften eigene Regeln und Gewohnheiten, so genannte consuetudines, eine Entwicklung, die Papst Alexander III. schließlich veranlasst hatte, die Kartäuser 1176 als selbstständigen Orden zu bestätigen. Um 1250 zählte der Orden schon 53 Niederlassungen, die man als „Kartausen" bezeichnete, die meisten davon in Frankreich. Bruno war am 6. Oktober 1101 gestorben, fern der Heimat, in Süditalien – doch wie kein anderer hat er den Namen seiner Vaterstadt in der Welt verbreitet: Bruno war im lateinischen Abendland bis in die frühe Neuzeit hinein der bekannteste Sohn der Stadt Köln – Bruno di Colonia.

de, neue Gebäude und vor allem eine Kirche errichten zu lassen. In mehreren Bauabschnitten entstand so ein Gotteshaus, das 1339 geweiht wurde und in seiner Grundform bis heute erhalten ist.

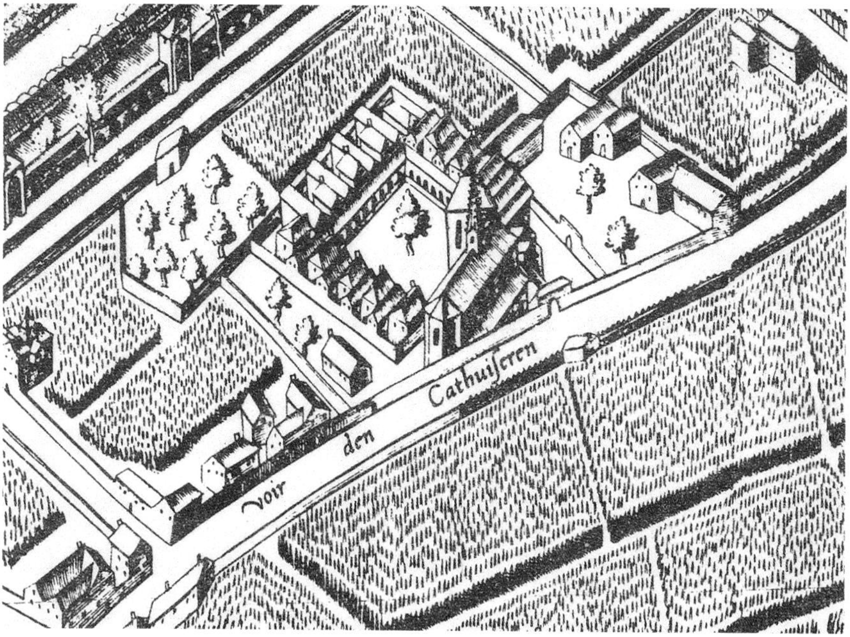

Die Kölner Kartause (Mercatorplan von 1570/71)

Der hl. Bruno von Köln (Holzschnitt aus dem 16. Jahrhundert)

Ein berühmter Bruno-Zyklus

Im 15. Jahrhundert gehörte die Kölner Kartause zu den wohlhabendsten Klöstern im Rheinland, ausgestattet mit umfangreichem Grundbesitz beiderseits des Rheins. Das Kloster war inzwischen zu einem regelrechten Gebäudekomplex angewachsen, in dem eine zunehmende Zahl von Mitbrüdern untergebracht werden konnte. Die Bibliothek der Kartause, 1445 bei einem Brand allerdings in Mitleidenschaft gezogen, hatte einen ausgezeichneten Ruf – um die Ausgestaltung der Gebäude wetteiferten weltliche und geistliche Mäzene. So stifteten im Jahre 1489 hochrangige europäische Fürsten wie Kaiser Friedrich III., sein Sohn und Nachfolger Maximilian I., dessen Sohn Philipp von Burgund, der französische König Karl VIII., König Kasimir IV. von Polen, der Kölner Erzbischof Hermann von Hessen, der Erzbischof von Trier, Kurfürst Philipp von der Pfalz, der Kurfürst Ernst von Sachsen sowie die Herzöge Wilhelm von Jülich und Johann von Kleve einen großartigen Zyklus von elf großformatigen Gemälden für das Kloster, die Szenen aus dem Leben des Ordensgründers Bruno darstellten. Jeder dieser Stifter erschien selbst am unteren Rand der dargestellten Szenen, wo Texte die Szenen erläuterten. „Das war für Köln ein einmaliges Ereignis", bemerkt der Kartäuserforscher Werner Beutler, „und zwar in mehrfacher Hinsicht: Einmal kamen zu den vielen Zyklen über Viten Kölner Heiliger, etwa der hl. Ursula und des hl. Severin, ein weiterer hinzu, und zwar der größte, was das äußere Format anging – die Leinwände maßen 3,86 mal 2,25 Meter! Und zweifellos auch, was die räumliche Wirkung betraf, denn sie zierten die Wandseiten der elf Joche des kleinen Kreuzgangs, des so genannten kleinen Galiläa, und schufen so einen Raum, dem in Deutschland wahrscheinlich nur der spätere, 1514 entstandene Zyklus des Frankfurter Karmeliterklosters gleichkam."

Die Stiftung des Bruno-Zyklus war aber auch ein bemerkenswertes Ereignis in der Geschichte des Kartäuserordens, denn in jener Zeit regte sich eine Renaissance der Bruno-Verehrung, die wenige Jahre später zur Wiederentdeckung seiner Reliquien im Kloster La Torre in Kalabrien und schließlich zu Brunos Heiligsprechung im Jahre 1514 führte. Die treibende Kraft war damals der Generalprior der Kartäuser, Franz Dubuy, unterstützt vom Kölner Prior Peter Blommenveen, der auf einem der jährlichen Generalkapitel mit großem Stolz erwähnte, dass Bruno, der Ordensgründer, Kölner gewesen sei und der Familie Hardevust entstamme, die wiederum von römischen Senatoren abstamme – der Kartäuserorden habe somit antike Wurzeln! Auch in der berühmten Koelhoff'schen Chronik, die 1499 erschien, wird die Tatsache, dass Bruno ein Kölner war, groß herausgestellt und als Ruhmesblatt der Stadtgeschichte gefeiert.

Die Kartäuser und Köln

Ihre Blütezeit erlebte die Kartause im 16. Jahrhundert, im Zeitalter der Glaubenskämpfe.

„St. Barbara erfreute sich zu jener Zeit eines solchen Rufs, dass überdurchschnittlich viele Kölner Kartäuser für Führungsaufgaben innerhalb des Ordens berufen wurden – eine der Voraussetzungen dafür, die der Kartause eine editoriale und publizistische Tätigkeit erlaubte, die in europäische Dimensionen hineinreichte. Mit ihren Aktivitäten wollten die Nachfolger des hl. Bruno die neue Irrlehre aus Wittenberg abwehren, und ihre Überzeugung, die Häresie könne schon aus dem Argumentationsschatz der alten Autoritäten widerlegt werden, ließ sie vor allem auf das mystische Gedankengut der niederrheinisch-flämischen Lande zurückgreifen", schreibt der Kölner Historiker Heribert Müller. In Zusammenarbeit mit der Universität gelang es den Kartäusern, den Kölner Rat zu einer rigorosen Kontrolle aller Druckwerke zu bewegen, um so das publizistische Feld gegen die Lutheraner zu behaupten. Eine gewaltige Zahl von Denk- und Streitschriften begleitete die Edition geistlicher Texte aus früheren Jahrhunderten. Die Heiligenviten, die der Kartäuser Laurentius Surius in Köln herausgab, bildeten bis weit ins 17. Jahrhundert hinein die Grundlage einer auch wissenschaftlich geprägten Beschäftigung mit der Hagiographie. Dem geistigen Wirken der Kartäuser war es also nicht zuletzt zu verdanken, dass die Kölner Eliten in Universität und Kaufmannschaft sich nicht dem Protestantismus zuwandten. Im Übrigen führte der Einfluss der Kartause auch zu „praktischen" Maßnahmen: 1575 wurden niederländische Glaubensflüchtlinge, die so genannten

Geusen, die vor den blutigen Verfolgungen der katholischen Spanier in Köln Zuflucht gesucht hatten, der Stadt verwiesen. Zwei Jahrhunderte später endete die Geschichte des Kartäuserordens in Köln: Schon wenige Tage nach der Besetzung Kölns durch französische Revolutionstruppen im Oktober 1794 wurde das Kloster aufgelöst, die Mönche mussten das Gebäude verlassen, die Bestände der Bibliothek wurden in alle Winde zerstreut. Im April 1810 wurde das Anwesen per Dekret Napoleons der Stadt übergeben. 1816 übernahm der preußische Militärfiskus den Gebäudekomplex, fortan diente er als Garnisonslazarett und Finanzamt, die Klosterkirche als Artilleriedepot und Pferdestall. 1922 erfolgte schließlich die Übergabe der Kartause an die evangelische Gemeinde Alt-Köln, die die verrotteten Gebäude bis 1928 instand setzen ließ. Heute ist die Anlage um die Kartäuserkirche Sitz des Stadtsuperintendenten und das Zentrum des evangelischen Köln.

Die neue Haltestelle und die Severinstraße

Die geplante Haltestelle „Kartäuserhof" wird unter der Severinstraße liegen und sich etwa 30 Meter südlich des Abzweigs der Jakobstraße bis zu Kartäusergasse und Hirschgässchen erstrecken. Die Baugrube, so ist vorgesehen, nimmt die Severinstraße fast in ihrer gesamten Breite ein – sie wird, innerhalb ihrer Schlitzwände, eine Ausdehnung von genau 91 mal 6,5 Meter haben. Von der heutigen Straßenoberfläche aus gemessen, soll die Baugrube eine Tiefe von 22 Meter erreichen. Für die Archäologen bedeutet das, dass eine Untersuchungsfläche von rund 750 Quadratmetern bearbeitet werden muss.

Die Baustelle liegt damit auf der antiken Fernstraße nach Bonn (siehe „Waidmarkt", S. 132). Beiderseits des Straßendamms befinden sich Gräber des großen römischen Südfriedhofs, der bereits im frühen 1. Jahrhundert n. Chr. angelegt wurde. Bis zur Cäsarstraße in Bayenthal sind Gräber nachgewiesen, damit hatte das Gräberfeld eine Länge von immerhin 3 Kilometern südlich der römischen Kolonie. Aufgrund zahlreicher Beeinträchtigungen lässt sich das Gesamtbild der römischen Nekropole nur schwer erschließen. Besonders im 19. Jahrhundert wurden – als Folge zunehmender Bautätigkeit im „Veedel" – zahlreiche Gräber mehr oder weniger unbeobachtet zerstört.

Bereits während der im Spätmittelalter einsetzenden dichten Bebauung entlang der Severinstraße waren jedoch schon zahlreiche Gräber beseitigt worden. Nicht bekannt ist bis heute, welchen Abstand zur Fernstraße die römischen Grabstätten eingehalten haben. Man nimmt an, dass es zu beiden Seiten der Straße einen 2 bis 3 Meter breiten bebauungs- und bestattungsfreien Raum gab, das **solum publicum**. Nur verdienten Bürgern wurde in Ausnahmefällen das Recht verliehen, auf diesem öffentlichen Grund Weihedenkmäler aufzustellen oder dort bestattet zu werden.

Römische Grabstätten

Im näheren Umfeld der neuen Haltestelle „Kartäuserhof" sind zahlreiche römische Gräber gefunden worden. Spektakulär war der Fund von etwa 330 Gräbern des späten 1. bis 4. Jahrhunderts, auf die man in den Jahren 1929/30 beim Neubau des Krankenhauses der Augustinerinnen an der Jakobstraße, unmittelbar westlich der Severinstraße, gestoßen ist. Die Gräber wurden in einer Tiefe zwischen 1,50 und 4,20 Meter unter der heutigen Straßenoberfläche entdeckt. Diejenigen Grabstätten, die man bis zur Mitte des 4. Jahrhunderts ange-

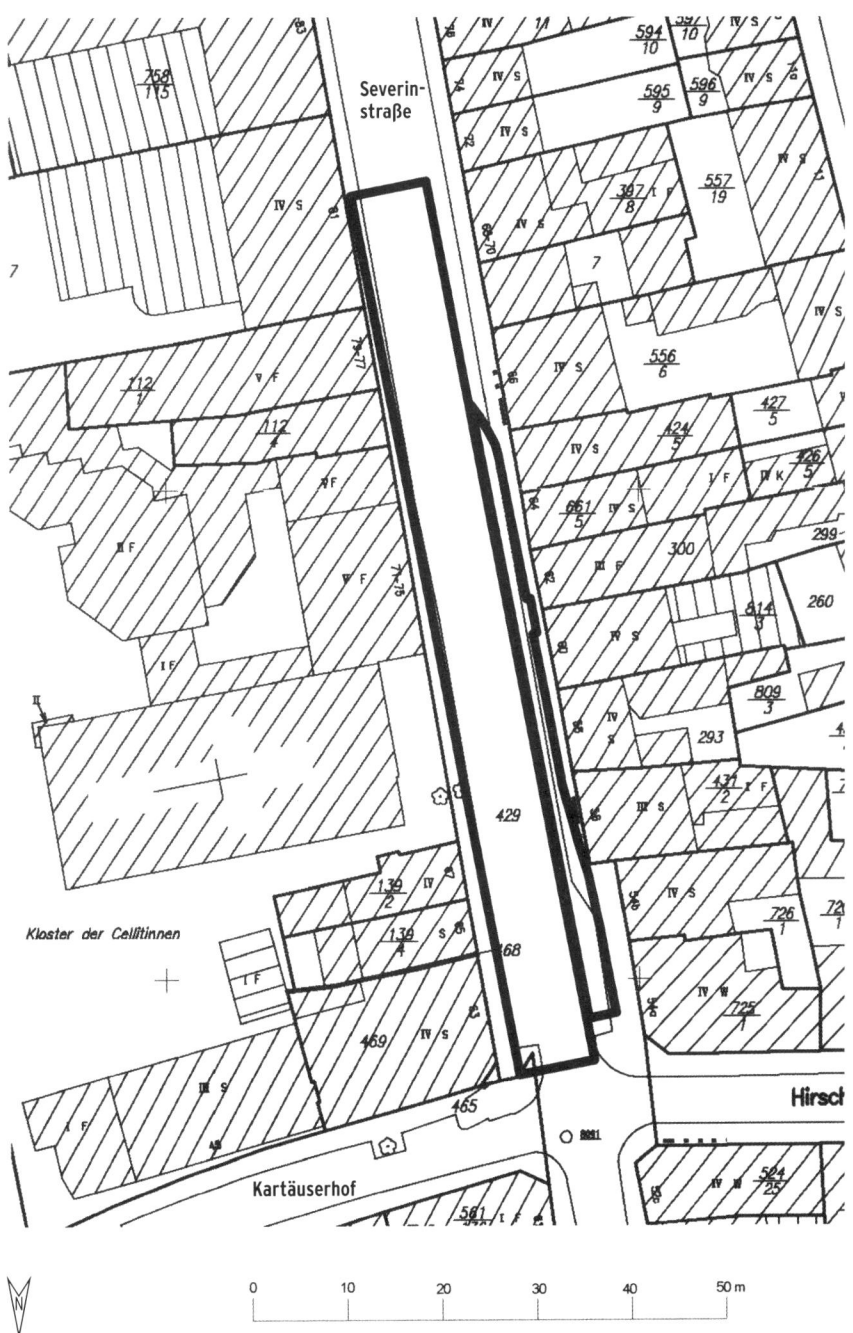

Die Baugrube der Haltestelle „Kartäuserhof" in der Severinstraße

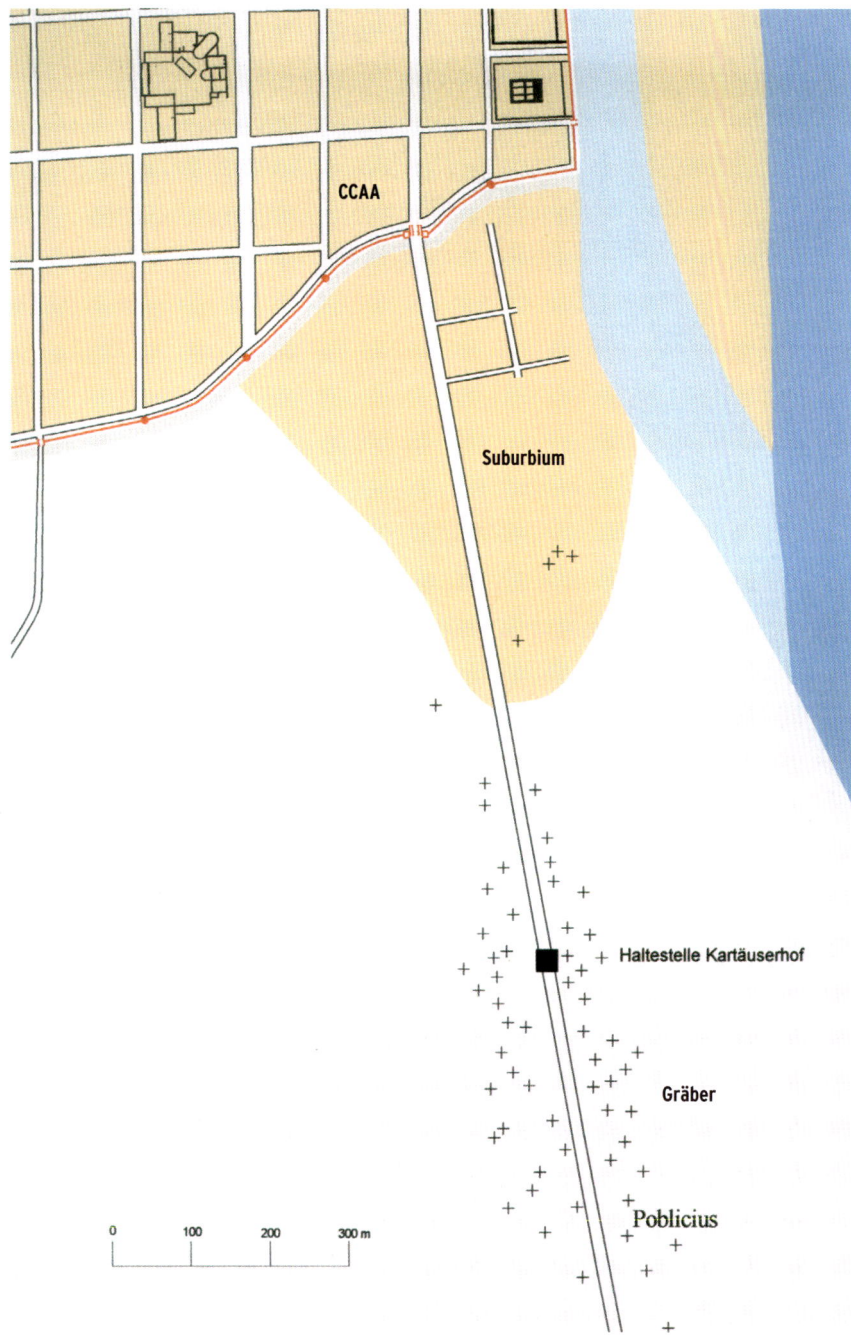

Lageplan der Haltestelle „Kartäuserhof" im römischen Friedhof entlang der Fernstraße in Richtung Bonn

Plan der römischen Gräber Ecke Severinstraße/Jakobstraße (1930er Jahre)

legt hatte, waren überdurchschnittlich gut mit Beigaben ausgestattet, einige jüngere Grablegen wiesen dagegen keine Beigaben auf. Bei dieser Gelegenheit konnte auch festgestellt werden, dass das Friedhofsareal anfangs durch eine etwa 60 Meter westlich der antiken Fernstraße verlaufende Friedhofsmauer begrenzt worden war, die wahrscheinlich in der Mitte des 3. Jahrhunderts zum Teil abgetragen wurde, um das Bestattungsareal zu vergrößern.

In den 1930er Jahren stieß man ebenfalls an der Ecke Severinstraße/Jakobstraße auf einen zweigeschossigen Grabbau aus dem 4. Jahrhundert. Sein Grundriss wies die Form eines einfaches Rechtecks auf (mit lichten Maßen 4,4 mal 5 Meter), die Innenwand war mit Nischen versehen. Der Scheitel des Tonnengewölbes lag schätzungsweise 1,8 Meter über dem Boden der Gruft. Der darauf liegende Aufbau des Obergeschosses ist nach einem 5 Zentimeter breiten Rücksprung ansatzweise dokumentiert.

Im Juni 1956 wurden in der Severinstraße 81 bei Ausschachtungsarbeiten etwa 5 Meter westlich der Straße römische und metallzeitliche Gräber gefunden. Im gewachsenen Lehmboden, etwa 1,8 Meter unter der Straßenoberfläche, befanden sich zwei römische Gräber, das erste, ein in Nord-Süd-Richtung ausgelegtes Körpergrab, war ohne Beigaben, im zweiten fand sich eine 0,42 mal 0,37 mal 0,3 Meter große Aschenkiste aus Tuff, deren Deckel zertrümmert war. In der Kiste lagen verbrannte Knochen. Im unmittelbaren Umfeld der Gräber wurden Einzelfunde gemacht, die ins späte 2. Jahrhundert und in die erste Hälfte des 3. Jahrhunderts n. Chr. datiert werden konnten. Eine kleine Sensation war die Entdeckung eines späthallstattzeitlichen Henkeltopfs, der neben der Tuffkiste gefunden wurde. Er wies Spuren von Leichenbrand auf, wurde

Glasgefäße aus römischen Gräbern Ecke Severinstraße/Jakobstraße (1930er Jahre)

Spätrömische Gefäßkeramik aus Gräbern Ecke Severinstraße/Jakobstraße (1930er Jahre)

Römischer Sarkophag, gefunden Ecke Severinstraße/Jakobstraße (1930er Jahre)

Fundamentplatte (opus caementitium) eines römischen Pfeilergrabmals in der Severinstraße

also wahrscheinlich zu Bestattungszwecken verwendet.

Auf dem Grundstück Severinstraße 77-79 wurde 1960 bei Bauarbeiten für einen Neubau etwa 1,85 Meter unter der Straßenoberfläche ein großes rechteckiges Fundament freigelegt, vermutlich die Reste eines monumentalen Pfeilergrabmals. Die Südseite war auf der gesamten Länge „abgeschrotet", die Länge von Ost- und Westseite betrug jeweils 6,8 Meter, die Nordseite war 9,3 Meter lang. Das Fundament bestand aus Basalt und Grauwacken in sehr festem hellgrauen Kalkmörtel und hatte eine Stärke von über 3 Meter. Die Sohle lag etwa 5 Meter unter der Straßenoberfläche auf gewachsenem kiesigen Sand. Sowohl in der Nord- wie in der Ostwand befanden sich drei rechteckige, 25 Zentimeter breite und 3 Zentimeter tiefe Balkenabdrücke. Im Umfeld des Grabdenkmals fand man Scherben römischer Keramikgefäße.

Unter dem Haus Severinstraße 78 ist nach einem Bericht des Kunsthistorikers Joseph Klinkenberg schon in der zweiten Hälfte des 19. Jahrhunderts die Bekrönung eines Grabdenkmals gefunden worden, bestehend aus einer rechteckigen Platte, auf der eine Harpye - ein räuberisches Fabelwesen, halb Weib, halb Vogel - von zwei Löwen flankiert wurde.

Bei Bauarbeiten auf dem Grundstück Severinstraße 71-73, auf dem Klostergelände der Augustinerinnen, wurde im August 1950 in einem etwa 2,7 Meter tiefen Pfeilerschacht ein römisches Körpergrab freigelegt, das gut erhaltene Beigaben enthielt: bronzene Beschläge eines Holzkästchens, zwei Armringe aus Lignit, ein fragmentiertes Henkelkännchen aus blauem Glas, ein weiteres Glasfläschchen sowie einen Bleirahmen von einem Spiegel. Dabei wurde das Fragment einer Grabinschrift gefunden, die von einem aus rötlichem Sandstein gearbeiteten Sarkophag (2./3. Jahrhundert n. Chr.) stammt.

Unter nicht überlieferten Umständen sind schon im 19. Jahrhundert auf dem Grundstück Severinstraße 67 zwei Fragmente eines Sand-

Sandsteinsarkophag der Florentia Crispina, Ecke Severinstraße/Hirschgässchen (3. Jahrhundert)

steinaltars gefunden worden, die eine Weiheinschrift aus dem 3. Jahrhundert n. Chr. aufwiesen. Die Bruchstücke sind heute verschollen. Aus früheren Beschreibungen geht hervor, dass die Schriftflächen in nachrömischer Zeit mit einem Paar ruhender Löwen verziert worden waren.

Bei Ausschachtungsarbeiten an der Ecke Severinstraße 63/Kartäuserhof sind 1981 bis in den natürlichen Boden reichende frühneuzeitliche Keller und Fundamente freigelegt worden. In der nordwestlichen Ecke der Baugrube war der gewachsene Lehm bis 1,5 Meter unter dem heutigen Straßenniveau erhalten. In etwa 2,8 Meter Tiefe stieß man auf die Reste eines Körpergrabs, als Beigaben wurden ein großer, rotbraun „gefirnister" Teller, eine Schüssel aus Terra Sigillata sowie Hühnerknochen entdeckt. Daneben machte man einen grausigen Fund: Zwischen diesen Grabbeigaben lagen Knochen eines erwachsenen Menschen aus jüngerer Zeit – Archäologen nennen so etwas eine „neuzeitliche Störung".

Im Hinterhof des Grundstücks Severinstraße 64 stießen Archäologen 1983 auf einem 12 mal 4 Meter großen Geländestreifen auf zehn

Sandsteinsarkophag des Desideratus, Ecke Severinstraße/Hirschgässchen (3. Jahrhundert)

Brand- und sechs Körpergräber des 2./3. Jahrhunderts n. Chr., darunter ein überdurchschnittlich gut ausgestattetes Kindergrab, in dem ein Bronzearmreif, ein Goldfingerring und eine Münze aus dem 2. Jahrhundert n. Chr. gefunden wurden.

Geradezu sensationelle Funde konnten im September 1902/03 an der Ecke Severinstraße/Hirschgässchen vermeldet werden: Wiederum bei Ausschachtungsarbeiten wurden dort gleich mehrere Grabdenkmäler entdeckt darunter die Grabstele des Legionärs Cassius Gesatus und Teile von mindestens drei Sarkophagen. Das Relief zeigt Cassius Gesatus, einen Soldaten der cohors I. Vindelicorum, der sich zum Mahl gelagert hat, und einen Diener. Das 1,18 mal 0,61 mal 0,16 Meter große, aus Kalkstein gearbeitete Grabdenkmal stammt wahrscheinlich aus den Jahren um 80 n. Chr. Die nur in Teilen erhaltene Inschrift besagt: Cassius Gesatu[s]/Borissi f(ilius) mil(es) coho(rtis) I/Vindelicoru(m) ann(orum) L/[s]tip(endiorum) XIIX. H(eres) ex t(estamento) f(aciendum) c(uravit)/[---] frater [---].

Einer der drei Sandsteinsarkophage ist jener der Florentia Crispina. Der 2,2 mal 0,58 mal 0,76 Meter große Sarkophag trägt die Inschrift: Florentiae Crispinae conigui / dulciss(imae) in hortulo suo pos(u)it. Einzelpersonen oder Personenverbände konnten, das lässt die Inschrift erkennen, räumlich abgegrenzte Bestattungsplätze erwerben. Die Größe des Grabgartens, in dem Florentia bestattet wurde, war genau festgelegt – in hortulo suo pos(u)it, in seinem „Grabgarten", ließ der in der Inschrift nicht genannte Gatte den Sarkophag seiner „allersüßesten Gemahlin" aufstellen. Sein Name wird nicht genannt, weil er auf der tabula, der Tafel der Grabanlage, zu lesen war. Die freie Aufstellung des Sarkophag, die sich aufgrund der Schauseiten mit Relief und der Inschrift voraussetzen lässt, ist im Rheinland selten zu beobachten. Der Sarkophag gehört stilistisch in das 3. Jahrhundert n. Chr. datiert, der Kunsthistoriker Joseph Klinkenberg erwähnt eine fischförmige Bronzebüchse, die im Sarkophag gefunden worden sein soll.

Ebenfalls aus dem 3. Jahrhundert n. Chr. stammt ein zweiter Sandsteinsarkophag. Der 2,25 mal 0,89 mal 0,84 Meter große Sarkophag, war, darauf deutet alles hin, schon vor dem Zeitpunkt seiner Auffindung beraubt worden – wann, ist ungewiss. Das Inschriftfeld wird beiderseits von einherschreitenden Eroten gehalten: D(is) M(anibus)/Verecundiniae Placide/sive Soiioni coniugi/dulcuissimae quae vixit/ann(os) XXVIII et Verecundinio De/siderio fil(io) eiius Desideratus/Curmilli (servus) neg(otiator) artis lapidariae/vivus sibi et iis obitis fecit. Die Inschrift besagt, dass der Sklave und Steinmetzmeister Desideratus den Sarkophag anfertigen ließ, als Grablege für sich, für seine verstorbene freigeborene Gemahlin sowie für den gemeinsamen rechtlich unehelich geltenden Sohn. In einer Nische des Deckels ist der vermögende Sklave mit seiner familia dargestellt.

Ein Fragment der Vorderseite eines dritten Sandsteinsarkophags aus dem 3. Jahrhundert n. Chr. wurde ebenfalls an der Fundstelle entdeckt – es gilt heute als verschollen. Weitere im Kreuzungsbereich Severinstraße/Hirschgässchen gefundene Fragmente verweisen darauf, dass sich an dieser Stelle wahrscheinlich zahlreiche weitere Grabdenkmäler befunden haben.

Der Bischof, der die Engel singen hörte

Der Heilige, dem die ehemalige Stiftskirche St. Severin geweiht ist, hat nicht nur dem Platz, auf dem die Kirche steht, seinen Namen gegeben, sondern auch einer Straße, einem ganzen

Stadtviertel, einem Stadttor und einer Brücke. Historisch greifbar war Severin lange Zeit jedoch nicht. Er ist der dritte namentlich bekannte Kölner Bischof, einer der populärsten Heiligen des Rheinlands, doch selbst Kirchenhistoriker geben achselzuckend zu, dass der Gottesmann lediglich durch eine Reihe frommer Legenden in der kölnischen Überlieferung präsent ist.

In einer Erzählung des fränkischen Geschichtsschreibers Gregor von Tours, der um 590 eine Schrift über den hl. Martin verfasste, wird Severin erstmals erwähnt: „Der hl. Severinus, Bischof von Köln, war ein in jeder Hinsicht lobenswerter Mann von lauterem Lebenswandel. Eines Sonntags ging er wie gewöhnlich mit seinen Klerikern die heiligen Stätten besuchen. Da hörte er, in der Stunde, als der hl. Martin starb, einen Chor von singenden Stimmen ganz in der Höhe." Seinen Archidiakon, der diese Stimmen nicht vernimmt, soll er schließlich aufgeklärt haben: „Ich will dir erzählen, was es zu sagen hat: Mein Herr, der Bischof Martinus, ist von dieser Welt geschieden, und jetzt geleiten ihn die Engel mit Gesang zur Höhe."

Der hl. Martin starb der Überlieferung zufolge am 8. November 397 im fernen Tours, drei Tage später wurde er zu Grabe getragen – daher wird seiner jeweils am 11. November gedacht. Als Ort des denkwürdigen Geschehens auf Kölner Seite gilt seit langem – wie der Name schon sagt – das Martinsfeld, wo im 14. Jahrhundert die Kartäuser ihren Kölner Konvent errichteten. Als er die Engel singen hörte, soll Severin schon ziemlich alt gewesen sein, insofern nimmt man an, dass er nur noch wenige Jahre als Kölner Bischof amtierte und kurz nach 400 gestorben sein wird. Damals gehörte Köln noch zum Römischen Reich, das in den Wirren der beginnenden Völkerwanderungszeit von zahlreichen germanischen

Der Schrein des hl. Severin

Stämmen bedrängt wurde. Das ist aber auch alles, was man lange Zeit über den historischen Bischof Severin in der Hand hatte.

Grab und Schrein des hl. Severin

Erst im Jahre 804 wird Severins Name in einer Schenkungsurkunde wieder erwähnt – doch schon 799 soll Papst Leo III. auf seiner Reise nach Paderborn das Grab des Heiligen besucht haben. Eine erste schriftliche Nachricht über das Grab Severins findet sich in einer wahrscheinlich gefälschten, aber inhaltlich zutreffenden Urkunde aus dem Jahre 948: Erzbischof Wichfried habe in dem Stift, das sein Vorgänger Severin gebaut und den Märtyrern Cornelius und Cyprianus geweiht habe, ein oratorium zu Ehren Severins errichtet, da durch die Nachlässigkeit seiner Vorgänger kein Teil der Kirche dem Heiligen geweiht war. Bei dieser Gelegenheit hat der Erzbischof „die Reliquien des hl. Bekenners aus einem verfaulten Sarg in einen neuen gelegt". In diesem Schrein ruhte der Heilige, bis man seine Gebeine „erhob", das heißt in einem tragbaren Reliquienkasten unterbrachte. Erzbischof Anno II. bezeugte diesem Schrein seine besondere Verehrung, als man die Reliquien seiner Vorgänger an ihm vorbeitrug. Einer von Annos Nachfolgern, Hermann III., ließ um 1095 einen goldenen Schrein als Umhüllung für die Reliquien anfertigen, den man schließlich im Hochchor von St. Severin aufstellte. Der Schrein wurde von den Franzosen, die Köln 1794 besetzten, zerstört und eingeschmolzen. Die Überreste Severins waren 1819 in einen einfachen Reliquienkasten gelegt worden, den man später in den vergoldeten Schrein deponierte, der von dem Goldschmied Fritz Zehgruber geschaffen wurde und heute in St. Severin zu bewundern ist. Dieser Schrein wurde aus konservatorischen Gründen im Jahre 1999 letztmalig geöffnet. Dabei kam zunächst ein innerer, hölzerner Schrein zum Vorschein – eben jener aus dem Jahre 948. Sein Inhalt – neben Gebeinen eine größere Anzahl von Stoffen, Bruchstücke von Leder und Hölzern sowie Knochen einer Maus – ist in den vergangenen Jahren erstmals unter Zuhilfenahme naturwissenschaftlicher Methoden eingehend untersucht worden. Diese Untersuchungen hatten weitreichende Folgen für die Kölner Kirchengeschichte, denn aufgrund so genannter radiodiometrischer Untersuchungen konnte eindeutig festgestellt werden, dass der Holzschrein hauptsächlich Materialien aus dem 1. Jahrtausend enthält. So ist der Schrein mit byzantinischen Stoffen ausgeschlagen, den die Wissenschaftler in das 7. bis 9. Jahrhundert datierten, ein weiterer Stoff, der zudem geplättet war, stammt aus dem 7. Jahrhundert. Die wichtigste Erkenntnis lieferten Stoffreste von der Größe eines Quadratzentimeters, die in der Markhöhle eines der Beinknochen entdeckt wurden. Die Auswertung ergab, dass der Stoff in den Jahren um 400 n. Chr. angefertigt wurde. Zudem bestätigte die Textilwissenschaftlerin Sabine Schrenk, dass es sich um einen für die Spätantike typischen Stoff handelt. Damit hat man sich dem legendenhaften Jahr 397, von dem Gregor von Tours berichtet, in bemerkenswerter Weise angenähert. Das

Blick in die Ausgrabungszone unter St. Severin

Knickwandtopf und Wurfbeil (Franziska) aus einem fränkischen Grab des 5. Jahrhunderts

heißt, der Stoff könnte bei der Bestattung Severins, wenn er denn tatsächlich um 400 n. Chr. amtierte, verwendet worden sein. Die neuen Befunde lassen eine Verehrungskontinuität vom 6. Jahrhundert an erkennen. Wenn Severin schon damals in Köln verehrt wurde, so spricht das für ein ausgeprägtes kirchliches Leben in der frühmittelalterlichen Stadt.

Wo genau der heilige Mann seine erste Ruhestätte fand, ist indessen bis heute nicht bekannt. Bis weit ins 11. Jahrhundert befand sich der hölzerne Schrein in der confessio, dem Grabgewölbe, das noch heute unter St. Severin zugänglich ist.

Fränkische Gräber um St. Severin

Die neuen Erkenntnisse zu St. Severin passen im Übrigen auch gut zu früheren archäologischen Befunden. Die ehemalige Stiftskirche steht auf einem Gelände, das wie kein anderes in der Stadt archäologisch erschlossen ist. Auf dem römischen Gräberfeld wurde bereits im 4. Jahrhundert eine christliche Friedhofskapelle (cella memoria) errichtet. Im 5. oder 6. Jahrhundert umgebaut und erweitert, diente der kleine Bau möglicherweise als Gemeindekirche.

Das Umfeld dieser cella memoria und der späteren Kirche zählte dann zu den hervorragendsten Bestattungsplätzen der frühmittelalterlichen Stadt. Wie dicht der Friedhof um St. Severin im 6. und 7. Jahrhundert – als das Geschlecht der Merowinger die fränkischen Könige stellte – belegt war, ist nicht bekannt. Merowingerzeitliche Gräber liegen in der Regel, beinahe zwangsläufig, in höheren Erdschichten als römische Grabstätten und sind daher von jüngeren baulichen Eingriffen stärker in Mitleidenschaft gezogen worden. Heute nimmt man an, dass sich der frühmittelalterliche Friedhof etwa 300 Meter in nordsüdlicher Richtung und rund 200 Meter in ostwestlicher Richtung um St. Severin erstreckte. Westlich der Severinstraße, beziehungsweise der antiken Fernstraße, sind nur vereinzelte Gräber des frühen Mittelalters bekannt. Gräber mit Beigaben aus der jüngeren Merowingerzeit liegen fast ausnahmslos im Inneren und nördlich der Kirche sowie im Bereich des mittelalterlichen Kreuzgangs. Das frühmittelalterliche Gräberfeld endet etwa 40 Meter südlich des Hirschgässchens. Innerhalb der Haltestellen-Baugrube ist somit nicht mit dem Fund weiterer frühmittelalterlicher Gräber zu rechnen.

Nördlich der Baugrube sind allerdings einzelne Fundstücke aus der Merowingerzeit entdeckt worden, die vielleicht auf Einzelgräber oder kleinere Grabgruppen hindeuten. So wurde 1893 etwa auf dem Grundstück Severinstraße 118 bei Erdarbeiten ein Solidus des byzantinischen Kaisers Maurikios (582–602) gefunden: Die Goldmünze, die in Konstantinopel geprägt worden ist, weist Spuren einer „Henkelung" auf. Man vermutet, dass sie aus einem unbeobachtet zerstörten Grab stammt.

Kirche und Pfarrsprengel St. Severin

Die erste schriftliche Erwähnung der Kirche St. Severin stammt aus dem Jahre 866: In einer Güterumschreibung des Erzbischofs Gunthar wird St. Severin in der Reihenfolge der Kölner Kirchen als dritte genannt, hinter dem Dom und St. Kunibert – was auf eine herausragende Bedeutung der Klerikergemeinschaft von St. Severin hindeutet. 948 wird erstmals der Pfarrsprengel von St. Severin erwähnt. St. Severin war wahrscheinlich die älteste Kölner Stiftspfarrei, in der der Stifts- und Pfarrgottesdienst in der Stiftskirche stattfanden. Aus dieser Stiftspfarrei entwickelte sich dann die unter geistlichem Patronat stehende Pfarrei St. Severin. Sie war zwar vom Stift abhängig, besaß aber eine eigene Kirche. Die Stiftsherren feierten ihren Gottesdienst in St. Severin, der Pfarrgottesdienst für die gemeinen Parochianen – so nannte man im Mittelalter die Gemeindemitglieder – wurde aus St. Severin in die ausgebaute frühere Vikariekapelle St. Maria Magdalena verlegt, die gegenüber der Stiftskirche auf der anderen Seite der Severinstraße lag.

Die Stiftskirche St. Severin in einer Darstellung aus dem 17. Jahrhundert

Erst mit der Stadterweiterung von 1180 wurden der Immunitätsbezirk und der Pfarrbezirk von St. Severin ins Kölner Stadtgebiet einbezogen. Rund 57 Hektar, also fast ein Siebtel der mittelalterlichen Stadt, gehörten zum Sprengel, der sich mit dem Schreins- und Gerichtsbezirk deckte.

Mindestens acht Bauetappen haben die Archäologen in der Severinskirche festgestellt, die zu den ältesten Kölns zählt. Wesentliche Abschnitte des heutigen Gebäudes wurden im 12. und im 13. Jahrhundert errichtet, so der 1237 geweihte Chor. Daher zählt St. Severin zu den romanischen Kirchen Kölns – trotz des imposanten gotischen Westturms, der erst im Jahre 1548 vollendet wurde.

1802 wurde das Stift aufgehoben, die Kirche von der Pfarrgemeinde übernommen, die kleine Pfarrkirche St. Maria Magdalena, an die heute nur noch die Straße An St. Magdalenen erinnert, bald darauf abgebrochen.

Im Zweiten Weltkrieg wurde die Severinskirche schwer beschädigt, so zerstörte eine Brandbombe, die am 10. Januar 1945 in den Turm an der Ostseite einschlug, große Teile der Kirche. Erst 1961 waren die Wiederaufbauarbeiten beendet. Der Severinsschrein steht heute, wie der mittelalterliche Schrein auch, hinter dem Hochaltar auf vier spätromanischen Säulen. Aus dem 13. Jahrhundert stammt das kunstvoll geschnitzte Chorgestühl, der Marmorfußboden des Chors aus dem 12. Jahrhundert. Das Leben und die Legende des hl. Severin erzählt der um 1500 entstandene Zyklus des Meisters von St. Severin auf 20 großformatigen Tafelbildern, die an den Seiten-

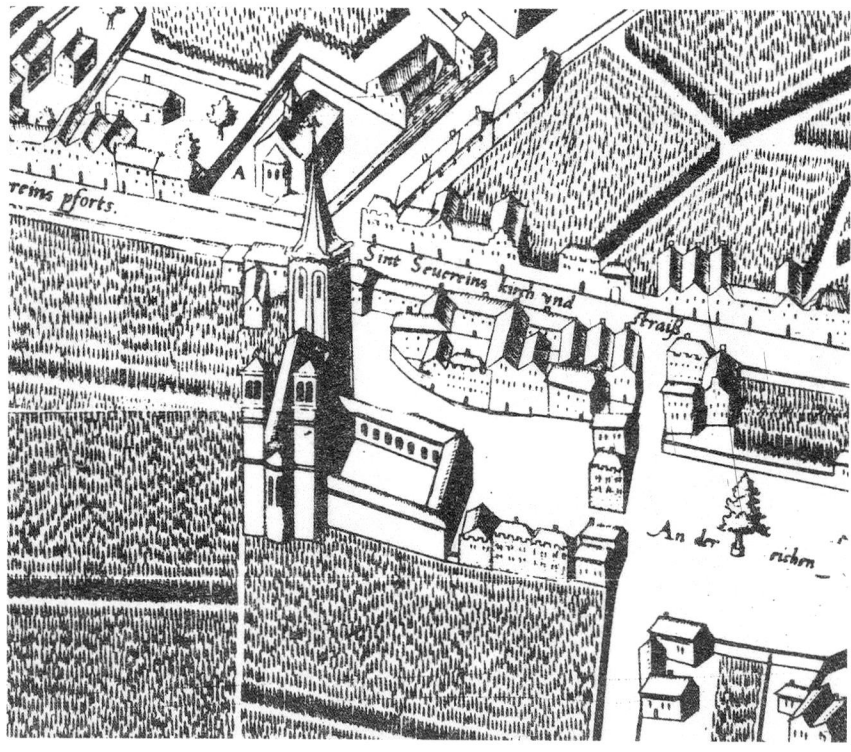

Die Stiftskirche St. Severin (Mercatorplan 1570/71)

Weinbau und -handel im alten Köln

„Mein Vater und meine Mutter färbten Leinengarn und Leintuch mit Waid, das war ihr allererster Handel und ihre Nahrung. Wie nun meine Großmutter sah, dass ihr Sohn Christian sein Auskommen beim Färben hatte, war sie besorgt, dass ihr daraus Schaden entstehen könne, und es gab deshalb oft Streit zwischen ihnen. Da meinem Vater Christian Blaufärben eine schwere und teure Arbeit dünkte, so mietete er ein Haus auf dem Heumarkt, zog da hinein, verlegte sich ganz auf den Weinhandel, zapfte Wein, und hatte Glück darin. Gott schenkte damals viele gute Jahre mit gutem und wohlfeilem Wein."

Aus dieser Schilderung Hermann von Weinsbergs geht nicht hervor, woher sein Vater den Wein bezog. Köln galt bis ins späte Mittelalter als „Weinhaus der Hanse", Kölner Großhändler gehörten zu den wichtigsten Weinhändlern Europas. Schon 1176 gestattete der englische König Heinrich II. Kölner Kaufleuten, „ihren Wein", der überwiegend vom Oberrhein stammte, auf denselben Märkten wie die Händler aus Frankreich zu verkaufen. Die Weinakzisen, in etwa eine „Weinsteuer", waren bis ins 15. Jahrhundert hinein die bedeutendste Einnahmequelle der Stadt, Handel und Konsum wurden besonders streng kontrolliert. „Das Bestreben ging dahin, jedes Stück Wein von dem Augenblick an, da es auf städtisches Gebiet geführt wurde, bis zum Moment des Verbrauchs oder bis zur Wiederausfuhr durch obrigkeitliche Organe verfolgen zu lassen", schildert der Historiker Ernst Pitz. Köln war aber nicht nur der größte Weinhandelsplatz – in der Stadt wurden erhebliche Mengen Wein selbst produziert. Die Weinanbaugebiete lagen vor allem im Süden der Stadt, um die Kirche St. Pantaleon am Waidenbach, westlich von St. Severin sowie unmittelbar neben der Severinstraße, am Achtergässchen. Die Qualität des Kölner Weins war wohl nicht besonders „berauschend", was allein schon volkstümliche Bezeichnungen wie „soore Hungk" („saurer Hund") und „nasse Lodewig" belegen. Wegen der schlechten Trinkwasserverhältnisse bildete dieser Wein bis ins 15. Jahrhundert das tägliche Getränk breiter Schichten zu allen Mahlzeiten. Dann setzte sich indessen das lager- und transportfähige Hopfen- und Keutebier durch, das nicht nur besser schmeckte, sondern auch wegen seines geringeren Alkoholgehalts bei der Arbeit nicht so sehr ermüdete. Trotz des Siegeszugs des Bieres blieben Weinhandel und -anbau jedoch wichtige Gewerbezweige der Kölner Wirtschaft.

wänden des ersten Langchorjochs hängen. Weitere sehenswerte Ausstattungsstücke sind die Kalksteinfigur der Madonna mit Kind (um 1280) am nordwestlichen Vierungspfeiler, das so genannte Pestkreuz über dem Vierungsaltar sowie an der Ostwand des südlichen Querschiffs das großartige Abendmahlstriptychon von Bartholomäus Bruyn d. Ä.

Die Popularität des hl. Severin, der seit dem späten Mittelalter im gesamten Rheinland verehrt wird, zeigt sich heute noch im Zulauf zur „Hörnchensmesse", die jeden Montag in St. Severin stattfindet – die Reliquien der Mitpatrone Cornelius und Cyprianus sind in einem Horn aufbewahrt.

Die mittelalterliche Bebauung des Severinviertels

Bis in die Mitte des 19. Jahrhunderts gab es neben der Severinstraße und den beiden alten Wallstraßen nur 16 Straßen und Gassen im alten Pfarrbezirk von St. Severin, darunter das Hirsch- und das Achtergässchen als Verbindungswege zwischen Severin- und Achterstraße. Beide Gassen sind schon auf der berühmten „Stadtansicht aus der Vogelperspektive" zu sehen, die der Kartograph Arnold Mercator in den Jahren 1570/71 angefertigt hat. Angelegt wurden diese Wege schon im Hochmittelalter. Die mittelalterlichen Straßen im Pfarrbezirk führten zu den verstreut liegenden großen Höfen, deren Ursprünge teilweise bis weit in die Zeit vor dem Bau der Stadtmauer von 1180 reichen.

Beiderseits der Severinstraße entstand seit dem Hochmittelalter eine geschlossene Straßenrandbebauung. Die Häuser auf der Westseite standen ursprünglich etwa 4 Meter östlich, daher befinden sich die mittelalterlichen/frühneuzeitlichen Keller zumeist unter der heutigen Straßentrasse. Hinter den Häusern lagen ausgedehnte landwirtschaftlich genutzte Flächen, die überwiegend im Besitz des Severinstifts waren. Mehr als ein Drittel des gesamten städtischen Areals innerhalb des Berings nahmen damals Weingärten ein. „Was Wunder", so schrieb der Realschullehrer Ernst Weyden in seinen 1862 erschienenen Kindheitserinnerungen, „dass hier mehr als 10 000 Ohm Wein (1 Ohm = 145 Liter, Anm. d. Aut.) gezogen werden konnten. Zwischen den Weinspalieren waren die so genannten Gänge, die Felder zum Gemüsebaue."

Auch die meisten Höfe in diesem Bereich waren Lehen des Severinstifts. 1487 wurden dort 371 Häuser gezählt, 1528 waren es 403, 1692 wiederum nur 355. Das gesamte Areal wurde im Wesentlichen erst im 19. Jahrhundert nach der Aufhebung des Severinstifts im Zuge der Säkularisation durch Einrichtung von Abzweigen von der Severinstraße auch verkehrsmäßig erschlossen.

Die Stadtansicht Mercators zeigt den Zustand in der zweiten Hälfte des 16. Jahrhunderts, der allerdings repräsentativ ist für den gesamten Zeitraum vom späten Mittelalter bis zur frühen Neuzeit. Beiderseits der Ausfallstraße nach Bonn standen Bürgerhäuser, Höfe des kölnischen Patriziats und seit dem 13. Jahrhundert belegte geistliche Institute. Wie sah es auf den Straßen in diesem Viertel aus?

„Düster ist das Aussehen vieler Straßen auch dadurch, dass die Mehrzahl der Häuser noch den natürlichen Ton des Tuffs, der Ziegel und des Mörtels haben, in allen nur möglichen Nuancen der so malerischen Färbung der Zeit, zerfressen und zerbröckelt. In den entlegenen Stadtteilen putzt der Tünchquast zur Kirchweihzeit die kleinen Giebel jährlich auf, Ölanstrich der Giebel war eine Seltenheit", schreibt Ernst Weyden. „Der alttestamentarische Fluch: es soll dir Gras vor der Türe wachsen! ist der Mehrzahl der Häuser in Erfüllung gegangen. Wo es die Breite der Straße nur einigermaßen zulässt, sind vor einzelnen Häusern ein paar Linden- oder Kastanienbäume gepflanzt, hat man die Enge des Weges durch eine Reihe von Grenzsteinen noch mehr verengt. (...) Die Hauptstraßen sind gepflastert, aber wie? Unübersehbar sind die Reihen der Dreck- und Aschenhaufen, denn wurde auch die Asche und der Kehricht in den belebteren Straßen zum Abholen für den Dreckmann in Körben hingestellt, so war es aber eine Lieblingsbeschäftigung der Knaben, diese Körbe umzuwerfen, und zudem wurde aller nur denkbare und undenkbare Abfall und Unrat ungescheut vor den Häuser ausgeschüttet, der an manchen Stellen, selbst mitten in der Stadt, oft hügelhoch angewachsen."

Die dichte Straßenrandbebauung an der Severinstraße verhinderte zunächst die Anlage von Stichstraßen. Der ummauerte Immunitätsbezirk der das Viertel beherrschenden Stiftskirche St. Severin reichte im Norden bis zum Hirschgässchen. Entlang der

Ostseite der Severinstraße sollen auf schmalen Parzellen vor allem Gewerbetreibende ansässig gewesen sein: Brauer, Fleischer, Schmiede und Bäcker sowie Weber, Färber, Hutmacher, Faßbinder und Seiler. Ihre Parzellen reichten rückseitig bis zur Achterstraße, die, wie auf dem Mercatorplan ersichtlich ist, ebenfalls dicht bebaut war.

Die schriftliche Überlieferung zur Straßenrandbebauung beiderseits der Severinstraße zwischen Jakobstraße im Norden und Hirschgässchen im Süden reicht auf der Basis der Schreinsurkunden des Katasters des Mittelalters bis in das 13. Jahrhundert. Bis zu diesem Zeitpunkt war der unmittelbare feldseitige Einzugsbereich der Johannispforte (siehe „Severinstraße" S. 160) weitgehend unbebaut.

Der älteste urkundliche Beleg im Bereich der Haltestelle „Kartäuserhof" bezieht sich auf das Grundstück Severinstraße 54/Ecke Hirschgässchen, ein dort befindliches Haus wird im Jahre 1289 „Seinche" genannt. Der Spießerhof (Severinstraße 85), der über beträchtlichen Besitz, darunter Wein- und Baumgärten, verfügt haben soll, wird 1311 erstmals erwähnt, als er in den Besitz des Kölner Erzbischofs überging. „Spießerhof" wird das Anwesen erstmals im Jahre 1590 genannt. Der jüngste, um 1770 entstandene Bau wurde 1912 abgetragen. Die restlichen Anwesen östlich der Severinstraße sind quellenmäßig erst im frühen 16. Jahrhundert erfassbar.

Auf der Westseite der Straße befand sich die 1310 erstmals genannte Kapelle des hl. Bonifatius. Bonifatius ist der Tagesheilige des 5. Juni. Am 5. Juni des Jahres 1288 fand die berühmte Schlacht von Worringen statt, in der die Kölner Bürger zu den Siegern zählten. Der Kölner Erzbischof, mit dem sie schon lange erbitterte Auseinandersetzungen um das Stadtregiment geführt hatten, war in dieser Schlacht gefangen genommen worden, Worringen galt als Symbol bürgerlichen Freiheitswillens. Zur Erinnerung an die Schlacht ließen die regierenden Patrizier die Kapelle zu Ehren des hl. Bonifatius, der hl. Dreifaltigkeit sowie der Mutter Gottes errichten. Es handelte sich um einen etwa 8 mal 10 Meter großen Saalbau mit straßenseitigem Giebel. Die nördlich und südlich anschließenden Wohnhäuser erweiterten den Bau zu einer kölnischen Dreigiebelgruppe, an die sich nach Westen hin ein 16 mal 20 Meter großer Garten anschloß. 1802 wurde eine zwischenzeitlich entstandene Klause aufgegeben und in eine Wirtschaft umgewandelt. Dieses Gebäude wurde spätestens 1886 abgerissen, als die Augustinerinnen, die seit 1869 im ehemaligen Mommerslocherhof an der Severinstraße (auf dem Grundstück Severinstraße 71-73) ansässig waren, eine neue Kapelle errichten ließen. Zum selben Zeitpunkt wurde die Jakobstraße angelegt.

Das „Vringsveedel" nach der Säkularisation

Nach der Besetzung des Rheinlands durch die Franzosen wurde das Severinstift im Jahre 1802 aufgehoben oder, wie der Fachbegriff lautet, säkularisiert. Damit umschrieb man vornehm den Übergang geistlichen Besitzes in staatliche Verfügungsgewalt. Wie alle geistlichen Institute Kölns, die sich nicht der Krankenpflege verschrieben hatten, wurde der Konvent St. Severin auf Anordnung der französischen Behörden aufgelöst, die Stiftskleriker mussten den Gebäudekomplex verlassen, ihnen zahlte der französische Staat eine kleine Pension. Die Stiftskirche wurde der Pfarrgemeinde übergeben. Die Häuser der Stiftsherren, die Propstei, der Kreuzgang und die übrigen innerhalb der Immunitätsmauern liegenden Bauten blieben zunächst ungenutzt. Ein frühes Foto aus dem Jahre 1854 belegt,

Plan der Baugrube der Haltestelle „Kartäuserhof" auf der Grundlage des preußischen Urkatasters von 1836/37

dass im Süden die alte Stiftsmauer noch stand, die den Immunitätsbereich umschlossen hatte. Wegen Baufälligkeit wurde 1863 der Kreuzgang bis auf den Südflügel abgerissen.

An der spärlichen Besiedlung des alten Stiftsbezirks hatte sich zunächst wenig geändert. Wurden 1797 noch 428 Häuser gezählt, so waren es 1822 nur noch 364 – und auch das preußische Urkataster aus den Jahren 1836/37 und das Blatt 105 der Kreuter'schen Sammlung aus den 1830er Jahren zeigen ein noch immer dünn besiedeltes Areal. Neu sind einige wenige Manufakturen, die im 17. und 18. Jahrhundert gegründet worden waren. Auf ehemals kirchlichen Grundstücken entstanden Bauten des französischen und preußischen Heeres, darunter das „Proviantmagazin im Dau" im Baukomplex des ehemaligen Barfüßerklosters Im Dau, im ansonsten mehr oder weniger unbebauten nördlichen Bereich zwischen Severinstraße und Ulrichsgasse.

Seit dem zweiten Drittel des 19. Jahrhunderts wurde das Viertel dann durch eine intensive Industrialisierung radikal verändert, zahlreiche Industrie- und Gewerbebauten wurden errichtet, darunter Felten & Guilleaume (seit 1827 am Kartäuserwall), die Kölnische Baumwollspinnerei am Rheinufer, die Gasfabrik der Familie Stroof und nicht zuletzt die Süßwarenfabrik Stollwerck, die sich nach 1872 zum größten Arbeitgeber im Kölner Süden entwickelte. Wegen dieser Industrieniederlassungen zogen zahlreiche Arbeiterfamilien in das Severinsviertel, das nun von ebenso intensiver Bautätigkeit geprägt war. Das führte auch dazu, dass seit 1840/42 insgesamt 21 neue Straßen geplant und gebaut wurden. Das östlich der Severin- und der Achterstraße liegende, ursprünglich stark zum Rhein abfallende Gelände wurde durch Aufschüttungen künstlich erhöht. Im Jahre 1857 wurden im „Veedel" 679 Häuser gezählt, 1939 waren es 1312, davon sind 627 nach dem Jahr 1840 erbaut worden.

Das Severinsviertel war damit eines der am dichtesten bebauten Viertel Kölns. Zwischen 1845 und 1847 wurden Severinsmühlengasse, Silvanstraße, Annostraße, Severinskirchplatz – zwischenzeitlich Wilhelmstraße genannt – und die Straße Im Ferkulum angelegt, vor 1873 auch die Josephstraße. Die Severinstraße selbst wurde abschnittsweise verbreitert, nachdem man das westliche Tor des ehemaligen Immunitätsbezirks abgerissen hatte. Wahrscheinlich wurden in diesem Zusammenhang auch die Fassaden der westlichen Straßenrandbebauung zurückverlegt. Gleichzeitig zog man die Bebauung in Höhe des Severinsklosters vor, um eine einheitliche Straßenfront zu schaffen.

An der Ecke des Severinskirchplatzes steht ein kleiner Brunnen, der 1990 hier aufgestellt wurde: der Stollwerckmädchen-Brunnen. „Es gibt vielleicht schönere Denkmäler in Köln", schreibt der Historiker Werner Jung in seinem Stadtführer, „aber es gibt kein weiteres für eine Arbeiterin." Dargestellt ist eine Arbeiterin der Schokoladenfabrik Stollwerck aus der Südstadt, wie sie fröhlich Pralinen in eine Schachtel füllt.

Die Haltestellen „Chlodwigplatz" und „Bonner Straße"

Der Mann, der dem Platz im Kölner Süden seinen Namen gab, griff auch schon mal selbst zur Streitaxt, um Rivalen aus dem Wege zu räumen: Chlodwig, der König der Franken, regierte von 482 bis zu seinem Tod im Jahre 511 – und er war es, der die verschiedenen Teilstämme der Franken einte. Im 3. Jahrhundert n. Chr. sind die „Franken" erstmals aufgetaucht, der Name bezeichnete einen Bund kleinerer westgermanischer Stämme wie Sugambrer, Tenkterer und Brukterer. Die Angehörigen dieser Stämme nannten sich nun Franken, was so viel heißt wie die „Freien" oder „Kühnen". Als deren erster sagenhafter König wird Chlodio erwähnt, der um 420 fränkische Teilstämme anführte.

Chlodwig entstammte dem Geschlecht der Merowinger, benannt nach seinem Großvater Merovech; sein Vater Childerich, der über die salischen Franken herrschte, starb 482 und wurde in seiner Residenz Tournai begraben. Chlodwig besiegte 486 zunächst den „König der Römer", Syagrius, der zwischen Somme und Loire eine letzte Bastion des weströmischen Reichs in Gallien errichtet hatte. Danach begann er mit der systematischen Ausrottung seiner königlichen Verwandten, dazu zählten auch der Kölner Teilkönig Chloderich und König Ragnachar von Cambrai. Nach Siegen über Alemannen und Westgoten war er Beherrscher eines Reiches, das vom Rhein bis an die Pyrenäen reichte. Chlodwigs Geschlecht stellte bis 751 die fränkischen Könige, dann wurde der letzte Merowinger vom Karolinger Pippin abgesetzt.

Der U-Bahnhof „Chlodwigplatz"

Die Baustelle des neuen U-Bahnhofs Chlodwigplatz wird große Teile des Platzes sowie des Kreuzungsbereiches von Bonner Straße, Ubier- und Karolingerring einnehmen. Sie liegt in Gänze innerhalb der spätmittelalterlich-frühneuzeitlichen Bastionsvorwerke der Severinstorburg, die sich bis etwa 180 Meter südlich der Torburg erstreckten. Mit den Auf- und Abgängen soll der Bereich der U-Bahn-Haltestelle mehr als 1750 Quadratmeter umfassen. Die Baugrube, die eine Tiefe bis zu 20 Meter erreicht, wird abschnittsweise von der Platzoberfläche aus hergestellt und nach Baufortschritt abgedeckelt werden.

Seit 1991 ist der Chlodwigplatz in die Liste der Bodendenkmäler der Stadt Köln eingetragen. Und wie überall in Köln finden sich auch am Chlodwigplatz zunächst Spuren der Römer.

Das Grabmal des Lucius Poblicius

Es war eine archäologische Sensation ersten Ranges: Amateurarchäologen hatten etwa 70

Teile eines monumentalen römischen Grabes geborgen. Und die Stadt Köln musste tief in die Tasche greifen, um in den Besitz der Stücke zu kommen: Nach jahrelangem Streit erklärte sich die Stadtverwaltung im Jahre 1970 bereit, den Ausgräbern des Grabmals, den Söhnen des Besitzers eines Grundstücks am Chlowigplatz, ein halbe Million Mark zu zahlen. Das Grabmal wurde dann 1974 im Römisch-Germanischen Museum zeichnerisch rekonstruiert und über dem Dionysosmosaik wieder aufgebaut. Neben dem Mosaik gehört es zu den Aushängeschildern des RGM.

Bis heute ist es wohl das schönste Grabmal aus Kölns römischer Zeit: Lucius Poblicius, ein Veteran der **Legio V.**, die zwischen 9 v. und 69 n. Chr. in Vetera bei Xanten stationiert war, ließ es um das Jahr 40 n. Chr. - vielleicht auch etwas später - für sich selbst, seine Tochter Paulla und seine weiteren noch lebenden Angehörigen errichten.

Man hat lange angenommen, dass Lucius Poblicius aus Kampanien, aus der Gegend nördlich von Neapel, stammte. Neuerdings vermutet man, dass auch Südfrankreich seine Heimat gewesen sein könnte. Nahezu 25 Jahre diente er als Soldat in der **V. Legion**, die wegen ihrer bunten Helmbüschel auch „Lerchenlegion" genannt wurde. Bei seinem Abschied aus der römische Armee erhielt Lucius Poblicius 12 000 Sesterzen - er kehrte indessen nicht in seine Heimat zurück, sondern ließ sich in der Ubierstadt nieder, die zu dieser Zeit schon zu einer römischen Stadt ausgebaut wurde. In Köln machte Lucius möglicherweise eine zweite Karriere, vielleicht als Kaufmann wie so viele andere ehemalige Legionäre auch. Seinen gesellschaftlichen Aufstieg wollte der selbstbewusste römische Bürger auch in seinem Grabmal zum Ausdruck bringen: Die Grabstatue zeigt ihn mit einer Toga bekleidet, neben ihm befinden sich ein Dokumentenkasten. Eine Inschrift im Untergeschoss des, inklusive des Turmes, beinahe 15 Meter hohen Grabmals gibt über die Identität des Verstorbenen und seiner Familie Auskunft. Und so ist zu erfahren, dass Lucius Poblicius wie im Leben auch im Tod von seiner Familie umgeben sein will, von seiner kleinen, früh verstorbenen Tochter Paulla, seiner Frau, seinen Söhnen und den Freigelassenen.

Was weniger bekannt ist: Das Grabmal des Lucius Poblicius hat eine lange Fundgeschichte. Bauteile des Grabmals wurden bereits 1884 bei Ausschachtungen „neben dem Chlodwigplatze nordwestlich vom Bauplatz 41" entdeckt, als nach Abriss der Stadtmauer der Ring als prächtige Boulevardstraße angelegt wurde. Die vage Fundortangabe „Bauplatz 41" ist damals als eine vorläufige Grundstücksnummerierung im Büro des Stadtbaumeisters Hermann Josef Stübben vorgenommen worden. Dieser Bauplatz umfasste indessen das Gebiet zwischen Severinswall, Chlodwigplatz, Ubier-

Das Grabmal des Poblicius im Römisch-Germanischen Museum Köln

MIT DER U-BAHN IN DIE RÖMERZEIT

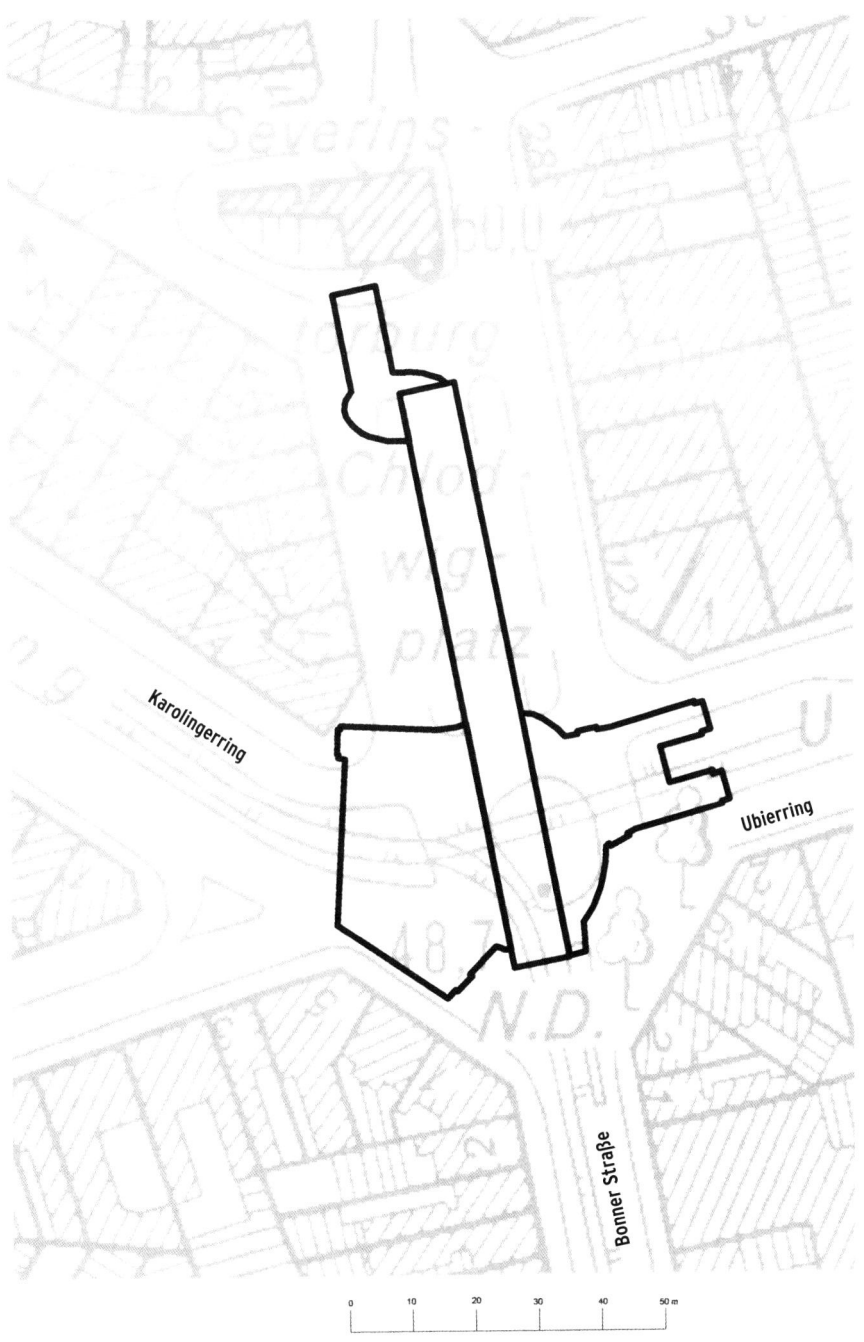

Plan der Baugrube auf dem Chlodwigplatz

ring und Alteburger Straße – der Fundplatz ist also nicht präzise bezeichnet. Es wird aber vermutet, dass der Fundort das Eckgrundstück Chlodwigplatz 28 war. Die Funde von 1884 gelangten in die damalige „römische Abtheilung" des Wallraf-Richartz-Museums und in das Bonner Provinzialmuseum. 1937 kamen dann die meisten der in Bonn aufbewahrten Stücke in den Besitz des Kölner Museums.

Die meisten Bauteile des Grabmals wurden erst zwischen 1965 und 1967 bei Erdarbeiten auf dem Grundstück Chlodwigplatz 24 in einer Tiefe zwischen 4,5 Meter und 7 Meter unter dem modernen Straßenniveau freigelegt. Insgesamt bargen die Söhne des Grundstückbesitzers 70 Bauteile, alle aus lothringischem Kalkstein gefertigt. Weitere geortete und vermutete Werkstücke konnten aus Sicherheitsgründen bislang nicht geborgen werden – das gilt auch für die benachbarte Parzelle Chlodwigplatz 26. Ein oder zwei weitere Bauteile des Grabmals sind dann doch noch 1986 bei Bauarbeiten auf dem Grundstück Chlodwigplatz 24 gefunden worden.

Für die steingerechte zeichnerische Rekonstruktion der Funde und den 1973 abgeschlossenen Wiederaufbau des Monuments im RGM war der Architekt, Bauforscher und Archäologe Gundolf Precht zuständig. Er fügte die Funde, davon ausgehend, dass alle Steine zu einem Grabdenkmal gehören, zu einem 14,8 Meter hohen Monument zusammen, das aus einem Sockel – das Fundament wurde bis heute nicht gefunden –, einem geschlossenen Untergeschoss, dem Obergeschoss mit den Statuen der Verstorbenen zwischen den Säulen sowie einer Pyramide mit Kapitell und einer plastischen Aeneas-Gruppe als Bekrönung gebildet wurde.

Schließlich wurde errechnet, dass das Poblicius-Grabmal eine Höhe von mindestens 15,1 Meter gehabt haben muss. Die Untersuchungen der Archäologen ergaben, dass die Aeneas-Gruppe – aller Wahrscheinlichkeit nach – nicht zum Grabmal gehört hat, da sie in die Mitte des 2. Jahrhunderts n. Chr. datiert wird, also rund 100 Jahre jünger ist. Vermutlich war das Poblicius-Grabmal mit einem Pinienzapfen bekrönt. Da zudem drei weitere Fragmente offensichtlich nicht zum Poblicius-Grabmal gehören, gehen die Wissenschaftler davon aus, dass „beim Wiederaufbau des Grabmals des L. Poblicius (…) mindestens drei Architekturblöcke und eine Bekrönungsgruppe verwendet wurden, die zu anderen Grabbauten gehören". Somit sind weitere große Grabmäler bezeugt.

Geborgen wurden die Bauteile des Poblicius-Grabmals hauptsächlich von Laien, die man bestenfalls als „Amateurarchäologen" bezeichnen könnte. Sie haben natürlich keinen dokumentierten Originalbefund hinterlassen. Der archäologische Befund auf dem Grundstück Chlodwigplatz 24 wurde erst nachträglich von Mitarbeitern des Römisch-Germanischen Museums vor Ort erstellt, die nach Angaben der Ausgräber Zeichnungen anfertigten – diese Funddokumentation wirft aber einige Rätsel auf.

Die Profile zeigen jeweils die Verfüllung des mittelalterlichen Grabens von 1180, der über lehmig-sandigem Boden lag, den die Archäologen Hochflutlehm nennen. In diese Lehmschicht waren die Kalksteinblöcke des Grabmals, in vier Lagen übereinander, eingebettet. Die Fundstelle liegt innerhalb des mittelalterlichen Stadtgrabens, der an dieser Stelle wahrscheinlich über der natürlichen Abbruchkante der Niederterrasse verlief. Das heißt, wir haben an dieser Stelle eine Schichtfolge, die sich in etwa so darstellt: modernes Straßenniveau (49 Meter über NN), Unterkante des mittelalterliche Grabens (44 Meter über NN), Unterkante römische Werksteine, eingebettet

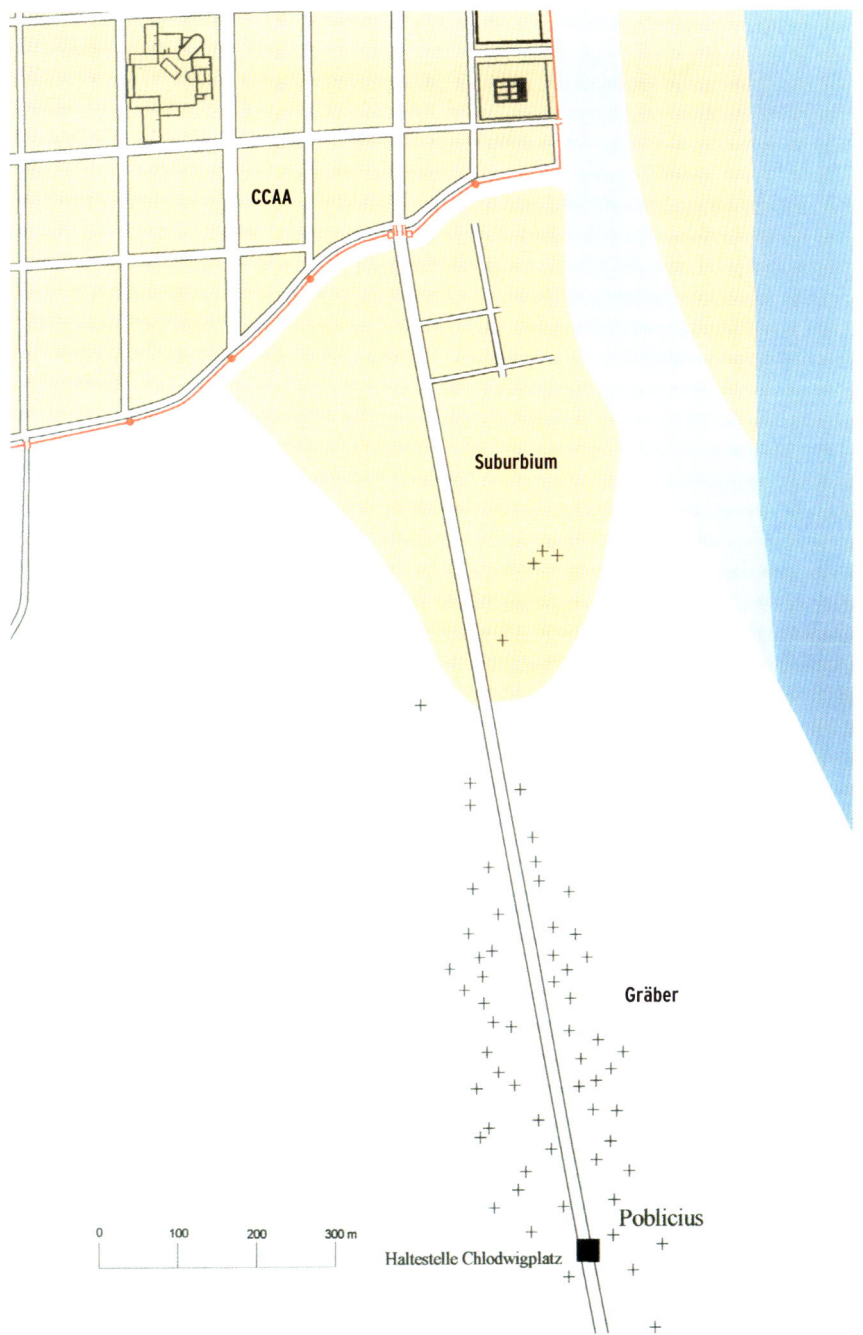

Lageplan der Haltestelle „Chlodwigplatz" innerhalb des römischen Friedhofs entlang der Fernstraße in Richtung Bonn im Hochflutlehm (42 Meter über NN), darunter dann die Sande der Niederterrasse. Es hat nun den Anschein, dass das Poblicius-Grabmal bald nach der Fertigstellung umstürzte, vielleicht nach einem Hochwasser oder infolge starker Niederschläge oder Unterspülung. Die Steine fielen in östliche Richtung hangabwärts, wurden von so genannten Fließerden, in diesem Fall Hochflutlehm, abgedeckt und blieben so vor der Wiederentdeckung und sekundären Nutzung bewahrt. Ansonsten wären sie nämlich dem im Mittelalter üblichen Steinraub zum Opfer gefallen.

Weitere Funde rund um den Chlodwigplatz

Die alte Fernstraße Köln–Bonn durchquert die Baugrube des neuen U-Bahnhofs auf ihrer gesamten Länge in Nord-Süd-Richtung. Auch die Bonner Straße zeichnet, wie die Severinstraße, im Wesentlichen den Verlauf der antiken Straße nach. Im Bereich des Chlodwigplatzes wurde indessen der römische Straßenkörper archäologisch bislang nicht nachgewiesen, wie überhaupt der römische wie der mittelalterliche Straßendamm südlich des *suburbium*, der römischen Vorstadt, archäologisch kaum erforscht ist. Das heißt, über Trassenverlauf, Beschaffenheit, Breite und bautechnische Entwicklung der Straße lassen sich nur wenig aussagekräftige Feststellungen treffen.

Nördlich der Severinstorburg, auf dem Grundstück Severinstraße 44, wurde 1955 der nächstgelegene Aufschluss des antiken Straßenkörpers etwa 2 Meter unter dem modernen Straßenbelag gefunden. Der Archäologe Bernd Päffgen erkannte innerhalb des 1,2 Meter mächtigen Schichtenpakets vier Straßenbeläge und weitere schlammige Nutzschichten. Bei der ältesten Schicht handelte es sich um eine in den anstehenden Lehmboden planierte Trasse; über einer sehr dünnen, dunkelbraunen Lehmschicht folgte eine nur zentimeterdicke Tonschicht, überlagert von einer mächtigen lehmigen Kieslage. Zwei darüber liegende Sandschichten wurden wiederum von einer Kiesquarzlage abgedeckt, der schließlich eine festgestampfte, etwa 35 Zentimeter dicke Kieslage mit Ziegelbruch folgte. Die Oberkante dieser Schicht lag nur etwas mehr als einen halben Meter unter dem neuzeitlichen Straßenpflaster.

Römische Gräber verteilen sich im Bereich des Chlodwigplatzes über einen mindestens 100 Meter breiten Streifen beiderseits der Fernstraße Köln-Bonn. Bei Ausgrabungen auf dem Grundstück Kartäuserwall 20 wurden 1987 auf 260 Quadratmeter sieben Sarkophage, 29 Körperbestattungen und drei Brandgräber ausgegraben. Schon früher war man dort ebenfalls auf römische Gräber gestoßen.

Und im Umfeld der Severinstorburg wurden, wie in zeitgenössischen Quellen überliefert, schon seit der ersten Hälfte des 17. Jahrhunderts zum Teil monumentale Grabdenkmäler und Beigaben aus römischen Bestattungen ausgegraben. Joseph Klinkenberg schrieb 1906 (in seiner Topographie des römischen Köln): „Zu den großartigsten Grabdenkmälern Kölns gehörten diejenigen, deren Überreste sich am Chlodwigplatz gefunden haben. Hier erhoben sich wenigstens drei, oben mit Schuppendächern abschließende Grabtürme, von denen einer geringere, die beiden anderen größere Dimensionen aufwiesen."

In der Nähe des Poblicius-Grabmals sind schon in früherer Zeit Reste teils monumentaler Grabdenkmäler entdeckt worden: So wird berichtet, dass „unzählige Sarkophage" im Jahre 1632 bei der Anlage neuer Befestigungswerke ans Tageslicht gekommen seien. Außerdem sind Bauglieder monumentaler

Römischer Grabstein des Lucius Quadratinius Martius (2. Jahrhundert), ausgegraben 2004 bei Kanalverlegungen unter dem Chlodwigplatz

Grabdenkmäler, vergleichbar dem des Poblicius, sowie mindestens drei Grabstelen geborgen worden. Die Inschrift der ersten lautete in einfach gerahmter **tabula ansata: Caius Deccius L(uci) f(ilius) / Papiria Ticini / miles leg(ionis) XX / pequarius annor(um) / XXXV stipendiou(m) / XVI hic s(itus) est.** Ein Veterinär der XX. Legion aus Ticinum ist hier bestattet worden. Die Grabstele datiert in die erste Hälfte des 1. Jahrhunderts n. Chr., über der Inschrift ist das Brustbild des Verstorbenen in einer Muschelnische dargestellt.

Eine zweite, aus Kalkstein gearbeitete Stele war dem Caius Vetienius gewidmet. Der Verstorbene ist in einer halbrunden Nische dargestellt, in seiner rechten Hand hält er eine Tuba im Futteral. Darunter heißt es in der Inschrift: **C(aius) Vetieni(us) C(ai) f(ilius) / Pupinia Urbiqus / tubicem exs / legioni I exs / testamento f(aciendum) c(uravit).** Vetienius war also Hornist der I. Legion, die in den ersten Jahrzehnten des 1. Jahrhunderts n. Chr. in Köln stationiert war. Das Grab gehört zu den ältesten der römischen Nekropole im Süden der späteren Kolonie. Beide hier erwähnten Grabstelen wurden in napoleonischer Zeit leider nach Paris verbracht und später dem neuen Museum „Gallo-Romain" in St. Germain-en-Laye zugewiesen. Klinkenberg nennt dann noch eine dritte Grabstele, die kurz nach der Auffindung zerbrach und heute verschollen ist. Es handelt sich um das Grabdenkmal des **medicus** M. Rubrius Leonta, auf dem eine Tempelfront dargestellt sein soll, deren Giebel von drei Säulen getragen wird.

Auch vor dem Severinstor wurden zahlreiche weitere Funde gemacht. Zu den wichtigsten gehören eine 1879 entdeckte Bleikiste mit Deckel, eine rauwandige graue Urne mit Leichenbrand, ein weißtoniger Krug, Teller und Schälchen aus Terra Sigillata, eine Tonlampe, eine tropfenförmige Ampulla, eine sechseckige Henkelflasche, ein Kugelbecher aus grünlichem Glas sowie zwei Bronzenadeln.

Darüber hinaus, so berichtet Klinkenberg, wurden „vor dem Severinsthor im Fort am Severinsthurm der stark verstümmelte Cippus einer Veteranenfamilie mit drei Rundmedaillons in einer Reihe gefunden, ein nach links gewandter weiblicher Porträtkopf mit einer Lockenreihe um die Stirn und den ganzen Kopf umgebenden Flechten, ein gut gearbeiteter männlicher Porträtkopf, eine fein ziselierte, aber stark zerstörte weibliche Gewandfigur aus Bronze, wohl Kopie eines älteren Werkes, und schließlich eine Bronzelampe, eine so genannte Mithraslampe, mit Kettchen."

Bei Erdarbeiten auf der Platzfläche, die 1887/88 unmittelbar vor dem Severinstor durchgeführt wurden, sind Skulpturenreste eines Grabmals gefunden worden. Dabei handelt es sich um einen etwa 20 Zentimeter großen weiblichen Porträtkopf und den kleineren Kopf eines Jungen, der von einem Hochrelief abgeschlagen worden war. Beide Fragmente sind aus Kalkstein gearbeitet.

Zwischen 1885 und 1890, so lesen wir bei Klinkenberg, habe man des Weiteren ein „edel erhaltenes Junoköpfchen", den oberen Teil einer weiblichen Statue, deren Hände Früchte halten, sowie den aus Kalkstein geschaffenen Grabaltar des **Herculinius Nicasius** aus dem 3. Jahrhundert gefunden. Zudem nennt Klinkenberg „unter anderen Resten des römischen Alterthums" das Fragment einer Grabinschrift mit dem Namen Lupula, das Bruchstück eines postamentähnlichen Kalksteinquaders mit einer Grabinschrift, einen Sandsteinsarkophag des 4. Jahrhunderts, gefunden schon 1671, und ein Bronzemedaillon des Kaisers Antoninus Pius (138 bis 161 n. Chr.), das ein Sammler 1897 für das Bonner Museum ankaufte. Auch ein Ares-Medaillon soll vom Chlodwigplatz stammen, es hat einen Durchmesser von 3,67 Zentimeter und wurde 151/152 n. Chr. anlässlich der 900-Jahr-Feier der Stadt Rom hergestellt.

Ob die wenigen frühmittelalterlichen Fundstellen, die im Gelände südlich der Severinstorburg liegen, zum Bereich des alten Friedhofs von St. Severin gehören, ist unsicher. Zwischen 1845 und 1850 wurde südlich der Torburg ein mit reichen Beigaben versehenes Frauengrab ausgegraben, das in die Zeit um das Jahr 500 datiert werden konnte.

Das offenbar unberaubte Grab enthielt zwei mit roten Schmucksteinen (Almandin) ver-

Römischer Kalksteinbehälter mit Glasurne (2. Jahrhundert)

Römische Glasurne zur Aufnahme des Leichenbrands (2. Jahrhundert), ausgegrabenl 2004 unter dem Chlodwigplatz

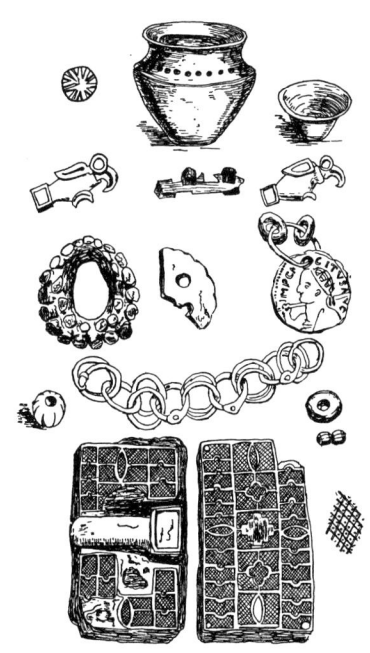

Frauengrab des späten 5. Jahrhunderts, gefunden an der Severinstorburg

zierte Vogelfibeln, eine mit Almandinen cloisonnierte Schnalle, Perlen, Amuletttanhänger, einen stempelverzierten Knickwandtopf sowie eine Glasschale. Aus einem weiteren, indessen zerstörten Grab dürfte eine Goldmünze, ein Solidus, des oströmischen Kaisers Zeno (474 bis 491) stammen, der im Jahre 1892 südlich des Severinstors gefunden wurde. Darüber hinaus ist nur ein fränkisches Steinplattengrab bekannt, das 1981 auf dem Grundstück Im Ferkulum 18–22 entdeckt wurde.

Die mittelalterliche Stadtmauer

Erst am Ende des 12. Jahrhunderts hatte die alte Römermauer als Stadtbefestigung endgültig „ausgedient". Sie wurde von der großartigen Stadtmauer abgelöst, die die Kölner Bürger seit 1179/80, zunächst gegen den Willen ihres erzbischöflichen Stadtherrn, errichte-

ten. Diese neue Mauer hatte eine Gesamtlänge von 7,5 Kilometer und umschloss halbkreisförmig ein Territorium von 400 Hektar. Das städtische Areal war damit fast verdoppelt worden.

In einem zeitgenössischen Bericht heißt es, die Kölner Bürger hätten im Jahre 1180 ihre Stadt zunächst mit neuem Wall und Graben umgeben, und 1187 wird berichtet, sie hätten sich mit dem Bau neuer Tore „abgemüht". Von einer Stadtmauer war damals noch keine Rede. Zehn Jahre später brachen kriegerische Zeiten an, der Thronstreit zwischen Staufern und Welfen entwickelte sich zu einem regelrechten Bürgerkrieg. Nach 1198 kämpften Philipp von Schwaben und Otto IV., beide von ihren Parteigängern zu Königen erhoben, um die Macht in Deutschland – auch das Rheinland war immer wieder Kriegsschauplatz.

Die Kölner hatten also in aller Eile erst einmal Wälle aufgeworfen, denen ein etwa 8 bis 10 Meter breiter Graben vorgelagert war. Die Wälle, die sich ungefähr 5 Meter über das allgemeine Straßenniveau erhoben, waren dann bis zum Jahr 1200 mit einer Palisadenkrönung versehen worden. Die Torburgen wurden erst später errichtet, ebenso die Mauer zur Rheinseite hin, die völlig neu gestaltet wurde. Diese noch provisorischen Befestigungsanlagen bestanden ihre erste Bewährungsprobe im Sommer des Jahres 1205, als der staufische König Philipp seine Truppen fünf Tage lang gegen die Stadt anrennen ließ. Doch alle Sturmangriffe scheiterten an der hartnäckigen Gegenwehr der Kölner.

Es sollte dann noch mehr als ein halbes Jahrhundert dauern, ehe die ganze Anlage in einem Zustand war, der als hinlänglich verteidigungsfähig anzusehen war. Zu den Torburgen, die zuerst fertig gestellt wurden, zählten das Weyer-, Friesen-, Pantaleons- und Bachtor, auch die unteren Teile von Kuniberts- und Bay-

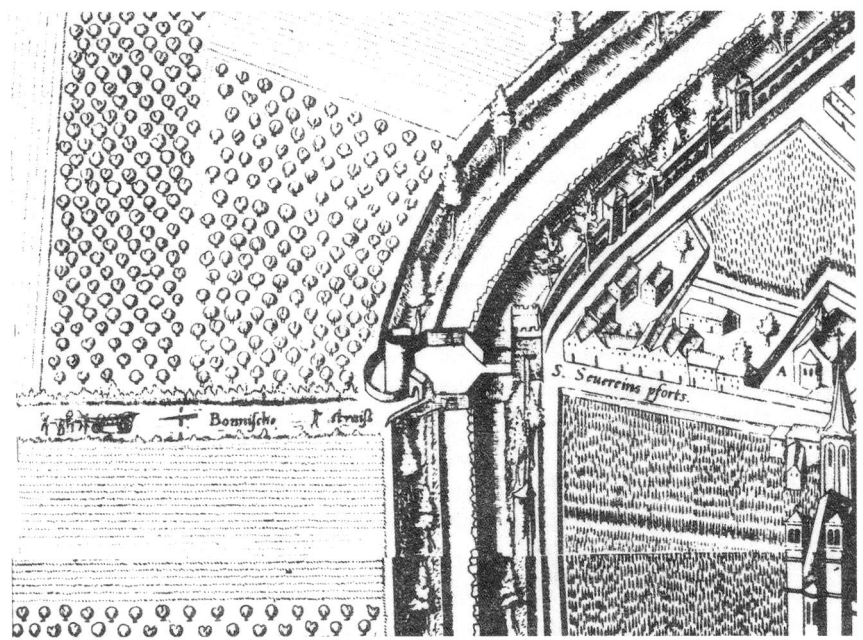

Die Severinstorburg (Mercatorplan 1570/71)

enturm waren wahrscheinlich schon um 1225 vollendet. Als Material wurden im unteren Bereich überall Basalte, oben Tuffstein verwendet.

Den Wällen wurden nun starke, bis zu 10 - im Durchschnitt allerdings etwa 7 - Meter hohe Mauern aufgesetzt. Man geht davon aus, dass ein Großteil der Mauer um 1270 fertig gestellt war. Sie bestand aus verschiedenen Materialien: Bis zum Wallgang wurden vielfach Grauwacke-Bruchsteine verwendet, darüber Tuffstein, an anderen Stellen bestand sie aus einer Mischung aus Tafel- und Säulenbasalt. Spätere Reparaturen wurden in der Regel mit Ziegelstein ausgeführt; auch die Stärke der Mauer war ganz unterschiedlich, von etwa 0,80 bis 0,85 Meter bis zu 3,50 Meter.

Nach 1300 wurden an verschiedenen Stellen neue Fluchtlinien gezogen, einzelne Strecken abgebrochen und an vorgeschobenen Linien neue Mauern errichtet.

Um 1300 war dann auch die Rheinmauer vom Bayen- bis zum Kunibertsturm vollendet. Man hatte mehrere neue Türme über den Toren und Pforten gebaut, die stärksten waren der Frankenturm und der an der Trankgassenpforte. Zur Feldseite war mit dem Bau eines zweiten Grabens und Walls begonnen worden - wie man auf dem Mercatorplan gut erkennen kann. Die Halbtürme in der Mauer wurden erhöht und mit spitzen Dächern versehen, die Wallgänge erhielten im Laufe des 14. Jahrhunderts neue Brustwehren und Dächer. Vor allem als Folge des Neusser Krieges wurden die Befestigungen zwischen 1470 und 1480 umfassend ausgebessert, vor einzelnen Torburgen wurden Bastionen angelegt. Auch später mussten die Mauern der veränderten Kriegstechnik, vor allem der Entwicklung der Pulverwaffen, Rechnung tragend, durch weiter vorgeschobene Werke, durch den Ausbau der Vorhöfe und den Bau gewaltiger Steinbastionen, durch den

Einbau von Zugbrücken an den Toren, durch Anlage von Schießscharten und dergleichen mehr ständig „modernisiert" werden. Bereits zu Beginn des 15. Jahrhunderts hatte man an der Ulrepforte die „Kartäusermühle" und in der Nähe des Gereonstors die „Gereonswindmühle" errichtet. Die „Bottmühle" zwischen Severinstor und Bayenturm entstand erst in der zweiten Hälfte des 17. Jahrhunderts.

Bau und Unterhalt der Stadtmauer verschlangen gewaltige Summen – es war eine kommunale Kraftanstrengung sondergleichen, die die Kölner Stadtgemeinde im Laufe des 13. Jahrhunderts auf sich genommen hatte. Doch der Aufwand machte sich letztendlich bezahlt: Über Jahrhunderte hinweg war die Stadt wegen ihrer gewaltigen Befestigungsanlagen, die auf der Landseite von zwölf, zählt man die Ulrepforte mit: 13, mächtigen Torburgen und 52 Wehrtürmen „gekrönt" waren, uneinnehmbar. Selbst im Dreißigjährigen Krieg wagte es keine der Kriegsparteien, die Reichsstadt Köln anzugreifen.

Die Severinstorburg

Die Severinstorburg, eine von drei erhaltenen Torburgen, gehörte seit dem Spätmittelalter zu jenen fünf Toren, die tagsüber ständig offen gehalten wurden und an denen Zölle auf den Warenverkehr erhoben wurden. Vor 1215, also lange vor Vollendung der eigentlichen Stadtmauer, wurde sie nova porta (neues Tor) genannt. Der viergeschossige Torturm, der dann in der Mitte des 13. Jahrhunderts fertig gestellt wurde, hat einen fast quadratischen Grundriss (16 Meter mal 13,5 Meter). Für die Anlage des Fundaments verbaute man Säulenbasalt mit Tuffzwickeln, Tuffstein und Trachyt, die Sockelzonen der Mauern und Tore bestehen aus Basaltsäulen mit Tuffzwickellagen, die Aufbauten aus Tuff. In fortifikatorischer Hinsicht gilt das Severinstor mit seinen halbrunden Flankentürmen als Prototypus einer mittelalterlichen Befestigung.

Der feldseitige Graben im Bereich des Chlodwigplatzes war etwa 9 Meter tief und hatte eine Breite von 35 Metern, westlich des Tores lag die Grabensohle rund 6 Meter unter dem heutigen Straßenpflaster. Über den Graben führte zunächst, so nimmt man an, eine Holzbrücke, die man im Gefahrenfall in Brand setzen konnte. Später wurde diese Konstruktion vermutlich durch einen Damm ersetzt. Im 14. Jahrhundert ließ der Rat wenige Meter vor diesem Graben einen zweiten Graben anlegen, der ebenfalls mittels einer Brücke, eines Dammes oder Steges überquert werden konnte – die man später mit kleinen Vorwerken zu schützen versuchte. Der Aushub des neuen Grabens wurde vermutlich zwischen den beiden Gräben aufgeschüttet. Der dabei entstandene Wall war mit einer Hecke bepflanzt, dem so genannten Gebück.

Spätestens zu Beginn des 15. Jahrhunderts waren alle Kölner Torburgen durch Vorfeldbefestigungen gesichert. Für die Severinstorburg ist ein derartiger Bau, in den Quellen zumeist als „Bollwerk" bezeichnet, allerdings erst für das Jahr 1469 belegt. Die dreigeschossige Anlage diente als Geschützplattform. Zur Vorbefestigung gehörte auch der „Zwinger", bestehend aus zwei Schenkelmauern, die Torburg und Bollwerk verbanden. Eine auf der Grundlage des Mercatorplans erstellte Rekonstruktionszeichnung zeigt, dass das Bollwerk mit einem Wehrgang überdacht war und über Armbrustschießscharten verfügte.

Die „neue Fortification" des 17./18. Jahrhunderts

Auf dem Gelände vor der Severinstorburg wurden im 16. Jahrhundert häufig Schützen-

Ausbauphasen der Kölner Stadtbefestigung im Bereich der Severinstorburg

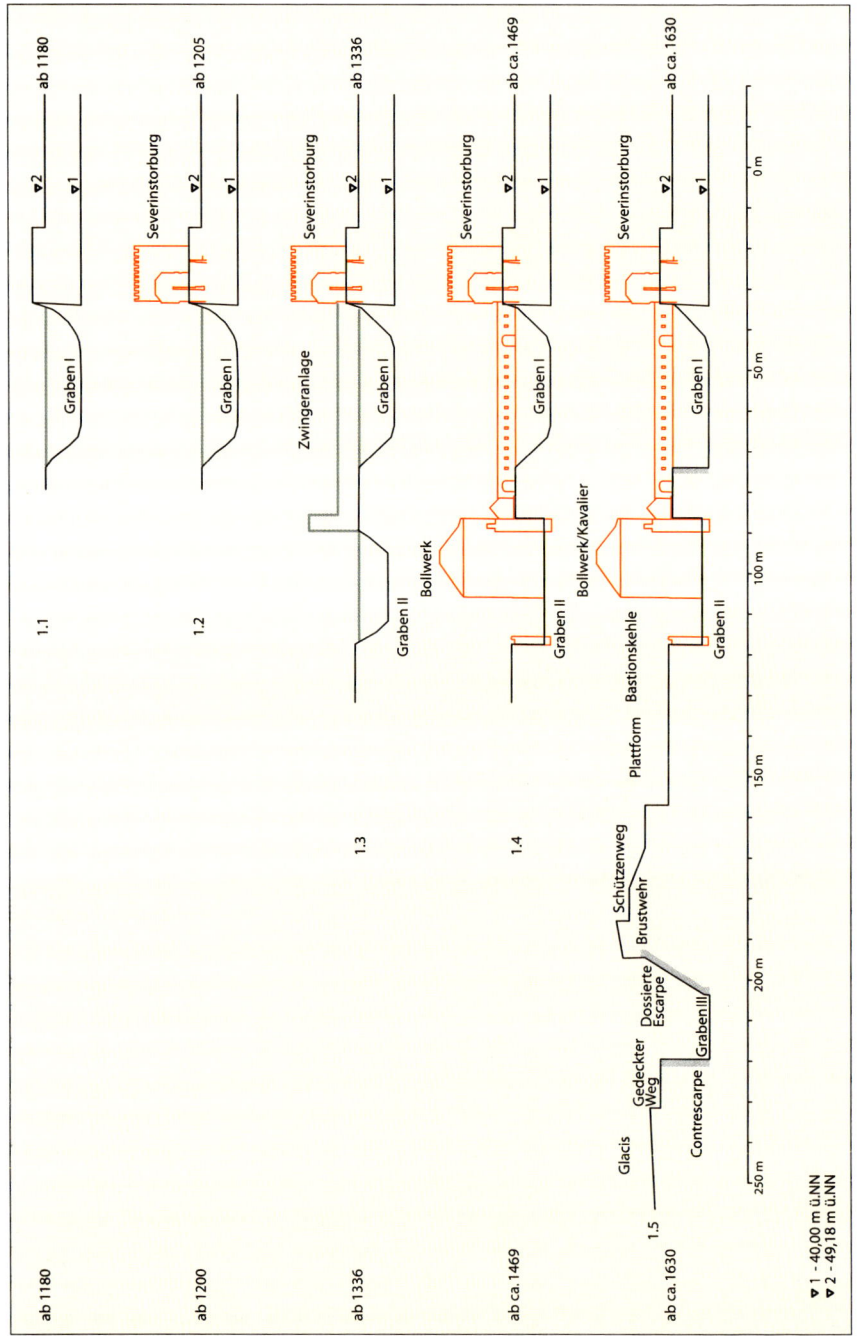

Ansicht der Severinstorburg um 1660

Rekonstruktion der Severinstorburg von H. Vogt
(nach dem Mercatorplan 1570/71)

feste durchgeführt, was immer wieder zu Auseinandersetzungen mit dem Kölner Erzbischof und Kurfürsten führte: So im Sommer 1581, als der Rat zwischen Bonner Straße und Rhein Schießstände und ein Festzelt errichten ließ, um hier Schützenwettbewerbe durchzuführen – zahlreiche Schausteller sorgten darüber hinaus für großen Besucherandrang. Der Kölner Erzbischof wollte die Festlichkeiten stoppen, er beharrte darauf, dass dieses Gelände zum kurkölnischen Territorium gehöre. Der Rat ließ aber trotz dieses Protestes die Wettbewerbe fortsetzen – es kam zum Streit, als angetrunkene kurkölnische Soldaten auftauchten. Sie wurden von erbosten Schützen aufgegriffen, beim Zusammenstoß wurden drei Menschen getötet. Danach besetzten die Kölner die Mauern rund um die Severinstorburg, der befürchtete Angriff erzbischöflicher Truppen blieb aber aus.

Spätestens in der Mitte des 16. Jahrhunderts war die Kölner Stadtbefestigung unter fortifikationstechnischen Gesichtspunkten schon wieder veraltet. Und so setzte sich unter den Herren des „ehrsamen und weisen Rats", wie sie sich zu nennen pflegten, wohl die Einsicht durch, dass Mittel für den Bau einer „modernen" Befestigungsanlage bereitgestellt werden müssten. Das zeitgemäße Konzept im Fortifikationswesen des 16. Jahrhunderts war das so genannte „bastionäre System", das vermutlich, aus dem östlichen Mittelmeer kommend, über Italien nach Deutschland gelangt war. Es beruhte auf einer Umsetzung ballistischer Gesetzmäßigkeiten in geometrische Grundrisse der Wehranlagen. Das heißt, die neuen Befestigungsanlagen sollten den Belagerten einen optimalen Schutz vor den feindlichen Geschützen und zugleich der eigenen Artillerie ein breites Schussfeld ermöglichen, damit das gesamte Umfeld der Stadtbefestigung unter Feuer genommen werden konnte. Die Arbeiten an der „neuen Fortification" begannen 1583, zunächst wurde die Zwingeranlage am Weyertor abgebrochen. Bei der Planung wirkten auch auswärtige Baumeister mit, die man nach Köln gerufen hatte. Sie waren aufgefordert worden, „Patrone", wie man früher Pläne oder Modelle nannte, für ein neues Bollwerk an der Severinstorburg zu erstellen. So weilte 1604 Johannes Pasqualini (1562–1612), der Enkel von Alessandro Pasqualini, dem berühmten Baumeister der Jülicher

Die Baugrube auf dem Chlodwigplatz, die Severinstorburg und das Bollwerk (rot markiert)

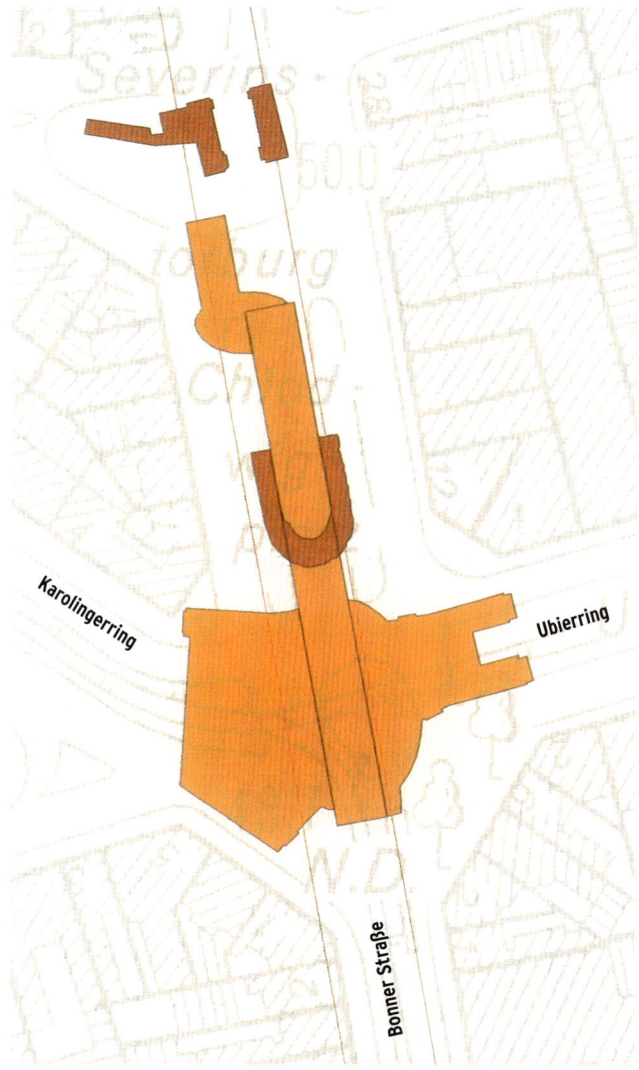

Idealstadt- und Festungsanlage, in der Stadt, möglicherweise hat er bei den Entwürfen der Bastionen vor dem Severinstor und dem Bayenturm mitgewirkt. Die Bauarbeiten an beiden Toren begannen erst nach 1632, nach dem Überfall der Schweden auf Deutz. Damals hatte für die freie Reichsstadt das einzige Mal ernsthaft die Gefahr bestanden, in die Auseinandersetzungen des Dreißigjährigen Krieg hineingezogen zu werden.

Auf der so genannten Vogelansicht von Köln und Deutz, die Wenzel Hollar 1635 angefertigt hat, ist zu sehen, was in dieser Zeit vor der Torburg verändert worden war. Vor dem Zwinger hatte man eine pfeilförmige Bastion errichtet, deren 16 Meter breiter Graben bereits 1620 angelegt worden war. Die Böschungen des alten Stadtgrabens hat man zudem senkrecht abgestochen und mit vorgesetzten Mauern befestigt. Ein weiterer Graben wurde etwa 180

Die Bastion St. Severin in der Vogelschau des Matthäus Merian von 1637

Fundament des Bollwerks am Chlodwigplatz während der Ausgrabungen 2004

Unterirdische Kammer im Bollwerk, 15. Jahrhundert (Ausgrabung 2004)

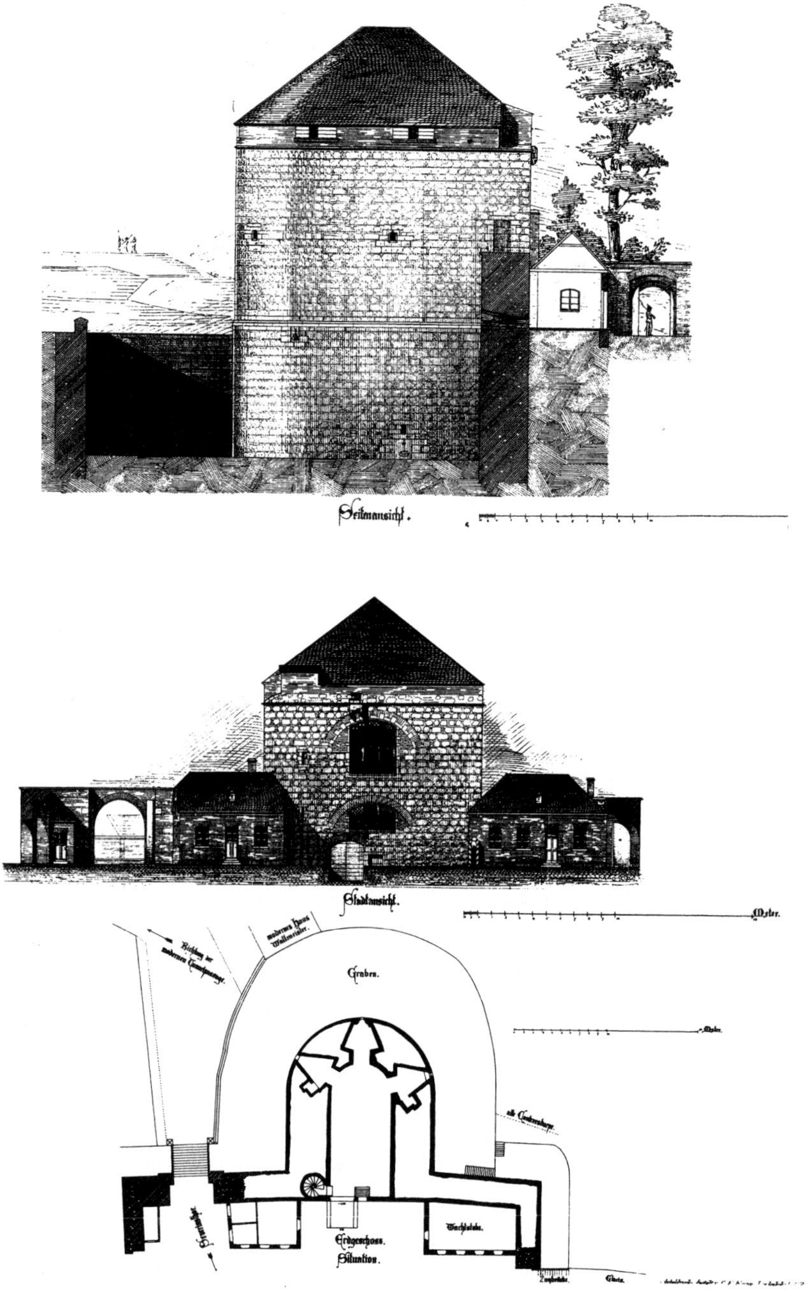

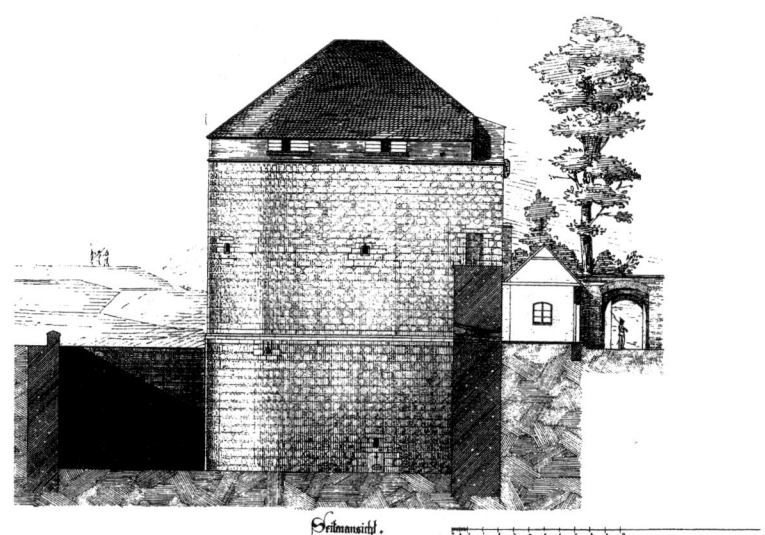

Das spätmittelalterliche Bollwerk am Chlodwigplatz in seinem Bauzustand um 1880 (Grundriss, Seiten- und Innenansicht)

Meter südlich der Severinstorburg, damit außerhalb der Baugrube am Chlodwigplatz, gezogen.

Die Anlage, die man später „Bastion II" nannte, stellte eine spitzwinkelige Bastion mit geraden Flanken und „Facen" – dem Vorfeld zugekehrten Teile der Befestigung – dar. Die anderen Bastionen der Kölner Stadtbefestigung wiesen in etwa die gleichen Abmessungen auf, die Facen waren in der Regel etwa 145 Meter lang, die Flanken 45 Meter. Alle Bastionen hatten allerdings unterschiedliche Grundrisse. Das Bollwerk des 15. Jahrhunderts, das die Bastion um mehrere Meter überragte, wurde beim Bau in die neue Anlage einbezogen, es blieb bis ins letzte Viertel des 19. Jahrhunderts erhalten. Fortifikationstechnisch bildete das alte Bollwerk somit einen „Kavalier", eine erhöhte Geschützplattform in der Bastionskehle. „Diese Kombination ist in Köln nur vor der Severinstorburg bekannt, die somit dreifach gesichert war – dies weist deutlich auf die besondere Bedeutung des südlichen Stadtausgangs hin", schreibt der Historiker Andreas Kupka. Eine detaillierte zeitgenössische Ansicht der Befestigungen vor der Severinstorburg gibt es nicht, nur von der Bastion vor dem Bayenturm ist eine erhalten. Ein Analogieschluss zum Aussehen der Bastion vor der Severinstorburg erscheint zulässig. Als Baumaterial für die Mauer wurden damals hauptsächlich relativ kleine Feldbrandziegel verwendet, im Sockelbereich Natursteine. Um das Jahr 1690, so wird vermutet, war die „neue Fortification" der Reichsstadt Köln im Wesentlichen vollendet. In dieser Zeit, belegt ist es für das Jahr 1709, wurde die Severinstorburg auch als Gefängnis genutzt. Im Verlauf des Siebenjährigen Krieges (1756-1763) wurde dann der Artilleriehauptmann Johann Valentin Reinhardt damit beauftragt, die Fortifikationen der Stadt zu modernisieren.

Der von Reinhardt angefertigte Stadtplan, der erste kartographisch genaue Plan Kölns, zeigt den Bauzustand von 1752. Vor der Severinstorburg ist nun eine voll ausgebildete Bastion „mit allen barocken Zutaten der zeitgenössischen Fortifikationslehre zu erkennen", so Andreas Kupka.

Die Stadtbefestigung im 19. Jahrhundert

Im Jahre 1794 zogen erstmals seit Jahrhunderten feindliche Soldaten in die Stadt ein. Kampflos hatten sich die Kölner den zusammengewürfelten Truppen der französischen Republik ergeben. Mit der Besetzung war auch das Ende der freien Reichsstadt besiegelt, 1801 wurden Köln und das gesamte linke Rheinufer Frankreich zugeschlagen. Auf dem Wiener Kongress beschlossen dann 1815 die Gesandten der europäischen Mächte, die Preußen sollten die „Wacht am Rhein" übernehmen – und so wurde das Rheinland dem preußischen Königreich angegliedert.

Noch vor der offiziellen Inbesitznahme hatte König Friedrich Wilhelm III. angeordnet, Köln zu einer modernen Festung auszubauen. Zunächst modernisierte man die mittelalterlichen Anlagen so gut es ging, zugleich wurde im Abstand von etwa 500 Meter vor der Stadtmauer ein Kranz von sechs Forts errichtet, die der König am 9. September 1825 persönlich taufte – so etwa das Fort „Großfürst Nikolaus" an der Bonner Straße, das Fort „Großfürst Paul von Mecklenburg" am späteren Volksgarten oder das Fort „Prinz Friedrich der Niederlande" an der Aachener Straße. Zwischen den Forts wurden rückwärtige Lünetten gebaut, die für eine weitere Staffelung des Verteidigungsgürtels sorgen sollten. Zwischen 1840 und 1848 entstanden weitere Forts, die sich in die schon vorhandenen einreihten. Insgesamt elf bildeten, mit schlichten Nummern versehen, nun einen Halbkreis um die Stadt. Schon wenige Jahre später war es indessen klar, dass diese Anlagen keineswegs den Anforderungen moderner Kriegstechnik genügten. Das Militär drängte auf ein neues Befestigungssystem. Es wurde nach dem Deutsch-Französischen Krieg von 1870/71 durch einen um mehrere Kilometer stadtauswärts verschobenen Fort-Gürtel realisiert: Im Bereich Militärringstraße entstanden auf linksrheinischem Gebiet acht Forts, rechtsrheinisch wurden vier weitere Einzelwerke angelegt.

Voraussetzung für den Abbruch der alten Stadtmauer, die der Militärfiskus 1881 an die Stadt verkaufte, war die Verlegung der inneren Verteidigungslinie auf Höhe des Inneren Grüngürtels. Nur einem Monat nach Unterzeichnung des Kaufvertrags, am 11. Juni 1881, wurde die erste Bresche in die ehrwürdige mittelalterliche Fortifikationen geschlagen. Wenn es nach der Kölner Stadtverwaltung gegangen wäre, wäre die gesamte Anlage abgerissen worden – es gab auch Pläne, die Stadterweiterung ohne die Niederlegung der Mauer durchzuführen –, letztlich ist es einer Verfügung der preußischen Staatsregierung zu verdanken, dass immerhin einzelne Abschnitte der Stadtmauer erhalten blieben. Der Bayenturm, die Bottmühle und die Ulrepforte, das Hahnentor, das Eigelsteintor und letztlich auch die Severinstorburg sowie einige Mauerteilstücke am Sachsenring und am Hansaring wurden als Denkmäler vom Abbruch ausgenommen. An der Severinstorburg waren schon im Laufe des 19. Jahrhunderts einige Umbauten vorgenommen worden, nach 1893 ließ der ehemalige Stadtbaumeister Hermann

Severinstorburg mit Zwinger um 1880

Josef Stübben die Torburg restaurieren. Seit 1902 war sie dann Standort des Naturkundemuseums der Stadt Köln.

Anstelle der mittelalterlichen Mauer wurde der „Ring" angelegt, ein großzügiger Boulevard, den Baumreihen, breite Bürgersteige und palaisartige Wohnhäuser umrahmten. Auf dem Gelände des alten Festungsglacis, das von der Stadt erworben worden war, entstanden zwischen Chlodwigplatz und Bonntor seit den 1890er Jahren Wohngebiete, die zur Kölner Neustadt-Süd gehörten. Das Gelände südlich des Bonntors blieb bis in das frühe 20. Jahrhundert hinein unbebaut.

Nach Ende des Deutsch-Französischen Krieges hatte man schon 1873 begonnen, eine neue Verteidigungslinie in Höhe der Militärringstraße, etwa 8 Kilometer vom Stadtzentrum, zu errichten. Die Arbeiten an dieser Verteidigungslinie wurden bis 1881 abgeschlossen. Sie umfasste zwölf Forts in Lünettenform, lateinisch nummeriert beginnend in Niehl, 23 Zwischenwerke, 24 Infanteriestützpunkte, zwei kleinere Sperrforts am Rhein und Munitionsdepots. Die innerhalb der Umwallung liegenden Gebietsteile der Gemeinden Rondorf, Müngersdorf, Longerich und der Stadt Ehrenfeld wurden 1883 eingemeindet. Nach Ende des Ersten Weltkriegs wurden die Befestigungen, den Bestimmungen des Versailler Vertrags Rechnung tragend, überwiegend zerstört. Die Stadt erwarb das Gelände 1921 und gestaltete es zu einem äußeren Grüngürtel und Naherholungsgebiet um. Dem damaligen Oberbürgermeister Konrad Adenauer gelang es immerhin, einige Forts vor dem Abriss zu bewahren.

Die Bonner Straße bis zur Haltestelle „Bonner Wall"

Im Kreuzungsbereich Teutoburger und Rolandstraße/Bonner Straße ist ein Anfahr- und Wendeschacht der Nord-Süd Stadtbahn projektiert. Die Baugrube dort wird sich etwa 15 mal 22 Meter ausdehnen, ihre Sohle soll 18,5 Meter unter der modernen Straßendecke liegen. Der unterirdische Schildvortrieb wird bis zum neuen U-Bahnhof „Bonner Wall" durchgeführt: Die Haltestelle ist mit einer Länge von 110 Meter und einer Breite von 25 Meter vorgesehen. Die bis zu 13 Meter tiefe Baugrube wird mit Schlitzwänden, Verbauankern oder Steifen gesichert.

Anschließend, nach etwa 200 Meter in Höhe der Sechtemer Straße wird die Bahntrasse der Nord-Süd Stadtbahn den Tunnel verlassen und über eine etwa 160 Meter lange Rampe auf das Niveau der Bonner Straße geführt, wo sich 120 Meter weiter die Haltestelle „Marktstraße" befinden wird.

Funde aus der Vorzeit

Im Bereich des neuen Streckenabschnitts zwischen Chlodwigplatz und Marktstraße befindet sich die von Altrinnen gegliederte linke Niederterrasse des Rheins. Fruchtbare, 1 bis 2 Meter mächtige holozäne Hochflut- oder Auenlehme überdecken hier die aus Tonen, Sanden und Kiesen aufgebaute Niederterrasse, die seit der Jungsteinzeit dicht besiedelt war. In diesem Gelände sind keine urgeschichtlichen Befunde bekannt, es ist aber nicht auszuschließen, dass man auf jungsteinzeitliche und metallzeitliche Relikte im Bereich der Trasse der Nord-Süd Stadtbahn stoßen wird, zumal zwei Fundstellen im näheren Umfeld der Trasse bekannt sind. So hat man bei Erdarbeiten auf dem Grundstück des Güterbahnhofs Bonntor Silexartefakte – Klingen, Schaber, Abschläge und Absplisse – sowie bearbeitete Tierknochen einer jungsteinzeitlichen oder metallzeitlichen Siedlung unbekannter Ausdehnung entdeckt. Unweit von Güterbahnhof und Markthalle sind 1923 und

Schale mit Kerbschnittverzierung aus einem metallzeitlichen Grab vom Bonntor

1937 exakt 20 Brandbestattungen der Niederrheinischen Grabhügelkultur aus der späten Bronze-/älteren Eisenzeit, etwa in der ersten Hälfte des 1. Jahrtausends v. Chr., gefunden worden.

Römische Geländenutzung

Im Vorfeld der Tiefbaumaßnahmen auf dem Teilstück Teutoburger/Rolandstraße bis Marktstraße wurden im Frühjahr 2003 archäologische Untersuchungen durchgeführt.

Die römische Straße, der die heutige Bonner Straße folgt, blieb bis in die frühe Neuzeit die wichtigste Straße in Richtung Süden, die infolge des intensiven Wagenverkehrs immer wieder ausgebessert werden musste. So stieß man nördlich der Veledastraße auf stark zerfahrene Kiesschüttungen beziehungsweise tiefe Wagenspuren. Nördlich des Alteburger Walls wurde ein mit Kies geschottertes Straßenstück freigelegt, das Funde aus dem 13. bis 19. Jahrhundert enthielt. Auch hier zeigte sich, dass der dünne Kiesbelag den Anforderungen eines starken Verkehrsaufkommens nicht gewachsen war – und die tief eingefahrenen Fahrspuren nach Bedarf mit Kies aufgeschottert wurden. Auf der im Winter morastigen Fahrbahn haben Zug- und Lasttiere zu allen Zeiten Hufnägel und auch ganze Hufeisen verloren, was durch Funde mittelalterlicher und frühneuzeitlicher Eisenteile eindrucksvoll bestätigt wurde. Darüber hinaus wurden hier Achsnägel und -scheiben gefunden, die darauf hindeuten, dass es auf der Straße immer wieder zu Rad- und Achsbrüchen gekommen sein muss.

Südlich der Kreuzung Bonner Straße/Alteburger Wall wurden drei Ausbauphasen der römischen Straße ergraben. Durch ständige Erneuerungsarbeiten und Überbauung liegt die alte Fernstraße hier etwa 1,5 bis 2 Meter unter der heutigen Straßendecke. Die älteste Straßenebene, die freigelegt wurde, stammt aus der ersten Hälfte des 1. Jahrhunderts n. Chr., sie besteht aus einer Kiesschüttung, die durch Walzen verdichtet wurde und damit widerstandsfähiger war als die mittelalterlichen Aufschüttungen. Der Fund einer Gewandspange, einer so genannten Aucissafibel aus dem 1. Jahrhundert n. Chr., die den Legionären zum Schließen ihrer Mäntel diente,

Kiesschotterungen der römischen Fernstraße nach Bonn (Ausgrabung 2003)

bestätigt die Annahme, dass auch das Militär beim Bau der Straßen eingesetzt worden ist.

Schon 1936 wurde an der Ecke Marktstraße/Bonner Straße ein vermutlich römischer Straßenkörper bei Erdarbeiten für einen neuen Abwasserkanal erfasst. Laut Grabungsbericht wurde das Ende der Kiesschüttung 3,5 Meter westlich der modernen Straßenbegrenzung freigelegt. Es zeichneten sich mehrere Schichten ab. Unter einer dünnen Deckschicht lag eine mehr als einen halben Meter starke dunkelgraue Lehmschicht, die moderne Einschlüsse, römische Ziegel-, Tuff- und Kalksteinbruchstücke enthielt. Darunter war eine waagerecht verlaufende, maximal 12 Zentime-

Die Fibel (Gewandspange) des 1. Jahrhunderts lag auf dem Kiespflaster der antiken Fernstraße nach Bonn

In die mit Kies befestigte Lehmdecke der Fernstraße nach Bonn haben sich die Fahrspuren tief eingedrückt

ter dicke Kiesschicht mit Ziegelbruch zu sehen, die immerhin auf 3,5 Meter Länge erhalten war. Unmittelbar westlich der Kiesschotterung wurden ein hochkant gestellter Deckel eines Tuffsarkophags, ein römisches Brandgrab des mittleren 1. Jahrhunderts n. Chr. und ein Grabsteinfragment geborgen. Das zeigt, dass hier der einphasige römische Kieskörper der römischen Fernstraße am westlichen Rand der heutigen Bonner Straße verlief, die römische Trasse reichte auf der Westseite bis auf Höhe der modernen Straßenrandbebauung. Mit diesem Fund ließe sich belegen, dass hier, im Bereich der Grünanlage Sechtemer Straße –

früher Raderberger Straße – die östliche Grenze des römischen Friedhofs verlief. Es ist daher nicht auszuschließen, dass bei den Erdarbeiten römische Bestattungen der römischen Südnekropole und andere Bauphasen der antiken Fernstraße freigelegt werden.

Auf Höhe des Güterbahnhofs Bonntor zweigte vermutlich eine römische Straße in Richtung Euskirchen ab. Beim Bau der Großmarkthalle in den 1920er Jahren wurde der Verlauf dieser historischen Straße unterbrochen, die über Meschenich und Brühl-Vochem zu den bedeutenden frühmittelalterlichen Töpfereizentren in Brühl-Pingsdorf und Brühl-Badorf führte. Über die Ville verlief die Straße weiter in Richtung Euskirchen.

Die Gräber entlang der Fernstraße Köln-Bonn sind Teil der südlich der römischen Kolonie angelegten Nekropole, die sich bis in Höhe der Caesarstraße, also 3 Kilometer südlich des römischen Stadttors, erstreckte. Da das Gelände beiderseits der Bonner Straße im späten 19. und frühen 20. Jahrhundert fast lückenlos überbaut wurde, lässt sich der ursprüngliche Charakter der Südnekropole nicht mehr rekonstruieren. Im Streckenabschnitt zwischen Teutoburger/Rolandstraße und Marktstraße gibt es aber eine Reihe von Fundstellen römischer Gräber, zu denen Einzelnachrichten vorliegen. Schon 1898 wurden bei Erdarbeiten in der Teutoburger Straße insgesamt 49 römische Brand- und Körperbestattungen des 1. bis 3. Jahrhunderts n. Chr. sowie Reste von überirdischen Grabdenkmälern ausgegraben, die Gräber lagen zwischen 0,7 und 3 Meter unter der damals aktuellen Straßenfläche.

Bei Erdarbeiten zur Anlage einer kleinen Grünanlage im westlichen Zwickel von Bonner und Sechtemer Straße wurden seit den 1920er Jahren mindestens 175 Gräber, darunter sieben Körperbestattungen, entdeckt. Auch diese Gräber wurden in das 1. bis 3. Jahrhundert n. Chr. datiert, wobei die meisten aus der zweiten Hälfte des 1. Jahrhunderts stammen. Ein Ziegelplattengrab, das bei Anlage des Güterbahnhofs (nahe der Ecke Bonner/Sechtemer Straße) in 1,8 Meter Tiefe freigelegt wurde, deutet eine spätantike Belegung des Areals an. Der Historiker Joseph Klinkenberg erwähnt „eine mit Münzen Nervas gefundene Tonlampe und eine Haarnadel aus emaillierter Bronze", die in der Rolandstraße gefunden wurden.

Bei Neubauarbeiten auf dem Grundstück Bonner Straße 45 wurden 1934 fünf römische Brandgräber freigelegt. Sie waren in den gewachsenen Lehmboden direkt unter der Humusunterkante eingegraben, man datiert sie in das 1. und die erste Hälfte des 2. Jahrhunderts n. Chr. Bei Ausschachtungen für den Neubau einer Tankstelle auf dem Grundstück Ecke Bonner/Siegfriedstraße sind ebenfalls drei römische Brandgräber und ein weiterer Einzelfund (1./2. Jahrhundert n. Chr.) in etwa

Die Bonner Straße (Grand Route) im Tranchotplan von 1808

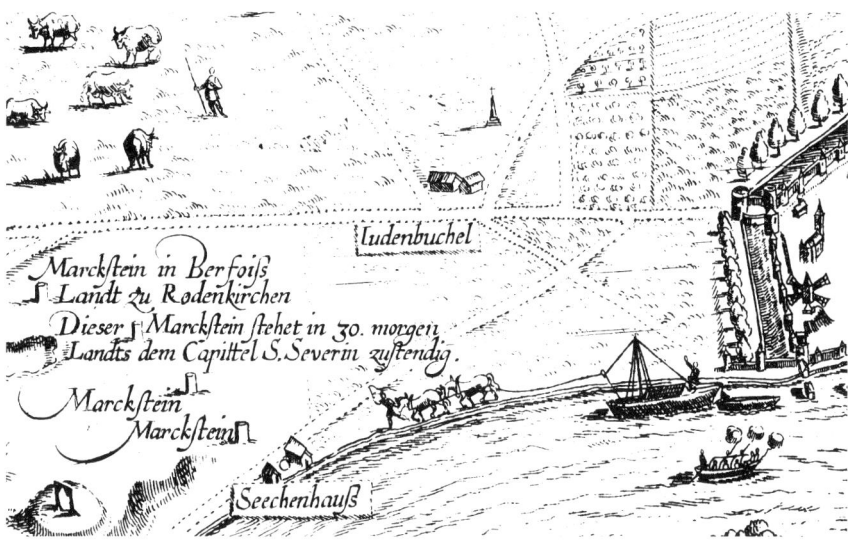

Der Judenbüchel in einem Kupferstich (nach 1609)

1,75 Meter Tiefe im gewachsenen Lehm entdeckt worden.

Im Oktober 1903 hat man an der Ecke Bonner Straße/Bonner Wall einen kleinen Weihealtar und ein Kapitell aus Kalkstein des 2. oder 3. Jahrhunderts n. Chr. geborgen. Auf der anderen Seite der Bonner Straße, am Abzweig Koblenzer Straße, wurde 1954 im östlichen Schachtprofil ein römisches Fundament aus Grauwackebruch in lockerem grauem Mörtel entdeckt, das als Fundament eines steinernen Grabbaus gedeutet wird.

Ziemlich genau am selben Ort sind 1923 bei Kanalarbeiten zwei Skulpturenfragmente aus Kalkstein eines römischen Grabdenkmals zusammen mit Keramikscherben aus der Mitte des 1. Jahrhunderts gefunden worden. 1937 wurde bei Kanalarbeiten auf dem Grundstück Bonner Straße 172 (Westseite) ein römisches Brandgrab aufgedeckt, das eine graue, geschmauchte Urne aus Ton mit Deckel enthielt. Zudem wurden ein weißtoniges Tonlämpchen mit rötlichem Firnisüberzug und ein tropfenförmiges blaues Glasfläschchen entdeckt – beide sind allerdings verschollen.

Mittelalterliche Geländenutzung

Über die mittelalterliche Besiedlung im feldseitigen Einzugsgebiet der Severinstorburg ist wenig bekannt. Ein Kupferstich der Jahre nach 1609 zeigt nur landwirtschaftlich genutzte Flächen. Auf dem damaligen „Judenbüchel", heute eine eingeebnete Geländeerhebung im Bereich des Güterbahnhofs und der Markthalle, sind indessen zwei Häuser – wahrscheinlich eine Hofanlage – am Knotenpunkt mehrerer Verkehrswege eingezeichnet. Bis zum Beginn des 19. Jahrhunderts, als französische und preußische Landvermesser eine erste kartographisch präzise Landesaufnahme der Rheinlande erstellten, veränderte sich die Verkehrssituation an der Bonner Straße nur unwesentlich.

In der Nähe des heutigen Güterbahnhofs kreuzte der mittelalterliche „Bischofsweg" die Straße: Der Bischofsweg bildete bis 1798 die

Stadtgrenze der freien Reichsstadt. Aus Rodenkirchen und dem nördlich des römischen Flottenkastells Alteburg liegenden Ortsteil Bayenthal sind Grabfunde des 6./7. Jahrhunderts bekannt, die auf merowingerzeitliche Siedlungen hinweisen. Die Gebäude am Judenbüchel, die der Kupferstich des frühen 17. Jahrhunderts wiedergibt, zeigen wahrscheinlich den Standort eines Hofes an, der bereits 1146/1163 erwähnt wird. Diese Hofanlage gehörte zumindest seit dem 12. Jahrhundert dem Stift St. Severin. Man vermutet aber, dass der Hof zu einem erheblich früheren Zeitpunkt angelegt wurde.

1922 ist bei Ausgrabungen auf dem jüdischen Friedhof an der Bonner Straße ein fränkisch-karolingischer Steinsarg gefunden worden, der leider nicht näher beschrieben ist. Bei diesen Ausgrabungen sind außerdem ein eiförmiger Becher Pingsdorfer Machart und ein früh- bis hochmittelalterlicher Glättstein aus schwarzem Glas geborgen worden.

1463 wird ein Fachwerkhaus auf dem Judenbüchel erwähnt, das vielleicht Teil der Hofanlage war. 1697 ließen zwei Kölner Bürger dort eine Kapelle errichten, deren Patrozinium nicht überliefert ist. Im Jahre 1700 gelangte das Gelände in den Besitz des Kölner Erzbischofs, der dort Zollstätten einrichtete. Ein Prospekt aus dem Jahre 1793 zeigt an der Fernstraße mehrere Gebäude inmitten landwirtschaftlicher Nutzflächen. Im 19. Jahrhundert wurden dort zwei Vergnügungslokale eröffnet, beide Gebäude wurden 1912 und 1920 abgerissen.

Judenbüchel: der Friedhof „Am Toten Juden"

Auf dem Judenbüchel, dort, wo die Sechtemer Straße von der Bonner Straße abzweigt, lag einst der älteste jüdische Friedhof auf heutigem Kölner Stadtgebiet, dem das gesamte Areal bis ins 20. Jahrhundert hinein das Toponym „Am Toten Juden" verdankt. Die genaue

Prospekt vom Judenbüchel auf die Stadt Köln um 1793

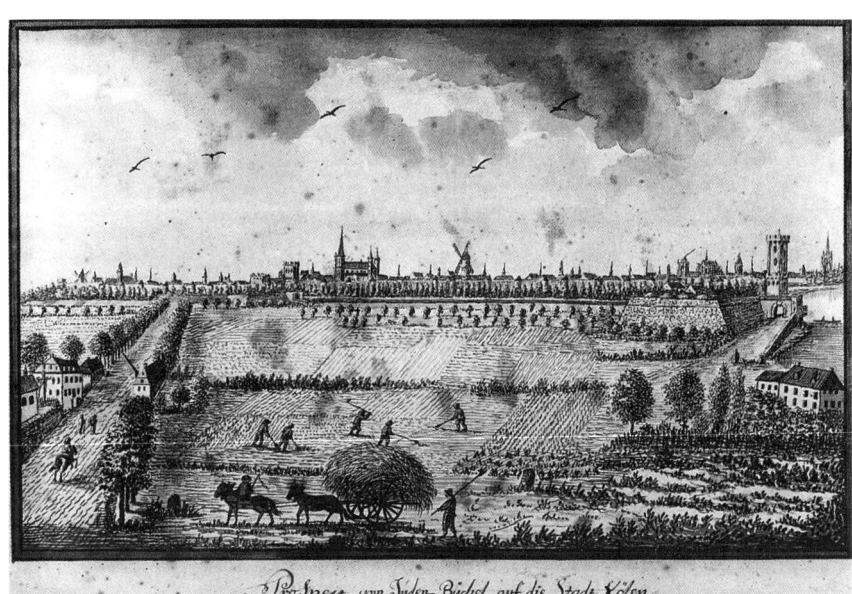

Lage, Größe und Ausdehnung dieses Friedhofs sind bislang nicht ermittelt worden, es ist auch nicht damit zu rechnen, dass auf der Trasse der Nord-Süd Stadtbahn mittelalterliche Gräber gefunden werden, die zum Bereich des jüdischen Friedhofs gehörten.

So wie die mittelalterlichen Anfänge einer jüdischen Gemeinde in Köln im Dunkeln liegen, so ist auch nicht bekannt, seit wann die Gemeinde, deren Wohnviertel auf dem Gelände des heutigen Rathausplatzes lag, ihre Toten auf dem Judenbüchel beigesetzt hat. Der Friedhof wird in einer in die Jahre 1146/1163 datierten Schriftquelle erstmals erwähnt. Für den Bau der mittelalterlichen Gräber ist auch römisches Steinmaterial, das vermutlich von den Grabbauten der römischen Südnekropole und aus den Ruinen des Flottenkastells Alteburg stammte, herangeschafft worden. 1174 ist der Friedhof um 5 Morgen erweitert worden, 1212 wurde den Juden der Besitz dieses Areals urkundlich bestätigt. Erzbischof Engelbert von Falkenburg sicherte 1266 in einem Freiheitsprivileg der Gemeinde zudem „die Unantastbarkeit und freie Nutzung ihres Friedhofes" zu.

Im Verlauf des Pogroms von 1349 – eine Folge der Pestepidemie, die 1348/49 ganz Europa heimsuchte – wurde auch der jüdische Friedhof auf dem Judenbüchel zerstört.

Etwa 20 Jahre später begann die letzte Episode jüdischen Lebens im mittelalterlichen Köln: Der Rat erlaubte einigen vermögenden Juden die Neuansiedlung. Seit 1372 nutzte die kleine Gemeinde den Friedhof Judenbüchel dann abermals als Bestattungsplatz. 1424 wurden die Juden endgültig aus Köln vertrieben, viele ließen sich in Deutz und Mühlheim nieder. Bei der drohenden Belagerung Kölns durch Herzog Karl von Burgund im Jahre 1474 wurde der Friedhof aus militärischen Erwägungen – wie zahlreiche Gehöfte und Gebäudekomplexe im Umfeld der Stadt, so auch das Kloster Mechtern – dem Erdboden gleichgemacht. Dennoch sollen dort bis weit ins 17. Jahrhundert jüdische Begräbnisse stattgefunden haben, bis schließlich ein neuer Friedhof in Deutz angelegt wurde, den man heute noch besichtigen kann.

Der Bereich des Judenbüchels war seit der Mitte des 15. Jahrhunderts wieder im Besitz des Kölner Erzbischofs – und der jüdische Friedhof geriet in Vergessenheit, obwohl der Name „Am Toten Juden" weiter benutzt wurde. Teile des Friedhofs wurden dann vermutlich bei den Erdarbeiten für den Bau der preußischen Festungsanlagen zwischen 1819 und 1821 zerstört, weitere Abschnitte gingen bei der Errichtung von Güterbahnhof und Markthalle im frühen 20. Jahrhundert verloren. Nur ein Teil der Grabstellen konnte in den 1920er Jahren noch aufgefunden werden, die Gebeine wurden von Mitgliedern der jüdischen Gemeinde exhumiert und an anderer Stelle beigesetzt. Grundlegende Beobachtungen zum mittelalterlichen und frühneuzeitlichen jüdischen Bestattungswesen wurden dabei indessen nicht gemacht, weil den Arbeiten keine archäologischen Untersuchungen vorausgingen. Nachdem Überreste der Gräber in den letzten Jahren der Weimarer Republik mehrfach geschändet worden waren, wurde die endgültige Auflassung 1936 verkündet. Die Gebeine der wenigen noch erkennbaren Gräber wurden exhumiert und nach Bocklemünd überführt.

Zu Tode gemartert: der Mörder des Erzbischofs

Der Delinquent hatte noch drei Tage im erzbischöflichen Palast in Haft gesessen, dann wurde er zum Richtplatz geführt. Hier zerschlug ihm der Henker erst alle Glieder, dann flocht er ihn auf das auf einer Steinsäule errichtete Rad – „doch Friedrich ertrug bis in den Tod alle Marterqualen mit wunderbarer Geduld, um so seinen Frevel zu sühnen", heißt es in einem zeitgenössischen Bericht.

Am 13. November 1226 wurde Friedrich von Isenburg, der Mörder des Kölner Erzbischofs Engelbert von Berg, hingerichtet – auf dem kleinen Hügel vor dem Severinstor, dem Judenbüchel. Der Isenburger hatte im Jahr zuvor einen Mann ermordet, den sein Biograph, der Mönch Cäsarius von Heisterbach, sogar mit Salomon verglichen hatte, „weil er den Frieden liebte und herbeiführte". Ganz so friedfertig war Engelbert von Berg, der seit 1216 als Kölner Erzbischof amtierte, indessen nicht. Er hatte versucht, das Territorium des Erzstifts zu erweitern und seine weltliche Stellung als Herzog in Westfalen und im so genannten rheinischen Dukat zu erweitern, auch unter Anwendung militärischer Gewalt. „Bekannt waren seine Weisheit und Macht – er war der Mächtigste im ganzen Reich", schreibt Cäsarius. 1220 war Engelbert von Kaiser Friedrich II. sogar zum Reichsverweser und Vormund seines jungen Sohnes Heinrich bestellt worden. In „seiner" Stadt Köln nutzte der Erzbischof geschickt Streitigkeiten zwischen Schöffen und Zünften aus, er gab der Bürgerschaft neue Satzungen, die Rechtsprechung des Schöffengerichts wurde neu geregelt. Der Rat, das Organ der städtischen Selbstverwaltung, das sich in dieser Zeit eigenmächtig gebildet hatte, wurde noch in Engelberts erstem Amtsjahr aufgelöst. Seine Stellung als weltlicher Stadtherr war nach diesen Eingriffen unumstritten. Und so weilte er gern in Köln – „in seinen Hauptstätten Köln und Soest übte er durch seinen Gerechtigkeitseifer mehr Gewalt aus als je ein Erzbischof bevor", so Cäsarius. Doch er hatte sich auch viele Feinde gemacht – und so wurde er im Verlauf einer Fehde um die Vogteirechte des Essener Stifts von Friedrich von Isenburg, seinem Vetter, ermordet. In Köln löste die Bluttat Trauer und Empörung aus, andererseits suchten die Bürger Nutzen aus der Situation zu ziehen. Sie verbrannten Engelberts Satzungen. „Die Verhältnisse im Land sind durch den Mord in große Verwirrung geraten", kommentierte Cäsarius diese Vorgänge. Erst mit der Hinrichtung des Mörders stabilisierten sich die Verhältnisse in Stadt und Land wieder. Der ermordete Erzbischof wurde schon bald als Heiliger verehrt, sein Nachfolger stiftete schon 1229 ob der vielen Wunder an seinem Grab eine Lampe. Offiziell heilig gesprochen wurde Engelbert indessen nie.

Schon lange vor der spektakulären Hinrichtung Friedrichs von Isenburg war der Judenbüchel eine öffentlichen Richtstätte: Erste Hinrichtungen sind aus dem Jahre 1163 überliefert, als drei Katharer aus Flandern verbrannt wurden. 1266 untersagte Erzbischof Engelbert II. in dem schon erwähnten Freiheitsprivileg von 1266 weitere Hinrichtungen vor Ort, weil sie das Empfinden der Juden verletzten könnten, die dort ihren Friedhof hätten.

Nach der planvollen Zerstörung des Friedhofs im Vorfeld des Burgundischen Krieges (1474) gestattete dann Erzbischof Hermann von Hessen dem Gericht zu Brühl, auf dem Judenbüchel wieder eine Hinrichtungsstätte mit Galgen einzurichten. Die Stadt Brühl zahlte dem Severinstift hierfür die Pacht, die zuvor die jüdische Gemeinde entrichtet hatte. Und so ist es kein Wunder, dass bei Bauarbeiten der 1920er Jahre Skelette mit Spuren von Gewalteinwirkung gefunden wurden – vielleicht handelte es sich ja um hingerichtete Übeltäter.

Fort „Großfürst Nikolaus" und Bonner Wall

Als im Jahre 1816 die preußische Militärverwaltung mit der Planung und dem Bau eines

Gürtels aus Forts und Lünetten um die Stadt Köln herum begann, lagen die neuen Befestigungen etwa 600 Meter vor der mittelalterlichen Stadtmauer. Das zwischen Mauer und Fort liegende Schussfeld, Rayon genannt, unterlag strengen Bebauungsvorschriften. Von elf geplanten Forts entstanden zunächst nur sechs, die 1825 fertig gestellt waren. Das Fort am „Toten Juden", 1819 als erste Anlage begonnen und 1821 vollendet, wurde von Friedrich Wilhelm III. persönlich eingeweiht, es erhielt den Namen „Großfürst Nikolaus".

Die Grundfläche des Forts bildete ein unregelmäßiges Fünfeck von etwa 100 mal 100 Meter Ausdehnung, im Norden grenzte es unmittelbar an den alten Bischofsweg, der bis 1798 die Grenze des Territoriums der freien Reichsstadt bildete.

Im Osten reichte das Fort gerade über den Ansatz der Sechtemer Straße hinaus, im Süden bis in den Bereich der heutigen kleinen Grünanlage an der Marktstraße. Der größte Teil des Forts, das wie fast alle Kölner Befestigungen

Die preußischen Befestigungen, ein Plan von 1845

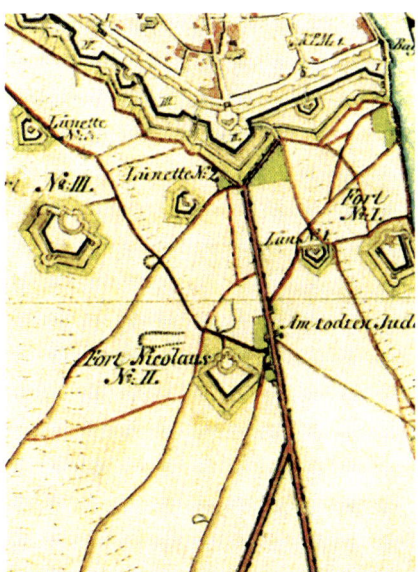

der ersten Hälfte des 19. Jahrhunderts 1881 gesprengt und eingeebnet wurde, lag somit auf dem Gelände des heutigen Güterbahnhofs Bonntor und der Großmarkthalle.

Schon ein Jahr später begann man nördlich des Güterbahnhofs, in Höhe des Bonner Walls – der davon seinen Namen erhielt –, mit dem Bau eines neuen Wall-Grabensystems. Die Befestigungslinie, die aus einem kassemattierten Wall und einem feldseitig vorgelagerten Graben bestand, war 1890 fertig gestellt. Der fortifikatorische Nutzen dieses Systems, das die seit 1881 vollendete Verteidigungslinie in Höhe des Grüngürtels „ergänzend absichern" sollte, war von Anfang an gering. Bereits ein Jahrzehnt nach Fertigstellung der Anlage verhandelten die preußische Militärverwaltung und die Stadt Köln über den Verkauf der gesamten stadtnahen linksrheinischen Befestigung. Nachdem die Stadt das Gelände 1910 erworben hatte, wurde der Wall 1911 gesprengt und der Graben verfüllt. Seit 1889 verlief unmittelbar an der Umwallung die Eisenbahntrasse auf einem aufgeschütteten Damm. Baureste einer Durchfahrt durch den Befestigungswall wurden ebenfalls im Frühjahr 2003 bei archäologischen Voruntersuchungen gefunden – sie erlauben erstmals eine Planrekonstruktion der Anlage.

Glossar

Abschrotungen: ausgebrochenes Mauerwerk

Aducht: meist steingefasster mittelalterlicher Abwasserkanal

Amphore: zweihenkliges Vorrats- und Transportgefäß

Apsis: halbrunder Raumabschluss (z.b. Altarraum in Kirchen)

Aucissafibel: römische Gewandspange des 1. Jh.s, dem Verschluss eines Mantels dienend, oft von Militärangehörigen getragen

Cardo decumanus: Westost ausgerichtete Hauptverkehrsachse einer römischen Stadt

Cardo maximus: Nordsüd ausgerichtete Hauptverkehrsstraße einer römischen Stadt

Cippus: konisches oder pyramidenförmiges Grabmal (cippus, lat.: Steg, Pfosten)

Cloaca maxima: Hauptabwassersammler einer römischen Stadt

Dendrochronologie: Methode, bei der durch Auszählen und Vergleich der verschieden starken Jahresringe von Baumstämmen (meist Eichen) das genaue Alter von Hölzern ermittelt werden kann (Fälldatum)

Eigenkirche: im Eigentum eines weltlichen Grundherrn stehende Kirche, der auch das Recht der Einsetzung des Pfarrers besaß

Fibel: Gewandspange zum Verschließen der Kleidung, meist nach dem Prinzip einer Sicherheitsnadel konstruiert

Firnis: glänzender oder farbiger Überzug auf Gefäßkeramik

Fließerde: durch Wind-, Wasser- oder Hangerosion verlagerte Erdschichten

Forum: zentraler Platz einer antiken Stadt, Sitz der Verwaltung, auch Marktplatz

Gadem: meist eingeschossige mittelalterliche Bude oder Geschäftshäuschen ohne Unterkellerung

Geburhaus: Versammlungshaus der Sondergemeinden im Sinne eines Bezirksrathauses (im Spätmittelalter auch der Zünfte und Gaffeln)

Geländeschild: flächiges erhöhtes Gelände

Glacis: freies Feld vor Befestigungen

Grabbeigaben: Ausstattung der Verstorbenen für das Leben im Jenseits (z.b. Schmuck, Tracht, Bewaffnung, Keramik- und Glasgefäße)

Grubenhaus: kleines, in den Boden eingetieftes, einräumiges Gebäude, meist als Vorratshaus oder als Werkstatt genutzt

Hallstattkultur: Zeitabschnitt der vorrömischen Eisenzeit, ca. erste Hälfte 1. Jahrtausend v. Chr., benannt nach einem Fundort in Österreich

Hauptsammler: Abwasserkanal, in den Abwässer aus kleineren Kanälen geleitet werden (siehe auch Aducht)

Hypokaust: römische Wand- und Fußbodenheizung

Immunität: der weltlichen Gerichtsbarkeit verschlossener Bezirk geistlicher Institute

Inklusen (Klausnerinnen): überwiegend nach strengen Regeln lebende Klosterangehörige meist niederer Herkunft

Insula, Doppelinsula: Baublock bzw. Doppelblock innerhalb einer römischen Stadt

Kolonnade: überdachter Säulengang entlang römischer Straßenzüge

Lehmziegel: luftgetrockneter Ziegel aus Lehm und Magerungsbestandteilen

Leinpfad: befestigter Weg auf dem Ufer von Wasserstraßen, auf dem Pferde Schiffe stromaufwärts zogen

Lignit: hoch verdichtetes Konzentrat aus Braunkohle, Rohmaterial zur Schmuckherstellung

Lünette: bogenförmig ausgebaute Schutzmauer, kleineres Festungsbauwerk in der Frühen Neuzeit

Mikwe: jüdisches Bad zur rituellen Reinigung vor Kulthandlungen nach den Vorschriften des Alten Testaments

Neolithikum: Jungsteinzeit, ca. 6.-3. Jahrtausend v. Chr.

Obertägig: über der Erde erhaltene, meist sichtbare Bodendenkmäler (z.b. Grabhügel oder Wälle)

Oppidum: stadtartige, befestigte Siedlung

Palisade: wandartige Befestigung aus runden oder längs gespaltenen Holzstämmen

Patrozinium: himmlische Schutzherrschaft des namengebenden Heiligen über eine Kirche

Peristylvilla: repräsentatives römisches Villengebäude mit säulenumstandenem Innenhof (Peristyl, griech.: rings von Säulen umgeben)

Pfalz: repräsentativer Gebäudekomplex (lat. palatium) mit Wohngebäuden für die herrschaftliche Familie oder den (Erz-)Bischof, einem Saalbau für Regierungshandlungen, einer Kirche und wirtschaftlichen Einrichtungen

Polygonal: vieleckig

Postament: Unterbau, Sockel

Praetorium: Wohngebäude des Kommandanten in einem Legionslager oder palastartiger Gebäudekomplex höchster Staatsbeamter (Statthalterpalast)

Reliquien: Gebeine, Kleidung oder Asche von Heiligen, die im Mittelalter Gegenstand der Verehrung wurden

Sarkophag: prunkvoller Sarg, meist aus Stein gearbeitet

Säulen/Säulentrommel: Säulen sind senkrecht stehende Bauelemente, die das Gewicht der Dachlast aufnehmen, oft zusammengesetzt aus Säulentrommeln, die auf einen Holzstamm „aufgeschoben" sind

Schenkelmauer: Abschnittsbefestigung oder Verbindungsmauer zwischen zwei Festungswerken

Schreinsbücher (auch: Schreinskarten): in Truhen aufbewahrtes Schriftgut, in dem Liegenschaftsangelegenheiten eingetragen waren

Schwellbalken: auf der Erde oder auf Steinen aufliegender, tragender Balken einer Hauswand (Fachwerk)

Silexartefakte: Geräte oder Werkzeuge aus Feuerstein (Flint) geschlagen

Sohle: Unterkante einer Eingrabung (Graben, Grube o.Ä.)

Solidus: spätrömische Goldmünze mit einem Gewicht von 4,55 Gramm

Spolien: in zweiter Verwendung verbaute Werksteine

Subärat: (lat. subaerat: innwändig kupfern) bezeichnet Münzen, die im Kern aus minderwertigem Material bestehen und mit Edelmetall plattiert sind – nicht immer Fälschungen, sondern auch offizielle Prägungen in Krisenzeiten

Substruktion: Unterbau, Fundament, etwa eines Gebäudes oder Grabmals

Temenos: ummauerter oder mit einem Graben umfriedeter heiliger Bezirk

Terra Sigillata: in Töpfereizentren hergestellte hochwertige Keramik römischer Zeit, bei hohen Temperaturen gebrannt und mit einem glänzenden roten Überzug versehen

Toga: römisches Übergewand aus einer einzigen langen Tuchbahn

Triens: Goldmünze, im frühen Mittelalter Drittel eines römischen Solidus mit einem Nominalgewicht von knapp 1,3 Gramm

Tunika: einfaches, hemdartiges Untergewand der Römer

Verlagerungen: durch Erosion, antike Eingriffe oder moderne Störungen aus der ursprünglichen Lage verschleppte Funde

Voluntengiebel: Giebel mit seitlichen spiral- oder schneckenförmigen Voluntenverzierungen

Ziegelbruch: zerkleinerte und zerstoßene Bruchstücke von (meist) römischen Ziegeln

Literaturverzeichnis

Arntz, L./Neu, H./Vogts, H.: Die ehemaligen Kirchen, Klöster, Hospitäler und Schulbauten der Stadt Köln. Die Kunstdenkmäler der Stadt Köln 3,7, hrsg. von P. Clemen, Düsseldorf 1937.

Beuckers, K. G.: Köln: Die Kirchen in gotischer Zeit. Stadtspuren - Denkmäler in Köln, Bd. 24, Köln 1998.

Binding, G.: Köln- und Niederrhein-Ansichten im Finckenbaum-Skizzenbuch 1660-1665. Aus der Kölner Stadtgeschichte, Köln 1980.

Dietmar, C.: Chronik Köln, Gütersloh/München 1997.

Dietmar, C.: Köln, der Rhein, das Meer, Köln 2000.

Dietmar, C.: Das mittelalterliche Köln, Köln 2003.

Doppelfeld, O.: Die Ausgrabungen im Kölner Judenviertel. In: Asaria, Z. (Hrsg.): Die Juden in Köln. Von den ältesten Zeiten bis zur Gegenwart, Köln 1959, S. 71 ff.

Eck, W.: Köln in römischer Zeit. Geschichte der Stadt Köln, Bd. 1, Köln 2004.

Franken, I.: Köln - der Frauenstadtführer, Köln 1995.

Fremersdorf, F.: Beiträge zur Topographie des römischen Köln. Römisch-Germanische Forschungen 18, Berlin 1950.

Galsterer, B. und G.: Die römischen Steininschriften aus Köln. Wissenschaftliche Kataloge des Römisch-Germanischen Museums Köln II, Köln 1975.

Gechter, M.: Wasserversorgung und Entsorgung in Köln vom Mittelalter bis zur frühen Neuzeit, Kölner Jb. 20, 1987, S. 219 ff.

Geis, W./Krings U. (Hrsg.): Köln: Das gotische Rathaus und seine historische Umgebung, Stadtspuren - Denkmäler in Köln, Bd. 26, Köln 2000.

Hellenkemper, H.: Architektur als Beitrag zur Geschichte der Colonia Claudia Ara Agrippinensium. In: Temporini, H./Haase W. (Hrsg.): Aufstieg und Niedergang der römischen Welt II,4, Berlin/New York 1975, S. 783 ff.

Hellenkemper, H.: Wasserbedarf, Wasserverteilung und Entsorgung der Colonia Claudia Ara Agrippinensium. In: Grewe, K.: Atlas der römischen Wasserleitungen nach Köln. Rheinische Ausgrabungen 26, Köln 1986, S. 193 ff.

Hellenkemper, H.: Der Heumarkt in Köln – Ein ungewöhnliches Ausgrabungsunternehmen. In: H. G. Horn et al., (Hrsg.): Fundort Nordrhein-Westfalen. Millionen Jahre Geschichte. Begleitband zur Ausstellung im Römisch-Germanischen Museum der Stadt Köln = Schriften zur Bodendenkmalpflege in Nordrhein-Westfalen Bd. 5, Mainz 2000, 351 ff.

Horn, H. G. (Hrsg.): Die Römer in Nordrhein-Westfalen, Stuttgart 1987.

Jung, W.: Das neuzeitliche Köln, Köln 2004.

Kaiser, M.: „… mir armen Soldaten, der sein Proth mit dem Degen gewuenen mueß …" Die Karriere des Kriegsunternehmers Jan von Werth, in: Geschichte in Köln 49, 2002, S. 131 ff.

Keussen, H.: Topographie der Stadt Köln im Mittelalter, Bonn 1910/1918, unveränderter Nachdruck Düsseldorf 1986.

Kier, H./Krings, U.: Köln: Die romanischen Kirchen. Von den Anfängen bis zum Zweiten Weltkrieg. Stadtspuren - Denkmäler in Köln, Bd. 1, Köln 1984, S. 557 ff.

Klinkenberg, J.: Geschichte des römischen Kölns. Die Kunstdenkmäler der Stadt Köln 1, 2, hrsg. von P. Clemen, Düsseldorf 1906.

Köln I-III: Führer zu vor- und frühgeschichtlichen Denkmälern, Bde. 37-39, Mainz 1980.

Kuske, B.: Die Märkte und Kaufhäuser im mittelalterlichen Köln. Jb. Köln. Geschichtsverein 2, Köln 1913, S. 75 ff.

Päffgen, B./Zanier, W.: Lokalisierung von Oppidum Ubiorum und Legionslager in Köln. In: Czysz W./Hussen K.-M./Kuhnen H.-P./Sommer C. S./Weber G. (Hrsg.): Provinzialrömische Forschungen. Festschr. f. G. Ulbert, Espelkamp 1995, S. 111 ff.

Päffgen B./Trier, M.: Köln zwischen Spätantike und Frühmittelalter. Eine Übersicht zu Fragen und Forschungsstand. Beiträge zur Mittelalterarchäologie in Österreich 17, 2001, S. 17 ff.

Precht, G.: Die Ausgrabungen um den Kölner Dom. Vorbericht über die Untersuchungen 1969/70. Kölner Jb. 12, Köln 1971, 52 ff.

Precht, G.: Das Grabmal des L. Poblicius, Köln 1975.

Quellen zur Geschichte der Stadt Köln. Bd. 1, hrsg. v. W. Rosen und L. Wirtler, Köln 1999, Bd. 2, hrsg. v. J. Deeters und J. Helmrath, Köln 1996.

Riedel, M.: Köln – ein römisches Wirtschaftszentrum. Aus der Kölner Stadtgeschichte, Köln 1982.

Röhrig, T.: Der Fetzer, Köln 1991.

Scheben, W.: Die ehemaligen Thorburgen des alten Köln, Köln 1895.

Schultze, R./Steuernagel, C.: Colonia Agrippinensis. Festschrift der XLIII. Versammlung

Deutscher Philologen und Schulmänner in Köln am 25. September 1895 gewidmet vom Verein von Altertumsfreunden im Rheinlande, Bonn 1895.

Süßenbach, U.: Die Stadtmauer des römischen Köln. Aus der Kölner Stadtgeschichte, Köln 1981.

Thomas, R.: Römische Wandmalereien in Köln. Kölner Forsch. 6, Mainz 1993.

Trier, M.: Köln im 5. bis 10. Jahrhundert – Die frühmittelalterliche Stadt im Licht der neuen Ausgrabungsergebnisse auf dem Heumarkt. Kölner Museums-Bulletin 1/2001, S. 4 ff.

Trier, M.: Köln im frühen Mittelalter: Zur Stadt des 5. bis 10. Jahrhunderts aufgrund archäologischer Quellen. In: J. Henning (Hrsg.): Europa im 10. Jahrhundert – Archäologie einer Aufbruchszeit. Internationale Tagung in Vorbereitung der Ausstellung „Otto der Große, Magdeburg und Europa", Mainz 2002, S. 301 ff.

Trier, M.: Archäologie und Historische Topographie im Umfeld der Nord-Süd Stadtbahn Köln. Kölner Museums-Bulletin. Berichte und Forschungen aus den Museen der Stadt Köln 3, 2003, S. 17 ff.

Vogts, H.: Das Kölner Wohnhaus bis zur Mitte des 19. Jahrhunderts. Rheinischer Verein für Denkmalpflege und Heimatschutz, Jb. 1964-65, Neuss 1966.

Westfehling, U. (Hrsg.): Der erste Kölner Stadtführer aus dem Jahre 1828, Köln 1982.

Weyden, E.: Köln am Rhein um 1810, 2. Aufl., Köln 1999.

Weyres, W.: Zur Kölner Domumgebung. I. Ein Blick in die Geschichte. Kölner Dombl. 35, 1972, S. 39 ff.

Wiethase, H.: Cölner Thorbogen und Befestigungen 1180-1882, hrsg. vom Architekten- und Ingenieurverein für den Niederrhein und Westfalen, Linderhöhe 1884.

Zimmermann, W. (Hrsg.): Untersuchungen zur frühen Kölner Stadt-, Kunst- und Kirchengeschichte. Die Kunstdenkmäler des Rheinlands Beih. 2, Ratingen 1950.

Bildnachweis

Archäologische Baugrundsanierung (ABS), Köln: 231 o.

Arntz, L./Neu, H./Vogts, H.: Die ehemaligen Kirchen, Klöster, Hospitäler und Schulbauten der Stadt Köln. Die Kunstdenkmäler der Stadt Köln, hrsg. von Paul Clemen, Bd. 2/3, Düsseldorf 1937: 127, 155, 183 o.

Dietmar, Carl: Chronik Köln, Gütlersloh/München 1997: 82, 152, 171

Hellenkemper, H.: Köln 260-355 A. D. Ein unruhiges Jahrhundert Stadtgeschichte, in: Rieche, A./Schalles, H.-J./Zelle, M. (Hrsg.): Festschrift G. Precht. Xantener Beiträge 12, Mainz 2002: 29, 46

Kölner Verkehrsbetriebe: 14, 16, 18, 20, 22

Landesvermessungsamt NRW: 232, 237

Landschaftsverband Rheinland: 107, 111, 112, 116

Päffgen, B.: Die Ausgrabungen in St. Severin zu Köln. Kölner Forschungen 5.1, Mainz 1992: 219

Rheinisches Bildarchiv: 30 r., 39, 47, 53 u., 55 o., 59 u., 60, 66, 67, 75, 78, 80, 81 u., 83, 85, 87, 88, 97, 102, 108, 109, 118, 121, 104, 126, 129, 131, 134, 135, 138, 150, 151 u., 153, 154, 158, 175, 180, 185, 188, 198, 200-203, 212, 223 o., 228, 234
Römisch-Germanisches Museum Köln: 27, 28, 30 l., 32, 33, 36, 37 r., 41, 42, 44, 45, 52, 70, 84, 94, 104, 113, 114, 143, 145, 195, 196, 197, 230 o.

Digitalisierung und Kartographie P. Otten: 26, 68, 95, 141, 162, 213, 224, Befundkartierung E. M. Spiegel/Digitalisierung und Kartographie P. Otten: 34, 35, 50, 62, 89, 98, 122, 130, 156, 165, 178, 194, 208, 215, M. Trier: 31, 37 l., 55 u., 159, 163, 193, 225 o. r., 230 u., 231 u., S. Irmler: 69, D. de Rosa: 99, 100, 101, U. Karas: 110, 217, 218, 225 u., A. Kupka: 222

Schuler, A.: 168

Stadt- und Landschaftsarchäologie, G. Frasheri: 40

Stadtbibliothek Nürnberg: 53 o., 74, 81 o., 169

Stadtmuseum Köln: 59 o., 86, 182, 225 o. l., 226, 233

Urban & Partner: 172, 183 u., 184 (M. Engel)

Vogts, H.: Die Profanen Denkmäler. Die Kunstdenkmäler der Stadt Köln, hrsg. von Paul Clemen, Düsseldorf 1930: 151 u., 223 u.

Wiesehöfer, M.: 76

Fotos von Eusebius Wirdeier:

24 **Der Kurt-Hackenberg-Platz vor Baubeginn, im Hintergrund die Bechergasse**
64 **Der Alter Markt vor Baubeginn**
92 **Archäologische Ausgrabungen im Bereich der Haltestelle „Heumarkt", im Hintergrund der Turm Klein St. Martin**
132 **Der Waidmarkt mit Blick auf St. Georg**
160 **Die Severinstraße auf Höhe von St. Johann Baptist**
186 **Die südliche Severinstraße vor Baubeginn**
210 **Der Chlodwigplatz mit dem Severinstor**

Technische Daten zur Nord-Süd Stadtbahn

Die Nord-Süd Stadtbahn ist das derzeit größte städtebauliche Projekt Deutschlands und zudem die größte archäologische Ausgrabungsstätte Europas.

Mit dem Bau der neuen Strecke wird eine Lücke im Schienennetz des öffentlichen Personennahverkehrs in Köln geschlossen und eine schnelle und bequeme Anbindung der südlichen Stadtteile an die Innenstadt und den Hauptbahnhof geschaffen.

Im Juni 2002, beinahe 20 Jahre nachdem die Planungen für eine Nord-Süd-Verbindung in das Schienenverkehrskonzept der Innenstadt aufgenommen worden waren, wurde der Bau mit dem Planfeststellungsbeschluss endgültig besiegelt.

Die neue Nord-Süd-Verbindung wird vom Breslauer Platz am Hauptbahnhof quer durch die Alt- und Innenstadt bis zur Marktstraße im Kölner Süden führen. Die Strecke der ersten Baustufe ist 4,3 Kilometer lang. Durch die zweite Baustufe erfolgt eine Anbindung an das Rheinufer.

Die zwei eingleisigen Tunnelröhren verlaufen weitgehend parallel und liegen in einer Tiefe von rund 8 bis 30 Meter (Tunnelsohle). Der Tunneldurchmesser beträgt 7,30 Meter.

Die Finanzierung der Baumaßnahme erfolgt über das Gemeindeverkehrsfinanzierungsgesetz. 90 Prozent der zuwendungsfähigen Kosten werden von Bund und Land getragen. Das Gesamtvolumen der Baumaßnahme für die erste Baustufe liegt bei 630 000 Millionen Euro.